乡立方智库丛书

为乡村找路

莫问剑 —— 编著

乡村振兴 *之*
关键决策与创新方法论

电子工业出版社
Publishing House of Electronics Industry
北京·BEIJING

内 容 简 介

　　找魂、找钱、找人，是当下全国各地乡村振兴普遍面临的难题。三个"找"，归结起来，就是要从根本上为乡村找路，一条通向未来的乡村之路——通过品牌化为乡村找到魂，建立多元化投融资机制，重构乡村价值，吸引原乡人、归乡人、旅乡人，重现乡村活力。从20年前的"千万工程"开始，浙江省就走上了乡村振兴先行之路，但千县千面、万村万情，要想让先行经验真正能"为我所用"，还需要透过现象洞悉本质。笔者以乡立方团队打造的数百个乡村项目为基础，精炼出对乡村振兴从业者，尤其是县域决策者来说一系列极具参考价值的创新方法论。本书分别从顶层设计、产业谋划以及乡村的运营、文化、创新等五个核心维度，深刻而生动地阐述了乡村振兴中一系列普适性问题及其解决方案，文字简洁而流畅，观点直接而新颖，案例真实而鲜活，是一部立足乡村未来发展的具有前瞻性的实用方法论图书。

图书在版编目（CIP）数据

为乡村找路：乡村振兴之关键决策与创新方法论 / 莫问剑编著. —北京：电子工业出版社，2023.11
ISBN 978-7-121-46766-0

Ⅰ. ①为… Ⅱ. ①莫… Ⅲ. ①农村－社会主义建设－研究－中国 Ⅳ. ①F320.3

中国国家版本馆CIP数据核字（2023）第226941号

责任编辑：张彦红
印　　刷：北京天宇星印刷厂
装　　订：北京天宇星印刷厂
出版发行：电子工业出版社
　　　　　北京市海淀区万寿路173信箱　　邮编：100036
开　　本：720×1000　　1/16　　印张：16.25　　字数：280千字　　彩插：1
版　　次：2023年11月第1版
印　　次：2024年1月第2次印刷
印　　数：6001－7000册　　定价：89.00元

目录

在希望的田野上播撒更多的 "希望"

顾益康

农业农村部专家咨询委员会专家

浙江省乡村振兴研究院首席专家

广东省 "百千万工程" 智库专家

　　民族要复兴，乡村必振兴。乡村振兴战略是习近平总书记致力于解决新时代中国发展面临的城乡不平衡、区域不协调问题，而在党的十九大上做出的一项重大战略决策，也可以说是解决新时代中国 "三农" 问题的总抓手。浙江是习近平新时代中国特色社会主义思想的重要萌发地，2003 年，时任浙江省委书记习近平同志亲自谋划、亲自决策、亲自推动的 "千村示范，万村整治" 工程和美丽乡村建设，率先开启了中国乡村振兴的新征程。从某种意义上讲，乡村振兴就是 "千万工程" 和美丽乡村建设的升级版。

　　党的十九大召开后，浙江成了农业农村部选定的 "省部共建" 的唯一一个乡村振兴示范省。各省（直辖市、自治区）政府和群众纷纷到浙江各地考察取经。浙江各地通过多年来的创造性实践，成功地探索出了一条从改造农村人居环境入手，到建设宜居宜业和美乡村，再到乡村全面振兴的中国式现代化的 "乡村路径"。浙江这条乡村振兴的先行之路,是浙江广大干部群众从浙江实际出发,创造性探索出的既体现浙江省情民意,也客观反映乡村振兴内在规律的路径,为全国各地提供了可借鉴的各类样本案例。

浙江乡村振兴的成功实践,得益于习近平新时代中国特色社会主义思想的指导,以及乡村振兴战略的引领。同时,浙江乡村振兴的先行实践也得益于浙江有一大批倾情于"三农"改革发展,积极投身于"千万工程"和美丽乡村建设、乡村振兴伟大实践的专家和乡贤们。

莫问剑、宋小春带领的乡立方团队,就是扎根于浙江这块希望的田野、具有深厚"三农"情怀的新乡贤。他们是脚踏实地的乡村振兴实践者,是引领广大农民探索乡村振兴道路的探路者,也是宜居宜业共同富裕的领头雁。让我感动且欣慰的是,他们不只是非常务实的实践者,还是充满理想情怀的思考者。这本《为乡村找路:乡村振兴之关键决策与创新方法论》,是他们《为乡村找魂:乡村振兴之品牌乡村方法论》的姊妹篇,是以他们团队大量乡村振兴实践样本为基础,提炼出的一系列可操作、可借鉴和可示范的方法论。将自身最真实的实践案例、最前沿的观念与思考,汇集成章、编撰成书,让更多人在阅读、在对标中得到启发,十分难得,他们也是在希望的田野上播撒"希望"的人。

当然,所有的经验都有其局限性。大家在学浙江乡村振兴经验的同时,也一样要坚持结合自身实践活学活用,要因地制宜地学习参考本书所提供的一些最新的思考、最新的操盘案例,以及一些从创新实践中悟出来的新理念、新观点。若做到这一点,这本书一定能让你开卷有益。我衷心希望更多的朋友能够从中悟到乡村振兴的真谛。

从浙江出发，一起解码乡村振兴

赖惠能

《小康》杂志社副社长

《解码浙江》《中国式现代化市县样本》等系列丛书主编

　　我认为应该把这本书专门推荐给县委书记看，包括曾经的县委书记和将要担任县委书记的人。

　　这跟我的工作感受有直接相关。根据我的了解，他们会很需要这本书，它既有理念又有方法，是很好的工具书。全国有 2800 多个县，我们报道过 1640 多个县。在我做"解码浙江"和"乡村振兴百县万里行"工作时，我直接面对面深入采访了上百位县委书记；在浙江大学和浙江省委党校，我给四川、陕西、云南、贵州、湖南、湖北、广东、新疆等省区的几百位书记、县长和厅局长讲课，很多学员加我的微信和我互动。我深知他们对乡村振兴理念和方法的渴求。

　　乡村振兴到底要解决什么样的问题？近几年来，我一直关注乡立方，算是比较了解乡立方的。但我还是专门抽出时间仔细阅读了好几遍这本书。这本书的众多案例给人很多启发，解答了我一直在与县委书记们讨论的问题。我提炼了一下，大致解决了乡村振兴中的五个问题，我把它归结为"12345"，即一条主线、两个任务、三个阶段、四种业态、五项工作。

一条主线：乡村振兴的本质是将更多城市资源引导到乡村进行融合、转化、交易、变现。想要振兴乡村，诀窍是要做到"眼中有物、心中有人"。满眼要看得到乡村的山水田园树，那幢泥房那头牛；要关注潜在消费者和买单者，两者缺一不可，这样才能推动实施乡村振兴。

两个任务：乡村振兴无非就是做好两件事情，一是将城里人引到乡村，二是将农产品卖到城市。这两者相向而行，推动起来，就能实现乡村振兴。

三个阶段：第一阶段是"千村示范、万村整治"，本质上是"洁净乡村"建设时期，不管有钱没钱，先搞干净再说；第二阶段是"千村精品、万村美丽"，本质上是"美丽乡村"建设时期，投入大量资金进行环境改造、项目建设，使环境变得美丽；第三阶段是"千村未来、万村共富"，也就是"共同富裕"建设时期，本质上是"乡村运营、产业兴旺"。文旅是一种路径，"科创乡村"是另一种路径，依靠科技创新、文创、数字经济研发中心等新型业态从都市外溢到乡村，开创新局面。

四种业态：第一种是"乡村国际化"，引进了国内乃至国际化的一些创新创业组织；第二种是"乡村数字化"，例如将大都市里的数字经济头部企业的中高层人员引入乡村，组建"数字游民公社"，或者尝试打造线上的"云村民集群"；第三种是"乡村时尚化"，比如乡村咖啡馆、户外露营基地、山路探险越野赛等；第四种是"乡村科创化"，许多科创、文创、研发中心因为"淋水效应"而从都市外溢到乡村，一批数字经济头部研发企业的中产阶级，随着逆城市化的"虹吸效应"，到乡村追寻"半城半乡、半虚半实、半进半退"的生活。

五项工作：在这样的乡村振兴工作中，我们主要追寻的是打造"有为政府"和"有效市场"相结合的发展模式。那么"有为政府"和"有效市场"的边界在哪里呢？通俗地说，在乡村振兴工作推进中，政府应该做些什么事情？我认为政府至少应该全力做好以下五件事情。

一是全力打造"区域公用品牌"。这是最好的统一思想、整合资源并有累积效应的工作把手。

二是建设好数字平台。未来已来，数字化是不可逆的潮流，无论是数字产业、产业数字化，还是数字治理，都少不了数字化平台。

三是培育一批"乡村运营商"队伍。乡村运营需要一批职业经理人，更好地把城市资源带到乡村，从而更快地推动乡村振兴。为什么将这项似乎本该由市场完成的任务列为政府应该做的事情呢？因为乡村运营商的发现、挖掘、培育、顶层设计、考核、奖励这整套工作都需要政府部门完成，单凭市场发展会很慢，只能依赖政府部门推动。

四是营造良好的乡村营商环境。我们知道地方政府之间的竞争本质上是营商环境的竞争，要制度化、规范化、法治化。乡村营商环境的打造，除了这些以外，还非常需要"人性化"。当地村民的淳朴善良、热情好客、勤劳、包容等，都会成为吸引资本和运营商的重要因素，特别需要当地党委政府"赏善罚恶、正本清源"。

五是大力推动体制机制创新的"新三位一体"模式。乡村振兴进入下半场，老实说民资的积极性在降低，主要原因在于乡村资源和资产的产权不明晰或不方便交易，难以抵押贷款又不适合分割销售。但随着社会发展，乡村资源和资产保值增值是必然的，非常符合国有资本的发展需求。因此，我们倡导国资通过重资产进入乡村，投入改造和建设，即"做资产"，而民资则利用市场化资源轻资产投入运营。同时，最重要的是做好村集体的利益分配模式，即"新三位一体"模式，实践证明效果比较明显。

我很喜欢乡立方团队，无论是小春喝酒时的酣畅淋漓、老莫的精准表达，还是大伟他们的落地执行。我也喜欢他们的产业，包括"酱立方""渔立方""蜜立方""萌立方"等，它们既有情怀理念，又能解决问题、发展经济。真心希望更多县市和乡立方牵手，一起为当地乡村找路。

重新定义，再出发

前几年，我曾给自己创办的电商公司取了一个很有情怀的名字，叫"上山下乡"。从事农村电商六年（从 2013 年到 2018 年），就如公司名字一样，我保持"三天两飞"的节奏又上山又下乡，以一个"苦行僧"的角色到全国各地"布道"，前前后后跑了 800 多个县（市、区），被圈内人当成了"劳模"。从农产品上行、区域公用品牌打造、县域现代商业体系建设到互联网＋的顶层设计和各类干部培训，我几乎是有求必应——尤其是那些偏远的贫困地区，我深知"找路"对他们的重要性。在数字经济时代，城乡之间、东部与中西部之间的鸿沟其实是不断被拉大的。我和诸多圈内从业者一样，有着基本的责任心与使命感，总希望通过自己的一点点努力，能够帮助更多地方搭上数字经济的快车。回过头来看看，我在农村电商领域这些年的付出，虽然没有给自身换回多少经济收入，"上山下乡"也没有如愿壮大，但看着装满书架的各种聘书和证书，还有那塞了满满一抽屉的行程单，我还是释然的，人生这一程忙碌而充实，偶尔还能为各地的发展指点一二，夫复何求？

但是，随着近些年农村互联网和物流基础设施的陆续完善、农村电商的普及与升级，作为一个"找路人"，我开始陷入新的困惑：即便通过电商将农产品卖了出去，很多农民似乎与致富的距离也很遥远；农村的发展问题，还涉及人居环境整治、乡风民俗传承、基层组织治理等诸多环节，这远远不是农村电商能够解决的；脱离了挂职、驻村干部的帮扶，很多乡村又恢复原状，好不容易拉扯起来的发展势头难以保持……用李白的一句诗来形容，就是"行路难，行路难，多歧路，今安在"。我们虽然相信"长风破浪会有时，直挂云帆济沧海"，但为乡村"找路"显然需要与时俱进、顺势而为，只是这"时"与"势"在哪里呢？曾经相熟的全国各地农村电商服务商，这些年陆陆续续都在转型，坚持到今天的没有几个了，这其实也从另一个角度说明，做一个农产品的互联网"搬运工"，市场空间有限，也无法从根本上解决乡村发展的问题。

很幸运，我们还是很敏锐地感受到了时代的脉搏。

从 2018 年开始，在每年的中央一号文件中，"乡村振兴"这四个字成了重要的关键词。在两会上，围绕"产业兴旺、生态宜居、乡风文明、治理有效、生活富裕"的"二十字方针"的话题成为热点，以及各类议案和提案的重点。让农业成为有奔头的产业，让农民成为有吸引力的职业，让农村成为安居乐业的美丽家园——如此美好的未来乡村图景，正在成为各地党委和政府的执政目标。而我们，作为"三农"、乡村品牌与数字化战略的服务商，主动顺应时代的潮流，于 2020 年 6 月组建了"乡立方"，开始寻求与这个时代同频共振。当然，我们所谓的"主动"，首先是出于企业生存与发展的需要。虽然这些年我们先后服务了 300 多个区域公用品牌和 300 多个品牌乡村项目，成为国内这个行业的头部机构，但从本质上看，我们的业务大多停留在策划与创意的层面，是一家深耕"三农"领域的智力服务企业。乡村振兴战略实施以来，我们的看家本领受到了越来越多的挑战——竞争对手越来越多，而创造的价值却越来越低，如果找不到一个具有潜力的新赛道，企业的发展显然已经碰到了天花板！从外部环境来看，"三农"高质量发展与乡村全面振兴需要破解的难题，涉及产业、生态、组织、文化等诸多领域，而这些显然也会带来诸多的商业机会。乡村振兴战略到 2035 年、2050 年的目标，与中国式现代化的阶段性目标是高度契合的，这足以证明，乡村现代化是中国式现代化的天然组成部分。作为一家拥有 20 年"三农"经验的企业，我们当然要成为这一伟大进程的见证者、参与者、贡献者。

就这样，我们开始了从品牌战略服务商向乡村振兴综合服务商的转型。一开始，我们就试图构建品牌乡村的"立方思维"，提出了"六有"：有突出主题、有核心价值、有创意景观、有特色商品、有体验业态、有持续动作。看得出，这"六有"其实还带有很多"转型期"的痕迹，延续了"品牌战略"的基本框架。对于这一点，我们有自知之明。所以，通过对每一个项目的复盘，以及随时随地都在进行的"头脑风暴"，我们的方法论不断迭代。2021年初，我们提出了相对系统的"立方设计"，即顶层设计＋产业设计＋场景设计＋营销设计，为乡村提供全面振兴所需要的综合服务。2022年初，针对"三农"实际工作中的刚需与痛点，乡立方总结出"品牌先行、策规一体、运营前置"的工作方法，提出了"规划围绕策划转，策划围绕产业转，产业围绕市场转，市场围绕共富转"的"四转"原则，从而构成"找魂、找钱、找人"的"三找"方法论。2023年7月，"2023中国品牌乡村发展大会"在杭州萧山举行，乡立方作为大会的承办方，在会议上提出"乡村未来产业燎原计划"，倡议成立"未来乡村产业发展共同体"。自然，我们无法预知乡立方的一系列转型是否正确，这需要更多结果来论证。但其涉及的领域，显然是决定乡村发展的"深水区"。正所谓"没有未来产业，何来未来乡村"，聚焦乡村产业的振兴，的确是当下乡村振兴最为迫切的需求。

一年一小步，三年一大步。目前，乡立方已经将"乡村振兴找路人"作为自身的目标与使命。但是，"为乡村找路"又谈何容易。往大处说，当下整个国家都在为"城乡发展不平衡、农村发展不充分"寻找解决方案，我们作为一家企业，力量自然是十分有限的。但是，在情怀与责任的驱使下，我们在"三农"领域摸爬滚打转眼就20年了，似乎与乡村有关的产业或业态，我们都"玩"了一遍，其中成功的经验有限，但失败的教训却不少。透过政策面那些文字，以及自身遍布全国的数百个乡村案例，我们一直在思考：初级农产品卖不上好价钱，但一些只有这些产品的村子，又能有什么新出路？有的地方满眼都是"穷山恶水"，生态基础差，资源贫瘠，希望又在哪里？有些革命老区，每年前来参观学习的人络绎不绝，不缺流量，但人们转上一圈就走了，形成不了"留量"，怎么办？有些乡村的人文资源深厚，文旅项目开发大有潜力，但缺少投资，突破口又在哪里？

"未来"两个字，给了我们思考的方向。一直以来，我们解决"三农"问题，喜欢用"过去"的方式去思考：过去有多少人口，过去发展什么产业，过去产品卖到哪里……是的，在脱贫攻坚阶段，通过对口援助、消费帮扶等手段，取得了"现在"的成效。但问题是，我们要给予农民和乡村的，不只是"现在"，还有"未来"。其实，越来越多"空心村"的出现，其根本原因并非"现在"不美好，而是在更多年轻人看来，他们所在的乡村缺少对"未来"的想象力。

从政策面来说，对于未来乡村，现在有很美好的期待，就是要"强化以工补农、以城带乡，推动形成工农互促、城乡互补、协调发展、共同繁荣的新型工农城乡关系，加快农业农村现代化"。浙江省更是鲜明地提出了"未来乡村"的打造方向，所谓"一统三化九场景"。如此这般美好的乡村未来，又将如何实现呢？若是继续"走老路、唱新歌"，或许会有过程的精神安慰，但最终目标是很难实现的。农村里的东西，包括农产品、绿水青山及村规民约，如果照旧，传统的农业经济与乡村文化不可能一夜之间发生奇迹，给村民带来致富的希望。

面对未来，我们需要对乡村的一切进行一次"重新定义"：

——重新定义产品。"拉长产品链，提升价值链"，这句话在各级政府的报告里时有所见，怎么落地？因为各地的初级农产品同质化现象很严重，如果不往深加工方向走，很多农产品根本卖不上价，溢价能力很弱，甚至每年都会出现"难卖"的问题。所以，如何利用科技的手段，将农产品"改头换面"成了当下产业振兴的重点方向。以黄岩蜜桔为例，我们尝试提取桔子树的花、叶、枝及皮的精油生产一系列日化产品，将桔子从"吃"的转变为"用"的，从而创造其全新的价值。同样的原理，我们针对来凤藤茶进行"全株开发利用"，即回收每年修剪掉的枝叶并提取精油，用作生产牙膏、面膜等的原料，创造比卖原叶茶要高得多的价值。显然，乡村有具备这种精深加工潜力的产品或者植物，资源还很丰富。

——重新定义规模。除大宗农产品和品牌产业外，"小而美"适合更多的乡村产业。但是，这些年全国各地都在推崇"做大做强"，这种理念也直接误导了一大批乡村产业的发展。一方面是一些地方政府对小产业"视而不见"，另一方面一些小工坊盲目扩大规模，出现经营不善而倒闭的结局。以各地的酱菜、腌菜产业为例，它们就是一个普通人都能干的事业，就是老百姓在家门口就能创业的商机。通过品牌化、标准化、商品化提升后，能保持适当规模，就是一个很好的乡村小产业。但若每一家酱坊都以"老干妈"的规模为目标，那失败的概率就会很大。

——重新定义消费半径。现在有了电子商务，很多人都雄心勃勃要把货卖到全中国、全世界。其实，定义好自己产品的消费半径，才能创造最高效率、最优效益、最佳体验。绝大多数农产品的消费半径，不超过三五百千米，在本地就可以打造重点市场与优势区域，"在地化"才是最好的营销策略。但很多农产品没有做好这个规划，盲目投入，盲目拓展，结果自然不会好到哪里去。

——重新定义资源。只要方法对头，乡村的一切都是可以变现的资源。可以从"一道菜"变成一条集种养、储运、展示、餐饮、预制菜、研学等于一体的产业链，实现乡村小特产的价值提升。荒山野岭也是一种生态资源，我们一样可以通过打造汽车越野、户外极限运动等方式，实现其价值转化。乡村闲置的房屋经过修整，结合当地的传统文化与乡村资源，可以成为研学空间和特色民宿。围绕着更多的农耕文明，可以开发出有趣、好玩的青少年乡村教育课程，从而为乡村带来更大的流量。

——重新定义创新。从全国层面来看，很多乡村的资源、文化、特色都不具优势，根本不具备市场竞争力，即便开发出来，可能也不足以吸引人，怎么办？我们有一个观点：既然"一无所有"，那就干脆"无中生有"。当然，这个"无"，是无价之宝（指独特题材），是无奇不有（指产品），是无与伦比（指三产融合），是无出其右（指共富机制），是无往不胜（指结果）；而这个"有"，就是指有的放矢，有声有色，有利可图，有条不紊，有口皆碑。堆积这么多文字，无非一条，对于一些"三无"（无产业、无特色、无文化）乡村，我们就要鼓起面向未来的勇气，大胆作为。

——重新定义人才。借力"空降兵"，用好"子弟兵"。这句话谁都明白，但要落实到地方政府的人才政策上，有时候就很难。长期以来，"外来的和尚好念经"，很多基层政府习惯于通过招商引资的方式推进当地经济的发展，而常常忽略了身边的"子弟兵"。在乡村振兴时代，如果用好"子弟兵"，往往能够取得事半功倍的效果，因为"空降兵"往往由利益驱动，而"子弟兵"却是情怀所系。这个"子弟兵"指的是当地的县乡村的干部队伍，还有当地原乡人、归乡人、旅乡人。浙江总结的经验，就是"带动原乡人、留住归乡人、吸引旅乡人"。

——重新定义机制。从传统机制上看，往往是"谁投资谁受益"。政府在招商引资时，考量更多的是对方的投资规模、税收、就业等指标。但在乡村振兴时代，同样是乡村的招商引资，考量的重心需要发生转移，我们要更看重"共富机制"本身的建立：要优先考虑如何让集体增收，让农民致富，从而实现多方共赢。除浙江省在推进共同富裕的先行先试外，其他区域实施起来可能还需要一个过程，主要还是观念并没有完全转变。

——重新定义市场。"土特产"首先要经营好重点市场，打造优势市场，不应动辄做全网营销、全渠道布局。以威酱为例，我们提出"千岛湖人的待客之道"，其实就是精准定义了这款产品的目标市场：千岛湖原住民、千岛湖游客和有千岛湖乡愁的人。所谓"一方水土养一方人"，农产品不能盲目跟随当前的网络销售大潮，要有自己精准的目标市场。

正是基于这些"重新定义"，我们才得以放开手脚，为更多乡村"找魂、找钱、找人"，从而找到一条条面向未来的希望大道、梦想之路。或许，我们努力的方向，就是重新定义乡村——在不远的未来，"千村引领、万村振兴、全域共富、城乡和美"，展现在我们面前的，将是一幅幅现代版的《富春山居图》。

莫问剑

2023 年 8 月 15 日

完稿于杭州至广州航班上

开篇

为乡村找路 "书记说"

图/2023中国品牌乡村发展大会

　　2023 年 7 月 6—7 日，由国家发展改革委、农业农村部、国家乡村振兴局指导，中国经济改革研究基金会主办，萧山区人民政府特别支持，乡立方乡村发展集团承办的"2023 中国品牌乡村发展大会"在杭州召开。来自全国各省、市、县的领导和行业专家、学者、产业振兴代表、媒体机构代表，以及消费帮扶、金融、品牌、电商、技术、数字等领域的服务商，共计 500 余人出席了大会。这次大会副县级及以上干部来了上百人，成为参会人员里最大的一个群体，足见政府部门对乡村振兴工作的重视。

　　于是，在会议的第一项议程中，我们设计了一场特别的对话。7 月 5 日晚，在"千万工程"重要起源地萧山，在美丽的湘湖，在一艘游船里，我与萧山区委副书记、区长姜永柱共同主持了"萧山夜话"。来自八个省的十位书记（副书记）、县长（副县长）围绕乡村振兴应该向浙江和萧山学什么、本地乡村振兴该怎么做、各地分别有哪些经验和困惑、未来产业该怎么做等与乡村振兴相关的重要话题畅所欲言，深入探讨。

　　把对话放在一艘游船上，是因为我们希望这是一场弘扬乡村振兴"红船精神"的对话。"红船精神"是开天辟地、敢为人先的首创精神，坚定理想、百折不挠的奋斗精神，立党为公、忠诚为民的奉献精神。乡村振兴要成功，需要的正是这样的精神。

正如吉县县委常委、副县长尚立春所说，对于一个县的发展来说，最关键的还是书记、县长的领导。我想，这场难得的"书记夜话"，绝对值得用文字记录下来。它见证了各地书记、县长一起为乡村找路的初心、决心和恒心。多年后，待乡村振兴大业完成之时，我们再回看当年这场夜话，必将为自己曾为找路所付出的努力而感动。

萧山夜话：一场弘扬乡村振兴"红船精神"的对话

时间：2023 年 7 月 5 日 19:00—22:00

地点：杭州萧山湘湖茗醉园游船永兴号

联合主持人：杭州萧山区委副书记、区长姜永柱

　　　　　乡立方乡村发展集团联合创始人、首席战略官莫问剑

夜话点评人：广东省委农办原专职副主任梁健

　　　　　湖北省乡村振兴局副局长杨遥

夜话嘉宾：湖北省委委员、红安县委书记刘堂军

　　　　广东徐闻县委书记罗红霞

　　　　湖南靖州县委副书记、县长黄忆钢

　　　　山东郯城县委副书记、县长于广威

　　　　浙江临海市委常委、副市长宋江涌

　　　　湖北来凤县委副书记安生永

　　　　河南获嘉县委常委、宣传部部长、副县长陈伟

　　　　山西吉县县委常委、副县长尚立春

　　　　新疆英吉沙县副县长张斌

夜话观察员：《东方财经》杂志社研究员阎雨蒨

　　　　　广州市社会科学院农村研究所所长、研究员郭艳华

扫码观看为乡村找路
"书记说"现场视频

莫问剑（乡立方乡村发展集团联合创始人、首席战略官）：

诸位领导，今晚我们相聚在美丽的湘湖。通常大家到杭州来，一般都喜欢去西湖，今天为什么邀请大家来到湘湖？因为今晚我们要深聊与乡村振兴有关的话题。前段时间，农业农村部唐仁健部长一行来萧山考察，确认了这里就是"千万工程"的重要起源地。在"千万工程"即将满 20 周年的时候，能够在起源地举行一次对话，无疑是极具意义的一件事情。

明天我们将要举行"2023 中国品牌乡村发展大会"，原计划定向邀请 350 人，最后全国各地报名的有近 550 人，光副县级及以上的领导干部就来了 100 多人，这说明当下各地对乡村振兴、共同富裕工作的高度重视！今晚，在充分考虑到地域差异性的前提下，会议组委会定向邀请诸位，在湘湖红船上举行一场小范围对话，重点围绕"千万工程"、乡村振兴和共同富裕等关键词，深聊、聊透，一起为乡村振兴找路。

今晚，我们邀请了两位特别的点评嘉宾。一位是广东省委农办原专职副主任梁健，他这些年代表广东省开展了大量对口帮扶和东西协作工作，走遍了大江南北，对广东、浙江的情况都很了解。另一位是湖北省乡村振兴局副局长杨遥，他做过十年的县委书记，对县域工作十分熟悉，能够站在各位嘉宾的立场上反向思考。他们两位将针对诸位的发言进行点评。我们还邀请了《东方财经》杂志社研究员阎雨蒨和广州市社会科学院农村研究所所长、研究员郭艳华作为观察员，就交流的观点做后续的深度思考。

首先，我们有请姜永柱区长为大家讲讲"千万工程"的起源，以及萧山乡村振兴和共同富裕工作的一些创新实践。

姜永柱（萧山区委副书记、区长）：

首先非常欢迎各位领导到萧山指导工作。针对这场夜话，办公室给我准备了一篇稿子，我刚才翻了一下，觉得写的都是"普通话"，我就不念了。在全国各地乡村振兴一线指挥官面前，我们不讲大话、空话、虚话，我说点实实在在的"萧山话"吧。

大家知道，"千万工程"是习近平总书记当年主政浙江期间，亲自谋划、亲自部署、亲自推动的一项重大决策。其实这里有一个特殊历史背景。到了 21 世纪初，浙江经济经历了 20 多年的高速发展，但农村因工业和养殖等造成的污染问题也日渐显现，与日新月异的城市面貌相比，农村建设和社会发展明显滞后。曾经有这么一种说法："走过一村又一村，村村像城镇；走过一镇又一镇，镇镇像农村"，还有人形容很多村庄是"垃圾靠风刮、污水靠蒸发、室内现代化、室外脏乱差"。习近平同志 2002 年 10 月到浙江工作，用了 118 天，跑遍 11 个地市、25 个县。2003 年，习近平同志做出了实施"千万工程"的战略决策，亲自制定了"千万工程"目标要求、实施原则、投入办法，提出从全省近 4 万个村庄中，选择 1 万个左右的行政村进行全面整治，把其中 1000 个左右的中心村建成全面小康示范村。

浙江的"千万工程"是通过开展村庄整治、改善农村人居环境开始的。但说到底，本质上是为了提高农民群众的生活品质，是围绕人做的大文章。从萧山过去 20 年的实践来看，有成功的，也有不成功的。但凡做成功的，一定不是"干部干，群众看"，而是老百姓主动参与其中。老百姓认为自己是这个地方的主人，是要住一辈子的。政府只要有钱，投上几千万元，给村里整治一下环境并不难，将周边的垃圾清理掉、环境美化好，都是简单的工作。关键是这些工作能否得到村民的理解、支持和参与。我们现在评判美丽乡村或者乡村振兴做得好不好，不是看这里的房子造得多漂亮，而是要看生活在这里的人脸上有没有幸福的笑容。现在，我到萧山农村搞（乡村振兴）调研，凡是村书记可以带着我随便走的，基本上可以判断他的相关工作做到位了。

早些年，我们的乡村工作大多是单方面的"富口袋"。现在既要"富口袋"，又要"富脑袋"。老百姓认可不认可共同富裕、美丽乡村的理念？如果认可了，他们就能与你"同频共振"。我举个例子，现在被称为萧山未来大地的横一村就很典型。村书记傅临产曾对我说，姜区长你到村里去，随便走，随便问，看看我们这里的每家每户老百姓对乡村振兴是否拥护！横一村通过这几年的乡村振兴，老百姓得到了实实在在的好处，大环境变美了，来的游客多了，村里开了很多民宿与农家乐，集体收入增加了，每年还能分红，这就深刻地影响到老百姓的观念。原来这一带老百姓就很有钱，平均每八个人中就有一个是老板，村民富起来后喜欢攀比，还有一种陋习，就是喜欢将自家的围墙筑得高高的，十分不美观。现在好了，都拆掉了，都很自觉。因为，美丽乡村做好以后，游客很多，作为村民，他们都是有自豪感的。所以说，政府光砸钱是不行的，光做好顶层设计还不够，关键是生活在这片土地上的人，跟你"同频共振"做这件事情。以前我在外省挂职搞扶贫，一些老百姓就认为，脱贫攻坚是党委政府的事情，不是他们的事情，所以工作做起来就很难。如果这样的话，乡村振兴是搞不好的。乡村振兴需要生活在这片土地上的人，认为这个事情是自己的。现在很多时候，干部在干，群众在旁边看，这就很麻烦。

萧山做乡村振兴最大的基础是什么？从整个浙江来看，老百姓的创富意识，总体都是比较强的，尤其是我们萧山这个地方，即便政府不引导，老百姓自己也会积极主动想办法去创富。从创富到共富，这是我们政府当前着重引导的。我们不能看平均数据，因为很多人是"被平均"的，要看占比最小的部分，就是要把这部分人拉起来，政府要着重"管"这部分人。从实际情况来看，靠这部分人自身的能力，或者以村为单位，是很难做好的，所以我们要抱团，要共富。萧山有一批大型的民营企业，这些企业主很有家国情怀，他们很愿意带村民共同富裕，这也算是萧山的一大特色。传化集团大家都知道，他们主动与萧山农村经济最差的浦阳镇结对。当然，不能光把责任推给民营企业，政府要主动设计一条共富路径，从利益共享的机制里找到一条新路子，推动民营企业带动乡村共同发展。政府要推动土地流转，推动公共设施的建设，减轻民营企业的负担。2022 年，萧山城乡居民人均可支配收入比为 1.59 ：1，这在全国应该是处于领先水平的。

各个地方的实际情况都不一样，全国不可能只有一种模式，甚至浙江也不可能只有一种模式。以淳安县下姜村为例，下姜村已经是七任省委书记的基层联系点了。因此，下姜村拥有的政治资源优势，不是一般的乡村所能比拟的。唯有那些没有特定资源，或者没有特定关系的普通村的成功方案，在全国才是可推广的。下姜村现在也推出了"大下姜"的概念，乡村抱团发展，是比较可行的。

"千万工程"在浙江为什么能成功？一任接着一任干，就是最好的法宝。这届政府做到 70 分，下一届继续努力，再加 20 分，就是 90 分了，如果下一届再加 5 分，那就是 95 分的高分了。如果使"小聪明"，今天跑这条路，明天跑那条路，看着不行再换一条，这样就容易瞎折腾。从老百姓的角度来讲，最怕这样的。比如一些老旧小区改造，今年挖挖下水道，明年涂涂外立面，没完没了。出现这样的现象，老百姓一定会在背地里说政府钱多了没处花。乡村振兴也一样，千万不能瞎折腾，"一张蓝图绘到底，一任接着一任干"，久久为功，方有实效。

这些是我个人的想法，不一定对。我先抛一些话题，供大家讨论。

莫问剑：

20 年间，"千万工程"在浙江不断升级拓展，更迭深化。浙江每年召开一次最高规格的现场会，省市县党政一把手悉数出席，每个阶段出台一个实施意见，每五年出台一个行动计划，针对主要矛盾制定解决方案、工作任务，从农村人居环境整治到美丽乡村建设，再到未来乡村和美乡村建设，推动"千万工程"的内涵和外延不断拓展深化。2003 年到 2010 年是第一阶段，浙江通过"千村示范、万村整治"，以村庄环境综合整治为重点，全面推进"三清两化"（清垃圾、清污水、清厕所，道路硬化、村庄绿化）行动。2011 年到 2020 年是第二阶段，浙江通过"千村精品、万村美丽"，围绕"规划科学布局美、村容整洁环境美、创业增收生活美、乡风文明身心美"总要求，建设美丽乡村。2016 年 4 月，浙江省又提出通过美丽乡村示范县、美丽乡村风景线、美丽乡村示范乡镇、美丽乡村特色精品村和美丽庭院"五美联创"，把"盆景"变成风景。从 2021 年至今，浙江推行"千村未来、万村共富"，以推进未来乡村建设、打造共富现代化基本单元为主要标志，以乡村产业匹配度、基础设施完备度、公共服务便利度、城乡发展融合度为重点，使农村基本具备现代生活条件，让农民就地过上现代文明生活，全域推进和美乡村建设，形成"千村向未来、万村奔共富、城乡促融合、全域创和美"的新时代乡村建设格局。

有人曾总结，乡村振兴 1.0 版是乡村环境整治，2.0 版是建设美丽乡村，3.0 版是发展美丽经济，4.0 版是推进城乡融合，5.0 版是实现共同富裕。如果真是这么区分的话，就如姜永柱区长介绍的，萧山可能干到 4.0、5.0 版了。但是，中西部地区很多地方还是 1.0 版，还处于乡村风貌环境整治的阶段，东西部地区的差距还很大。现在全国学习推广浙江的"千万工程"，全面推进乡村振兴，似乎不可能按部就班来，干完1.0，再干2.0、3.0，必须1.0、2.0、3.0一起干。但显然，如此工作起来的难度是很大的。所以，我抛出第一个问题，中西部地区究竟向萧山学什么，向浙江学什么，如何结合当地实际，找到一条后发赶超，甚至后来居上的发展路径？

刘堂军（湖北红安县委书记）：

图/英雄红安

学习浙江"千万工程"深化蝶变过程，聆听了姜区长的这一番"萧山话"，我感觉得到，在乡村振兴方面我们确实还是"小学生"。这次来取经问道，真是来对了。"萧山经验"有这么几点给我印象深刻：从环境整治入手怎么发挥群众的主体作用，在推进共同富裕过程中的政府引导与市场机制的有机结合，还有就是"一张蓝图绘到底，一任接着一任干"，不反复，不折腾。这些方法都是值得我们学习、借鉴的宝贵经验。

我来自湖北红安县。红安是革命老区，是中国"第一将军县"。红安也是历届湖北省委书记的基层联系点。从受上级领导的关心与支持来说，我们确实也很幸运。党的十八大以来，习近平总书记先后多次对"千万工程"做出重要指示，我们组织党委政府班子开展过多场"头脑风暴"，就是要破除内地干部常有的思维定式，克服习惯性思维，制定切实可行的方案，拿出过硬的方式与举措，从理论和操作层面进一步理清工作思路。

像我们欠发达地区怎么促进乡村振兴？结合姜区长"萧山话"的启发，我谈谈这一届党委政府对红安当下的探索与思考。

第一，现任湖北省委书记王蒙徽明确提出，全省各地要积极探索美好环境与幸福生活共同缔造，在这方面，红安必须走在全省前列，当好示范和标杆。"共同缔造"是什么意思？就是要通过发动群众参与，坚持党建引领，夯实基层基础，构建"纵向到底、横向到边、共建共治共享"的治理体系，牢固树立"想干事的给支持、参与多的启动快、干得好的给得多"的理念，整合资金，以奖代补，发动群众开展"自己动手、共建家园"等活动，实行"房前屋后自己干、小微工程匠人干、重点工作专业干"，把群众的力量集中起来，尽力而为，量力而行，实现花小钱办大事。过去闹革命的时候，老百姓参加革命可以分到土地，所以大家都很踊跃，因为土地是命根子。现在经济发展更多地注重个人发展，但是群众对美好环境、幸福生活的向往，还是"最大公约数"。所以，我们抓"共同缔造"，不妨先从 1.0 版做起，先搞好环境，通过污水治理、厕所革命、道路平整、停车场建设，让农民有看得见、摸得着的获得感，让他们感受到这种实惠和变化，从而切实提高思想觉悟、参与程度、文明素养，改变生活习惯。

第二，推进"共同缔造"，要坚持"纵向到底、横向到边"的方法。所谓"纵向到底"，我们的做法是坚持党建引领，建成 200 多个湾组"红星之家"，夯实基层基础，推进组织设置、党员教育、村民自治、文明创建等"五进湾组"基层党建模式，建立"村党支部＋湾组党小组＋党员中心户"的组织体系，县、乡、村三级行政服务中心全覆盖，行政事项能放尽放，让党组织体系深入群众，让群众做到小事不出村，让更多的事情在村里就能办理。同时，我们实施"横向到边"，就是以城乡社区为单元，成立村民理事会、环境卫生理事会、铜锣联防队等"五会一队"，尽量把每一名群众吸纳到社区社会组织中来，让群众话有地方说，让事有人去做。这种做法的目的，就是党建引领乡村振兴和基层社会治理的最后 100 米，让党组织的"神经末梢"延伸至村民家门口，走出一条乡村基层社会治理的新路径。

第三，突出群众主体。乡村为老百姓而振兴，他们才是主体，所以不能让群众"站着看"。不能什么都是规划师说了算，群众要变成参谋，政府要把规划图贴到墙上，接受群众的评议。同意的就按红印，不同意的就按蓝印。政府由领导者变成组织者，一定要把群众放在主体地位。如果乡村振兴做成政府和群众之间的"你干我看"，那效果就要大打折扣了。要让群众从受益者变成参与者，人人都是村管家。

第四，说话算话，奖励要及时，要到位。我们既然承诺"想干事的给支持、参与多的启动快、干得好的给得多"的奖补机制，就必须兑现。要通过这些机制统一思想，干在一起，树目标、定方向、谋产业、促发展，最大限度地激发人民群众的积极性、主动性和创造性。要通过机制的激活，谋篇布局，以点带面，串珠成链，将"共同缔造"与农文旅、一二三产业融合发展全域推进。

当然，对照浙江"千万工程"的经验和做法，红安还需要不断探索，寻求更多领域的突破。我们在蓝图绘制过程中，可能不断遇到有些专家做的规划落不了地的问题，乡村振兴如何多方筹措资金投入和投入后如何保障可持续经营的问题，乡村产业高质量发展的问题，以及当下乡村非常突出的运营问题，等等，这些问题的答案都是我此次学习考察争取要找到的。

罗红霞（广东徐闻县委书记）：

图/徐闻"菠萝的海"七彩田园

今天以"萧山夜话"的方式，举行小范围的乡村振兴经验对话，这种形式很新颖，非常有利于大家思想火花的碰撞。非常感谢萧山姜永柱区长毫无保留的言传身教。作为"千万工程"的起源地，萧山是首创者、亲历者、实践者，所有的"真经"让我们的工作都是受益无穷的。广东省正在全面实施"百千万工程"，就是要深入学习浙江 20 年"千万工程"的经验。为了透过现象洞悉本质，学到真谛，我这次将徐闻 15 个乡镇的书记，以及"百千万工程"工作专班里涉及的所有部门负责人，都一起带到浙江考察学习。

听了姜永柱区长的介绍，我有四个感悟。

首先，观念的创新是首要的。 这些年，我们抓发展、抓经济，包括实施很多富民工程，都是盯着"富口袋"。但现在不仅要"富口袋"，还要"富脑袋"。口袋要富，但文化层面、精神层面的富一样很重要。从站着看到直接干，乡村振兴不能光从我们党委政府的角度出发，还要取得老百姓在观念上的认同和提升。"千万工程"不是一项短期工作，需要久久为功，可能会持续三年、五年、十年，甚至更长时间，只有取得乡村群众在观念上的"同频共振"，这项工作才能得以持续推动。

其次，规划要更有创意。 我今天参加会议之前，走了莫干山等几个浙江乡村振兴的示范点，感触就很多，原来乡村振兴可以这么干！让我们吃惊的是，具有创意的规划水平之高。浙江很多地方已经实现村村相连，这就是"千万工程"给浙江全域带来的巨变。我们一路交流，感慨浙江乡村发生的巨变，浙江的经验，两天、三天，可能一个月都看不完、学不完。我们还将参加明天的"2023中国品牌乡村发展大会"，大会议程里的很多环节，特别是"未来产业"的提法，都很吸引我，所以我充满期待。浙江乡村振兴在策划、规划上，就富有创意。我听过几次乡立方的专题汇报，他们规划的政治站位很高，顶层设计很超前，更难得的是，项目本身花钱不多，花小钱办大事。今晚介绍的萧山经验也给我一个启发，就是乡村振兴要做好，先得找一个好的团队，拿出一套真正有创意的顶层设计来。

再次，引入市场化的经营理念。 姜永柱区长讲到强村公司。其实我们今天在莫干山也了解到，（浙江）很多村都依托产业成立相应的经营主体。在这一点上，广东虽然处于改革开放前沿，但我们好多村都没有做到，我们的集体经济在经营上还存在这个"短板"。唯有引入市场化的经营理念，推动乡村持久运营，持续盈利，帮助老百姓致富、集体增收，大家才会有更高的参与积极性。徐闻下一步要下大力气寻求这方面工作的突破。

最后，是浙江各地干部久久为功、持续真抓的精神劲头。下姜村能成为七任省委书记的基层联系点，确实不容易。哪怕是一个县委书记的基层联系点，换个人就容易换个地方，要持续抓，谈何容易？

徐闻县地处中国大陆最南端，是"天南重地"，建县始于公元前111年，这里还是汉代海上丝绸之路的始发港。习近平总书记2023年4月10日到了徐闻，视察了徐闻港和大水桥水库这两个点。我的理解是，从国家战略而言，因为我们离海南最近，在未来粤港澳大湾区和海南自由贸易港的发展中，徐闻港一带无疑将要承载更重要的功能和责任。总书记到我们大水桥水库视察是关心民生，这里是环北部湾广东水资源配置工程湛江引调水向南输水的终点站，将从根本上解决粤西地区特别是雷州半岛的水资源短缺问题。总书记关心的，其实也正是徐闻下一步实施"百千万工程"的重点与亮点，欢迎大家前来考察指导。

梁健（广东省委农办原专职副主任）：

学习浙江"千万工程"经验，推动实施"百千万工程"，是广东当前的重大任务。萧山是浙江"千万工程"的起源地，我们马上迎来这一工程的20周年，今晚能在萧山的湘湖红船上展开"夜话"，特别有意义。刚才听了姜永柱区长的介绍，我谈一点个人感想。

一、深入学习浙江"千万工程"经验

"千万工程"不仅推动浙江农村全域脱胎换骨，也带动了整个城乡发生系统蝶变。通过实施"千万工程"，浙江乡村实现了高质量发展，极大提升了浙江城乡融合发展水平，为浙江建设全国共同富裕示范区打下了坚实基础，为全面推进现代化建设持续探路。总结起来，浙江"千万工程"有八个方面值得我们学习借鉴。

一是坚持以人民为中心。20年前，习近平同志从萧山开始推动"千万工程"，这是造福千万农民群众的民心工程。事实证明，20年来浙江把惠民生的事办实、暖民心的事办细、顺民意的事办好，让农民腰包越来越鼓、日子越过越红火，让农村现代化建设成果更多、更公平地惠及全体农民。站稳人民立场，这是"千万工程"给予我们的首要启示。

二是坚持系统观念。"千万工程"涉及城市与乡村、硬件与软件、技术与设施、观念与机制等多方面，需要进行前瞻性思考、全局性谋划、战略性布局、整体推进。浙江关注县域经济高质量发展，构建以县城为枢纽、以小城镇为节点的县域经济体系，找准并抓住了乡村振兴的关键动能。统筹部署，协同推进，抓住重点，补齐短板，正是坚持系统观念的具体表现。

三是坚持久久为功。浙江"千万工程"实施20年来，始终围绕总体目标，保持战略定力，"一张蓝图绘到底，一任接着一任干"，并根据形势发展不断延伸整治范围、丰富整治内涵，取得了显著成效。以下姜村为例，七任省委书记一棒接一棒，将基层联系点都设在那里，很不容易。全中国似乎还没有第二个省，从省委书记的基层联系点开始，一项工作可以做到如此"久久为功"。

四是保持务实工作作风。务实就是要实事求是，因地制宜。20年来，浙江实施"千万工程"，真抓实干、苦干巧干。退休之前，我几乎每年都来浙江学习调研，与浙江省扶贫办和乡村振兴系统的干部打交道比较多，与省、市、县、乡、村等各级干部都有来往，感受到大家普遍都是真抓实干。注重调查研究，是浙江干部的鲜明特色。理论联系实际、密切联系群众的干部队伍，以及长期保持的实事求是的工作作风，是浙江"千万工程"得以实现"发展不走样""发展能迭代"的坚实基础，这一点值得全国各地认真学习借鉴。

五是坚持问题导向。重温"千万工程"的发展历程，当初习近平同志到萧山等地调研时发现，农民虽然口袋富了，但农村人居环境问题突出，因此，从农村人居环境整治开始，从老百姓的身边事抓起，谋划推动了"千万工程"。之后，历届浙江省委省政府领导都自觉接过这项工作，针对特定历史时期乡村建设的新问题，给予了"千万工程"新任务、新内涵和新发展。不仅如此，我们看到浙江"千万工程"的三次迭代，实际上就是浙江主动创新作为、积极响应20

年来浙江乡村的问题之变和群众的实际需求之变。以问题为导向，是浙江"千万工程"得以永葆生命力和群众支撑力的关键所在。

六是坚持城乡融合。城乡融合就是城乡一体化推进，这一点是很难的。从全国层面来看，浙江是注重城乡均衡发展、协调发展、一体化发展做得最好的省，是全国共同富裕基础最好的省。刚才，姜区长介绍说去年萧山城乡居民人均可支配收入比为 1.59 ： 1，这是一个了不起的数据。广东是 2.46 ： 1。我们虽然经济总量大，但地区发展不均衡、城乡收入差距大，是广东推进共同富裕急需突破的难题。广东正在推进的"百千万工程"，事实上也正是看到了这些不均衡问题，并积极破解而部署推动的城乡区域协调发展的头号工程。关于城乡融合的经验，是全国各地尤其是广东应该重点学习的。

七是坚持党建引领。浙江"千万工程"的经验充分说明，办好农村的事情，关键在党。只有不断提高党在农村的政治领导力、组织覆盖力、群众凝聚力和社会号召力，才能真正推动战略落地落实。浙江省委省政府专门出台文件，对"五级书记抓振兴"进行科学严格的考核，形成明确可量化的指标体系，这是我们学习的榜样。

八是坚持改革创新。从"千村示范、万村整治"到现在的"千村未来、万村共富"，浙江为我们演绎了"千万工程"的精彩蝶变，这蕴含着丰富的主动创新精神，让我们看到了"千万工程"背后的坚守和创新。从创富到共富，浙江乡村这一路走来，让我们看到了"改革开放"和中国式现代化在乡村结出的丰硕成果。

二、湖北的"共同缔造"与"千万工程"精神一脉相承

与此同时，湖北推行的"共同缔造""共建共治共享"，与浙江"千万工程"是一脉相承的。抓"共同缔造"就是抓共同富裕，两者的切入点都是环境整治，就是要让乡村变得干净、整洁、有序。同时，我还注意到，王蒙徽书记长期以来倡导推进"美好环境与幸福生活共同缔造"。他任湖北省委书记后，结合湖北的实际，进一步深化了"共同缔造"。所以，我相信刘堂军书记的战略布局一定会在红安做得更加出彩，甚至打造成湖北版"千万工程"新亮点。

三、深入实施"百千万工程"，推动徐闻发展并取得新的重大历史性突破

对于罗红霞书记的几点感悟，我也是感同身受。徐闻有着两千多年建县历史，一直是一个有着重要历史文化传承和战略地位的地方。最为突出的是，这里是汉代海上丝绸之路的始发港。徐闻还拥有全国最丰富的红树林资源和国家级珊瑚礁自然保护区，这注定徐闻在国家海洋生态文明建设中是不可缺少的角色。从区位上分析，徐闻港今后还将是连接粤港澳大湾区和海南自由贸易港的现代化水陆交通运输综合枢纽。徐闻的红色资源也十分丰富。徐闻不缺资源，缺少的是更多价值创新转化的观念、路径和模式。

如前面讲到的，广东实现高质量发展的短板在县，薄弱环节在镇，最艰巨、最繁重的任务在农村。广东要实现高质量发展，城乡区域发展不协调这个问题必须解决。对徐闻来说，要进一步明晰在广东"百千万工程"广阔场景中的战略定位，并找到合适的方法和路径，坚持系统观念、问题导向，站稳群众立场，发扬工作作风，从小切入点去推动战略落地落实。建议徐闻干部深入学习浙江"千万工程"的经验，进一步解放思想、锐意进取，期待徐闻在明天闻名中外。

杨遥（湖北省乡村振兴局副局长）：

刚才听了各位的感悟，特别是梁健副主任以"跳出浙江看浙江、跳出广东看广东"的高度，进行了精彩点评，我也很受启发。

我们来自不同的地方，社会经济发展水平不一样，到浙江学什么？怎么学？其实，从2022年下半年到现在，我已经五次来浙江，也来过萧山。浙江（乡村振兴工作）做得比较好的地方，包括一些乡村，我都去考察过。来得越多，我越是觉得，我们不能简单去学浙江搞乡村振兴的形式，而是要学浙江（干部）的作风、理念、情怀、办法。

浙江实施"千万工程"20年，以满足人民对美好生活的需要为目标，用符合市场经济规律的办法，解决城乡发展中的突出问题，倒逼政府转变职能，取得了具有历史性、开拓性、引领性的巨大成就，造就了千万美丽乡村，改变了亿万农民的面貌。浙江的核心经验是什么？就是围绕"政府有为、市场有效"来推动经济社会发展，实现治理的良性循环，但需要特别指出的是，浙江"政府有为"是建立在"市场有效"基础上的"有为"。这跟内地很不一样，内地（干部）考虑问题，更多的是站在政府角度想做什么，想怎么做。很多时候，（干部）主观意识非常强。这也正是刚才广东徐闻县罗红霞书记讲的，一定要解放思想，这是第一位的，这条学不到，其他的都是空话。

我在浙江学习期间，曾跟很多基层村书记做过交流，包括安吉余村、萧山横一村，还有绍兴亭山桥村，等等。我发现，这几个地方的村书记，原来大多数拥有自己的企业，都是放弃了自己的生意回到村里当干部的。这个村原本可能是负债的，新书记上任后，领很低的工资，带领一帮人，硬是把集体经济干了上去，把村里的债务还清，让村子发展成为远近闻名的乡村振兴示范村。我跟这些村书记交流，他们更多的是谈情怀，不愿意让自己村里的老百姓受穷，带着村民脱贫致富，这是责任，也是使命。

在对浙江各地的考察学习过程中，我一直在思考，湖北的乡村振兴究竟该怎么做，怎么才能让浙江的经验在湖北落地。我当过 10 年的县委书记，所以，今天我想站在县委书记的角度，以县域的视角聚焦问题。总体来说，我认为要抓三件事情。

第一，要制定简单实用版的乡村建设规划。现在，我们的乡村要么没有规划，要么规划了无法落地，群众看不懂，最后规划只能是挂在墙上看看。因此，在乡村建设过程中，一定要把专家、规划团队同优秀的村民代表组织起来。通过深入调研，编制出简易版、务实管用的，大家（群众）都支持且能落实的规划。具体要怎么编制？我们应该以一个村庄的航拍图作为底图，按照最新批复的国土空间规划，明确"三区三线"（指的是生态空间、农业空间、城镇空间三类国土空间，和对应的城镇开发边界、永久基本农田、生态保护红线三条控制线）：哪些地方不能建，哪些基本农田必须保护好，哪些地方可以开发，如何不折不扣地将国家的政策执行好。通过专业团队调研，提炼出符合当地特点的建筑元素，设计出方案供大家选用。在提升乡村的风貌方面，要避免"千村一面"，一定要保留乡村的特色。一定要让老百姓知道怎么改、怎么建，家家户户要按手印。这中间，搞得好的有奖励，搞得不好的要有约束措施。

第二，持续推进乡村环境综合整治。自国家提出农村人居环境整治行动方案以来，我们已经干了五年。我将湖北和浙江做了比较，如果从城乡居民收入、农村集体经济发展状况来看，现在湖北大部分乡村大致相当于浙江六到八年前的水平，可以归属到浙江"千村示范、万村整治"的后期。2022 年 11 月，湖北省委换届以后，王蒙徽书记提出以"共同缔造"实现"共同富裕"，这也是湖北学习浙江"千万工程"推进乡村振兴的创新路径，抓手是一样的，目标也是一样的，最终的目标都是共同富裕。但我们很清楚与浙江的差距，现阶段推进"共同缔造"，还是要不断推进人居环境整治，提升乡村环境，将厕所革命、农村污水和垃圾治理等工作做得更扎实，过去仅仅是聚焦房前屋后的"扫干净码整齐"，现在与庭院经济结合，引导群众不断改造提升，这种改造提升很有价值，既能改善环境，又能发展乡村经济。

第三，支持创建示范版的美丽乡村或者品牌乡村。在整个面上改造、提升、整治的同时，对有条件的地方、走在前面的地方，要鼓励、支持他们做示范性的探索，打造湖北的美丽乡村和品牌乡村。这项工作可以在一些有特定资源、有良好基础、率先富裕的地方先行先试。具体来说，通过引进一些专业服务团队，为品牌乡村做精准定位，出台乡村建设管理营运的示范性标准，推出一批具有 IP 打造潜质的题材，吸引更多乡贤返乡创业。同时，在现有政策的支持下，用"共同缔造"的理念，破解乡村建设中大家关注的人、地、钱的要素保障问题。

这是我这大半年来的一些思考，供大家一起探讨！

莫问剑：

全国这么大，省情、县情、区情、村情不一样，不可能一种模式、方式、路径走到底。但很多人到浙江学习，光学形，没有学到神；光看到现象，没有洞悉本质。今天大家说到广东的"百千万工程"与湖北的"共同缔造"，两者虽然都是在学习浙江的"千万工程"，但都有自身不同的侧重，都有自身的创新与发展。我想再请诸位讲讲，学浙江如何超浙江，乡村振兴还有什么样的创新途径和方法。

黄忆钢（湖南靖州县委副书记、县长）：

图/十方九苓，七出靖州：靖州文峰塔

我先给大家介绍一下靖州。靖州位于湘西南的怀化市，属于湘桂黔三省（自治区）交界处，是全国唯一的苗族侗族自治县。苗族和侗族人口占全县人口的74%，我自己就是苗族的。靖州物产丰饶，是中国杨梅之乡、山核桃之乡、茯苓之乡，尤其是茯苓，"十方九苓，七出靖州"，说的就是茯苓在中药材里的广泛使用，以及靖州茯苓产业在国内产销领域的独特地位。

我还要表示感谢。今晚能在"千万工程"的起源地萧山，聆听萧山乡村振兴、共同富裕的经验，与诸位领导一起就相关话题展开"头脑风暴"，对我们当下的工作是传经送宝，我是"脑洞"大开，感受颇深。

一张蓝图绘到底。我对浙江十分关注，经常看乡村振兴有关的新闻，很多"浙江经验"我们平时就在学习和研究。这次在参会之余，就是要到萧山，到下姜村等地实地考察学习。听了姜永柱区长的"萧山话"，我对"浙江经验"最深的感触，就是"一张蓝图绘到底"。我们靖州的乡村振兴，也必须这样干。这些年靖州的茯苓、杨梅、山核桃等产业，从脱贫攻坚到乡村振兴，能够有今天的成果，也正是"一张蓝图绘到底"的结果。如果换一任书记与县长，就换一个产业，那就是瞎折腾，百害而无一利。

内生动力是根本。我个人觉得，现在中西部地区的发展跟欧美国家最大的差别，其实就是乡村。乡村差在哪？可能就是小小的厕所。正是这些人人都需要的地方，（体现出的发展）差距最大。但是，从厕所改造到脱贫致富，从村里发展集体经济到致富带头人、领头羊培育，从县、乡、村干部班子的工作作风到企业家情怀，最关键的是内生动力的培育。在这方面，由于我们位于中部和西部的接合带，干部心态也最复杂。往西看吧，大家十分羡慕国家对西部大开发的大投入。往东看吧，又无奈于自己学不会东部沿海地区的经验。所以失落感很强。但今天的夜话让我意识到，最关键的还是改变观念，我们应该靠自己闯出一番天地。

引领市场才持久。刚才杨遥副局长多次提到，各地都在搞人居环境整治，湖北搞了一个五年行动。我们是一季一评比，以团队赛的形式推进人居环境建设，但基本上还是以政府为主导的。显然，没有群众自发的参与，没有市场主体的支持，持久性都是一个问题。只有真正地适应市场，市场主体全方位参与，乡村振兴、产业发展才能持久。在这方面，我是带着困惑来的。靖州特色产业如何做大做强？作为全国最大的茯苓产业集散地，我们一年产值还不到50亿元。但反思一下，这可能与我们的县情、产业发展的现状，以及群众小富即安的心态密切相关，这限制了这个行业的做大做强。浙江是资源小省，却做成了市场大省，我们亟须取取这方面的经。

姜永柱：

我补充一下。乡村基层工作能否做好，关键还有两条。

第一条是规划的问题。乡村规划不要用城里人的眼光。有些规划师将村门口搞得"高大上"，放了一个"大水车"，农村长大的会看水车？不可能的。不要用城里人的眼光自以为是地做。做规划一定要深度融合生活在这片土地上的人的需求。千万不要在村里搞大公园、大广场。村里要的不是大公园、大广场，农村人喜欢串门，习惯于门对门、家到家的交流，谁会为家里的事跑到广场上交流？

第二条是选对带头人。我们就是要选有情怀的能人来当村书记。当书记的目的是什么？他从小在这个村长大，房前屋后，乡里乡亲，只要他有情怀，就会千方百计把村里发展起来。我们萧山有 500 多个村，事实也证明，搞得好不好关键在村书记，这充分说明了党建引领的作用。

于广威（山东郯城县委副书记、县长）：

图/郯城：银杏之乡

大家好，我来自山东郯城。郯城历史悠久，建制始于夏商时期的炎国，春秋时期演化为郯国，唐朝改称郯城县，是古徐国文化的发祥地。郯城是全国 100 个产粮大县之一，有"鲁南粮仓"之称。这里，我不展开介绍，只举我们一个最突出的资源。我们是全国有名的"银杏之乡"，全县银杏种植面积高达 30 多万亩，最古老的一棵银杏已有 3000 年历史。

我想先从资本作用的角度谈谈乡村振兴。乡村振兴的核心，按我自己的理解，就是怎么利用资本的逐利性实现乡村各方利益的合理分配。各地的乡村振兴水平，不管是 1.0 版、2.0 版，还是 5.0 版，（我认为）最后不需要财政补贴的，才是最高级的版本。房地产形势好的时候，我们乡村的路网建设和公共服务投入可以通过土地出让金来支付，但现在呢？为什么乡村振兴需要财政投入？因为乡村的基础设施和公共服务建设大多属于公益性质，获利能力十分有限，所以需要财政补贴。但当下，很多地方都是"吃饭财政"，很难额外列支用于乡村建设。怎么办？

"五级书记抓振兴"。上级领导给县里下达任务，让县里抓好乡村振兴工作，县委书记作为"一线总指挥"就得谋划、部署和执行。于是，我们县里也召开了乡村振兴大会，安排了一系列任务。各种项目一罗列，光投入就得几十亿元。我作为县长，首先就得通盘考虑这些钱怎么来。我们很快就理出了几个"来钱"的渠道：第一，社会资本。当下工业企业不好做，一些大型工业企业的老板，愿意投资乡村振兴。因为他们一算账，发现乡村振兴的利润点比工业高，所以就有积极性。当然，也有很多企业老板对乡村项目并不感兴趣。第二，财政。但老实说，大部分县很难直接用财政的资金来做乡村振兴投资。政府能做的，往往就是发行一些专项债。第三，通过银行做融资。但这需要平台公司作为中介来做。这里面的核心是，需要包装项目。我同多家银行的行长都谈过，他们都愿意投，但关键是得理清楚项目的利润点究竟在哪里。前几年，很多利润高的乡村项目，实际上都包装得差不多了，要找到新的方向，还真是不容易。如果农村项目和产业能够保证最终收益，那资金就不是问题。

姜永柱：

现在国家债券的发行，偏向于欠发达地区，我们沿海地区根本争取不到，只能依靠发行专项债。但专项债的发行，必须要以营收为前提，收益必须能够覆盖成本。

莫问剑：

我们发现，很多地方政府包装项目的能力，其实不如我们这些天天在市场摸爬滚打的企业，我们懂产业、懂市场、懂模式。但是，我们有时不太符合政府的习惯，比如申报文件的格式和话术，经常会不符合行政审批的要求。所以，不能各说各话，当下需要提倡在合法合规基础上的政企合作，大家优势互补、价值共创。

于广威：

当然，我们也没有一心想摊大饼。在乡村，只要利益捆绑机制合理，老百姓还是有积极性参与一些项目的。我们尝试着将一些村集体资产，以及适当规模的土地流转，打包组建合作社，并通过合作社入股的方式，与一些社会投资主体成功开发运营了一些乡村项目。从这个角度来说，对于乡村而言，找钱可能还真不是最难的，最难的是怎样为乡村找到合适的项目和产业。我在当县长前，先后在五个区县工作。不管在哪里工作，这些年确实没少为乡村产业的发展操心。从一产来说，选品就很难。推动老百姓种什么？种土豆，还是种生姜？这不是一件易事。农业有风险性，农产品价格有市场波动性，完全依靠农民自发来做，风险很大。但政府最多是做好信息服务和政策引导，不可能大包大揽。从二产来说，难度更大。我们都知道要推动农产品精深加工，提升价值链，但加工什么呢？加工出来后市场在哪里呢？现在大家都在讲三产融合，越来越多的乡村正在空心化，没有流量，又怎么可能有"留量"？

所以说，如果乡村振兴的"钱"能解决，那么最要紧的是对接得到合适的项目，发展有前景的产业。郯城是传统农业大县，经济比较薄弱，全县财政收入不到 20 亿元。但是老百姓比较富裕，因为当地的"手造产业"在国内小有名气。全县柳编、木旋玩具、中国结、乐器、剪纸等领域从业者众多，政府发展认定"非遗工坊" 35 个，推出"山东手造·郯城好品"特色产品 600 余种，年销售额突破 20 亿元。我在思考，县里通过"手造 + 园区""手造 + 就业""手造 + 电商"等模式的创新，的确有效推动了"手造产业"的发展。那么，这些"手造产业"如何进一步与当前的乡村振兴事业结合？郯城还可以培育出哪些更有未来的乡村产业？这都是我此行带来的问题，需要寻找答案。

莫问剑：

于县长从"钱"的角度讲了他的一些思考，最后归结为"项目与产业"才是根本。但就我们实际操盘的情况来看，在很多地方，可能"钱""项目与产业"

都不成问题，但是政企协作不顺畅，导致一系列项目效率低下甚至搁置的困境。今年，我们与浙江临海合作，打造的由数个"空心村"组成的乡村振兴项目——溪望谷，堪称典范，我们作为一家企业，与当地政府的多个部门、江南街道，以及当地国有投资平台公司社发集团等通力合作，只用了一年半多时间，高效率推进了项目，溪望谷有望在 2023 年国庆节全面建成对外开放，为"空心村"的乡村振兴树立一个样板。所以，下面一个话题，我想抛给临海市委常委、副市长宋江涌，请您谈谈乡村振兴战略实施进程中的政企关系。

宋江涌（临海市委常委、副市长）：

图/千年古城，浙江临海

很高兴今天有机会代表临海出席"萧山夜话"。我先介绍一下临海。同萧山一样，我们也是人口大市，常住人口 120 多万人。就整个浙江省的情况来看，临海的生态环境、工业、农业基础总体上属于中上水平。我们是工业制造强市，去年工业总产值 1000 多亿元，一年税收 100 多亿元。临海也是优秀的旅游城市，我们有国家 5A 级旅游景区，域内山、海、水、城等要素齐备。临海有"江南古长城"，历史文化悠久。但是，跟全省情况一样，临海是资源小县，没有什么大规模的资源。回顾"千万工程"的20年，我们跟萧山等地相比，差距很明显。如果用1.0、2.0、3.0、4.0、5.0的版本去总结，恐怕临海的乡村现在最多做到环境整洁有序，还只是2.0或3.0的版本。即便在人居环境整治方面，我们还存在突出的同质化现象。虽然有着好山、好水、好风光，但生态环境价值转化整体效率不高，与省内不少兄弟县市相比，我们将美丽乡村转化为美丽经济的能力有待提高。

如何破解难题，从而找到一条"后发赶超"的新路径？2021年12月，浙江省"千万工程"现场会在萧山未来大地举行。受萧山经验的启发，市委书记吴华丁就提出，临海必须补短板，乡村振兴这一块不能拖了全域社会经济高质量发展的后腿。因此，他就鼓励相关部门不要"闭门造车"，要大胆地"走出去""请高人""借外脑"，突破常规，探索一条"后发赶超"的新路径与新模式。

在这样的背景下，我们找到了萧山未来大地的总策划方——乡立方，一起探讨乡村振兴"临海实践"的创新路径。在他们进行了一个多月的调研之后，我们在杭州听取了他们团队的提案汇报。他们选择我们江南街道香年溪沿线的几个村作为切入点，提出打造"江南·溪望谷"。他们是从三个问题开始的：临海缺什么？台州缺什么？浙江缺什么？他们给出了自己的答案：与临海社会经济整体发展水平相比，临海缺少一个乡村振兴的示范与样板；台州有400个"空心村"，需要找到一个"空心村"振兴的新路径；浙江"七山一水二分田"，依山傍水沿溪而建的村落振兴，才是"最浙江"，也是"最迫切"的"千万工程"深化迭代方向之一。因此，他们选择了香年溪沿线的几个正在空心化的村落，并通过一系列"溪产业"的打造，探索生态资源转化的全新路径。这个方案的格局与逻辑，迅速燃起了我们干部的热情与干劲，原来我们身边就有这么一个大题材，原来乡村振兴可以这么干！

后来，乡立方团队不负众望，合法合规承接了溪望谷的深化创意与设计。为了最高效地推进这一项目，市里组建了专班，由我来总负责，统筹协调政府的农业农村局，以及宣传、交通、文旅、教育、财政等诸多部门，同时由市属国有投资平台公司社发集团与江南街道作为这个项目的"双业主"，这样既找到了投资所需要的"钱"，又保证了项目管理上的"人"。2023年国庆节期间，总投资2.8亿的溪望谷将全面落成，这距创意提出只有一年八个月。乡村项目落地政策处理难度大、涉及部门多、矛盾错综复杂，溪望谷项目能在这么短时间里推进，创造了"临海速度"。

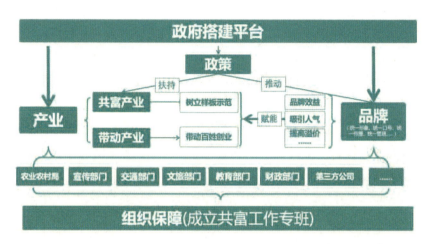

图/溪望谷项目专班组织架构图

在推进溪望谷项目落地的过程中，我们遇到了很多难题，这些难题可能是各地乡村振兴都会遇到的，很典型。在这里，我很愿意同大家一起分享。

第一，乡村的规划问题。溪望谷项目里，多个"溪产业"都需要用到土地指标。但"三区三线"划定后，很容易碰到"农保地"。一动，在国土政策方面可能就违规了。回过头来看，原来做的村庄规划，大多数没有考虑乡村产业发展，仅仅满足村民的居住功能。产生这个问题的深层次原因是，做规划的人不接地气。政府委托第三方团队编制规划，他们一头扎进图纸里，没有深入实地考察，没有考虑乡村长远的发展趋势，更没有听取老百姓的意见和建议。现在碰到土地的利用问题，动不动就是违规。所以，一边是施工团队在加快施工，另一边是政府职能部门在下发停工通知书，处理起来很头疼。

第二，如何通过发展乡村未来产业，改变"干部干、群众看"的局面，吸引更多群众自觉自愿参与进来。这些年，财政投入大量资金用于乡村环境整治，包括农村环卫设施建设、厕所改造，砸进去很多钱，但是老百姓的获得感、参与度不高，因为都是财政在投钱。有些群众不理解，说说风凉话，说政府"有钱没有地方花"，甚至还有的在私底下捣乱。这个问题怎么解决？**必须提高群众的主体意识，提高他们的参与度。**溪望谷项目给了我们一个非常明确的指引，就是要通过培育一批乡村未来产业，从根本上解决村强和民富的问题。如果没有产业，"原乡人"留不住，"归乡人"回不来，"旅乡人"引不进。所以，我们在改善乡村人居环境的同时，更多的是考虑产业如何导入乡村的问题。溪望谷项目的整体策划让我们看到了这个方向，十多千米的沿溪村落里，布局有大大小小几十种业态，有乡村休闲的营地，有民宿，有农产品深加工，把一个"溪"字做绝了。政府要做的事情，就是基础设施建设和公共服务配套，剩下的经营行为要交给市场主体运作。什么是乡村的未来产业呢？从我们的初步探索来看，乡村未来产业要具备四个特点：**一是要有本土性。**不能离开本土的要素，要立足当地文化传统和农产品特色。**二是要个性化。**不能千村一面，要挖掘出与众不同的"魂"。**三是要有可持续性。**有些产业"红一时"，过几年就消失了，不可持续。**四是要以科技为内核。**现在村民对农业生产的积极性不高，根本原因是我们的农业生产效率比较低，效益也不高。浙江这两年提出农业"双强"——机械强农、科技强农。乡村振兴，就是要解决新一代农民从事农业劳动的问题，要通过农业"双强"大力发展现代农业服务业，让乡村产业有奔头，让农民这个职业有面子。

第三，必须找到规划"限制"乡村发展的破解之道。过去到乡村搞开发，用地指标相对宽松，成本也不高，每亩土地流转 300 元、400 元就能解决了。但现在在乡村搞项目，1000 元一亩也搞不定。同时，老百姓的宅基地、承包地，如何进一步通过产权制度改革来激活？政府层面需要考虑，如何进一步深化集体经济产权制度改革，把更多闲置资产盘活？如何把农民集体资源变成资本，从而以股份合作制为重要形式，与国有资本、社会资本进行合作生产，走强村富民新路子？这些都是解决乡村问题绕不过去的弯。

莫问剑：

临海溪望谷项目的顺利实施，除宋常委的总结外，我个人认为还有两个经验可以总结：一是政企之间高度信任与高效协作形成的"同频共振"；二是遵循了"政府有为、市场有效"的原则，政府的主动作为，既解决了乡村发展中公共服务和基础设施投入不足的问题，又能基于市场导向培育产业，实现可持续发展的预期。同样的政企合作，去年乡立方与湖北来凤县的携手，也堪称典范。现在有请来凤县委副书记来讲讲。

安生永（湖北来凤县委副书记）：

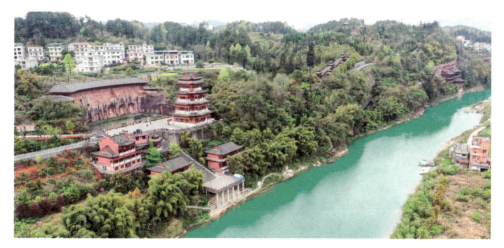

图/酉水河畔的来凤县仙佛寺景区

我来自湖北恩施州来凤县，我县是我国第一个实行土家族民族区域自治的地区。来凤东南接湖南龙山、西南邻重庆西阳，素有"一脚踏三省"和"湖北西大门"之称。来凤历来是三省（直辖市）边区交通要冲和重要的物资集散地，史称"川湖肘腋、滇黔咽喉"。

杭州市与恩施州建立了对口帮扶关系，富阳对口帮扶来凤。去年，由县委书记李伟亲自带队，来凤派了几十个干部到浙江青田县交流学习，所以我们与浙江的干部和企业家的往来还是比较多的，平时就有很多感触。今晚参加"萧山夜话"，听了各位领导的发言，更是深受启发。我还兼着乡镇书记一职，大家更多是站在县级主官的层面，我则站在分管领导的角度看问题，我更关注人的层面。怎么形容浙江的干部和企业家呢？我总结过一句话：优秀的人更努力，聪明的人更实在。浙江各地发展这么好，但是（干部和企业家）比我们更努力。

我们是笨鸟，但是没有先飞。都说浙江人聪明，但我觉得其实浙江人还有"更实在"的品格，就像今晚的对话，也给了我这种感受。

在乡村振兴工作的具体推进中，以前我最怕跟策划、规划打交道。讲规划的时候，往往听得热血沸腾、心潮澎湃，但回过头抓落地的时候，往往心灰意冷，垂头丧气。直到我们结识了乡立方团队，就像是遇到了乡村振兴领域的"老中医"。为什么这么说？我发现这个团队不再是"头痛医头、脚痛医脚"，而是通过对我们全身进行体检，内外兼修，标本兼治。比如说针对农产品区域公用品牌打造，乡立方提供的不只是一种视角，还同步提供了产业高质量发展规划，最为突出的是，他们全面植入了"运营前置"思维，所有项目规划、策划都是以市场运营为导向的。我们县还与乡立方合资成立了运营公司，乡立方前期策划、设计的项目，大家一起来落实运营，确保方向不偏离。

对于乡村的未来产业，我有这么几个定位。

第一，品牌化统领。乡村的产业要振兴，没有品牌化就没有标准化，就没有市场化，就没有产业化。这次来凤跟乡立方合作，初步形成了一个想法，就是打造"1+2+N"的品牌矩阵。"1"是指打造一个区域的公用品牌，我们目前叫"来凤西味"。"2"是指来凤藤茶和来凤小吃。我们是中国藤茶之乡，中国藤茶第一县，藤茶的种植面积是全国最大的，产量也是最高的，藤茶是早晚都要喝的，藤茶不是茶，似茶非茶，药食同源。为什么说藤茶是早晚都要喝的？因为它不含茶多酚，不影响睡眠，像我的体质对茶多酚非常敏感，我晚上一口茶都不敢喝，但是喝藤茶没有任何问题。另外因为藤茶在全国的知名度越来越高，我们打造了一系列延伸产品，如藤茶牙膏、藤茶饼干、藤茶啤酒等。

第二，集约化投入。像我们来凤县，一年财政收入几亿元，不到10亿元，抓产业基本上是依靠专项债和行政资金。对于这一块我们现在形成了一个不成文的规定，县里的财政资金项目基本上都围绕乡立方给我们策划的项目，其他项目原则上不做。只有这样做，才可以把有限的财力用在更加需要发展的地方。可能萧山好一点，我们要在缺钱的情况下把资金用起来，好钢要用在刀刃上，有限的钱要用在策划好、包装好的项目上。

第三，一体化实施。项目光策划没有用，策划、建设、运营缺一不可。我举个例子，我们打造美食街，项目是村里的，策划是乡立方做的。项目落地后，组建混合所有制的运营公司，收益由村集体、乡立方、合作公司分成。政府参与建设环节，但运营环节全交给市场主体，双方适当对赌，确保项目的正常运营和可持续发展。

欢迎大家到来凤喝藤茶。

莫问剑：

乡立方就是在最近三年逆势崛起的。之所以能够快速发展，不只是因为遇到乡村振兴的大风口，关键是我们找到了一个"法宝"——"品牌先行、策规一体、运营前置"的方法论。这套方法论击中了当前的痛点，所以也帮助我们成功拓展了市场。但是，在传统观念、习惯以及机制面前，我们的方法论的实施还是困难重重，甚至步履维艰的。以"品牌先行"为例，大部分政府领导不愿意为品牌做投入，总认为品牌不是固定资产，没有多少成本。同时，品牌的收费的确也没有一个明确的标准，不是固定的，这些都导致了合作洽谈的困难。"策规一体"实施起来也有问题。不用说中西部地区，就是在浙江和广东，很多地方政府领导也不认同策划的价值，政府只掏规划的钱，不为策划买单。这是全国层面的问题，因为没有权威部门为策划定标准，策划的定价就缺少对标的依据。我们不断向各地政府领导强调"规划围绕策划转"，策划要先于规划，否则做出来的规划就是一个文本，可能很"标准"，但没有实施的价值，也创造不了未来。另外，现在"乡村运营"很热，大家都在强调"运营前置"。但很多地方政府把钱花了，把房子造好了，再来找运营。挂在他们嘴边的一句话是："一切都到位了，就缺运营。"事实真是如此吗？乡村缺运营，但运营的前提是值得运营，能有运营前景。但相当多的项目，在投资、建设过程中，压根没有考虑到下一步的运营。乡立方提出的方法论，恰恰也给自己出了道难题，这些难题不解决，实际工作还是困难重重的。

陈伟（河南获嘉县委常委、宣传部部长、副县长）：

图/封神文化的发源地：河南获嘉的同盟山

　　我是获嘉县的代表。明天下午，我们县委书记要带所有乡镇党委书记来出席"2023 中国品牌乡村发展大会"，所以指派我先来这里打前阵。今晚的"萧山夜话"，我是自己主动争取参加的，因为来到"千万工程"的起源地，还能听到姜区长有关乡村振兴的"萧山话"，机会太难得。一个晚上听下来，颇有感悟，别有一番滋味在心头啊！

　　我给大家简单介绍一下获嘉县。刚才徐闻罗书记讲，徐闻是公元前 111 年建县，其实获嘉县也是公元前 111 年建县，县名是汉武帝所赐。我们两个县都有悠久的历史文化，这次我们能在"萧山夜话"相遇，也是缘分，以后一定要找机会推进两县社会经济文化领域的交流与合作。获嘉，是中国封神文化策源地，有中国"百神之乡"的美称。明代许仲琳撰写的古典名著《封神演义》，就是在获嘉写的，而且写这本著作的灵感就是来源于在获嘉发生的历史故事。公元前1046年，周武王伐纣成功，之后论功行赏，把周朝国土分封给王室血亲，或者在伐纣当中立下汗马功劳的功臣。同时，众多的兵将也逐一封神。所以，到获嘉拜一拜，就把很多神都拜了。

如此雄厚的封神文化，能否同乡村振兴结合，造福更多获嘉县的老百姓？带着这个问题我们跑到杭州，我们很期待像乡立方这样的机构，能为获嘉的乡村振兴赋能。今年"五一"期间，获嘉搞了文旅节，虽然资源禀赋并不突出，但还是吸引了110万人次的游客。在乡村振兴的"五大振兴"（乡村产业振兴、乡村人才振兴、乡村文化振兴、乡村生态振兴、乡村组织振兴）里，文化振兴能不能成为突破口？这是我们正在思考的课题，希望尽早在同浙江的交流、合作中找到答案。

尚立春（山西吉县县委常委、副县长）：

图/气势磅礴的吉县壶口瀑布

"品牌先行、策规一体、运营前置"，这个方法论总结得特别好。但是，政府和社会企业考虑问题的角度不太一样。如果能把政府面临的问题和企业面临的问题摆在一起，集中攻克，那样必将推动乡村振兴走上一条更宽阔的道路。但在现阶段，只能一对一去解决，吉县与乡立方的合作，我想也是如此。

作为长期在基层工作的干部，我也抛几个问题出来。

第一，群众认识方面的问题。刚才很多领导都提到了，一直以来，普遍存在"干部干、群众看"的现象。特别是我们山西的老百姓，大家抬眼就是山，目光所及不过几千米，很多老百姓习惯于小富即安。吉县有两大产业，一个是旅游，另一个是苹果。苹果是实实在在的富民产业。现在全县的苹果种植达到28万亩，苹果品质非常好。老百姓守着果园，手头就不缺钱，因此对其他工作没有积极性。如果说浙江"千万工程"普遍到了3.0版本，我们可能连1.0版本还没有起步。我们有壶口瀑布这个大 IP，旅游资源很好，但老百姓前些年连苹果地里的反光膜都不收拾，严重影响了整体环境。现在光考虑1.0的问题，恐怕都赶不上形势了，要从1.0到3.0，甚至弯道超车，做出4.0、5.0的版本。从环境整治、产业发展来说，群众教育很重要，但要让他们跟党委政府的思想保持"同频共振"，是非常困难的事情。这些年搞脱贫攻坚，我最大的感触是，在对老百姓的教育上花费了大量的精力。不断做思想工作，反复跟大家沟通，让群众支持我们的工作，最终满意度是非常高的。现在搞乡村振兴，所有的工作，首先还是群众教育的问题。萧山的经验也告诉我们，群众认同了，行动才会一致，对美好生活有向往，才会有动力。

第二，关于干部的问题。现在的中层干部，在面对工作的时候，特别是跟企业接触的时候，普遍存在这样两种态度：第一种是看这个企业来了可以给县里带来什么，交多少税，为县里争取最大利益。但我个人觉得，这种合作很难长远。大多数企业刚刚起步的时候也是最困难的时候，政府职能部门不想办法为他们降低成本，还一个劲地让他们多掏钱，起步就不是好的氛围。第二种是同企业保持距离，能不沾就不沾，不求有功，但求无过。大家刚才普遍提到的"干部干、群众看"的问题，我认为干部是主要因素。群众之所以"看"，是因为谋划的项目没有得到他们的认可。这是非常危险的问题，党最大的危险就是脱离群众。出现"干部干、群众看"的现象，我们就要反思一下，看看我们的干部是否脱离了群众。

第三，对于一个县的发展来说，最关键的还是书记、县长的领导。他们作为县委县政府的一把手，所具有的思想境界、发展眼光，包括胆识、胸怀，会对所在县域发展产生非常大的影响。现在"五级书记抓振兴"，县委书记更是"一线总指挥"，直接决定了这个县的乡村全面振兴所能达到的广度、高度、深度。所以，一个有思路、有情怀、有担当的领导，也是一个地方发展的福分，可遇不可求。

吉县已经与乡立方达成乡村振兴"整县推进"的战略合作。我们愿意全方位、深层次、系统化推进乡村的"五大振兴"，也愿意在合作过程中一起破解"品牌先行、策规一体、运营前置"等领域的深层次问题。我相信，吉县学习浙江"千万工程"的创新实践会给更多中西部地区、欠发达地区做出示范。

张斌（新疆英吉沙县副县长）：

图/英吉沙穆孜鲁克湿地公园美景

这条路很遥远——我们昨天下午 2 点出发，到杭州落地已经是今天凌晨 4 点半。辛苦归辛苦，听了各位领导的发言，我深受鼓舞、颇受启发。全国各地都在深入学习浙江"千万工程"，不能丢下我们南疆。所以我迫不及待来学习，当好"小学生"。

我说说英吉沙县的情况。我们县有 31 万人，98% 的人是维吾尔族。莫老师刚才说的"品牌先行、策规一体、运营前置"的方法论，简直是点到了我们的"命门"。英吉沙县财政收入不到 2 亿元，但是每年转移支付花出去的可能有六七十亿元。我们做了很多产业，一直在探索乡村振兴的路子，但做着做着就做不下去了，缺品牌引领，缺产业规划，更缺实际运营。当然，整个南疆或多或少都存在这个问题，不仅仅是我们县。有时候，为乡村振兴争取的资金到账了，我们可能还在临时找项目，这样下去，怎么可能做得好？

同浙江很多先进的理念相比较，我们的确需要反思，包括乡村的一些项目，我们可能没有做好策划和规划，没有选对方向就上了马，结果可想而知。当地的优势产业是瓜果业，我们有一个地标产品是"英吉沙杏"，英吉沙杏平均含糖量 18%，平均单果净重 40 克，这么好的产品，都没有走出南疆。我绝对深信，在品牌、运营、一二三产业融合发展这块，我们这个杏大有文章可做。我们县有 37 项国家非遗（非物质文化遗产），有非常知名的英吉沙小刀，这些资源都非常好，但缺乏品牌打造，缺乏运营，缺乏新疆和内地的销售通道，我们需要全方位对接浙江乡村振兴的服务资源，共同为祖国的边疆振兴做出贡献。

莫问剑：

天下没有不散的筵席。转眼间，我们在湘湖的"红船"上，对话了近三个小时。现在"红船"靠岸了，"萧山夜话"也到了要结束的时刻。非常感谢各位书记、县长的无私分享，也希望今天晚上的交流，能让我们在学习萧山经验的基础上，深刻领会浙江"千万工程"的精髓，一起谋划、推动和迎接中国乡村的未来。

这是一条乡村振兴的"红船"，让我们现在就出发，一起创未来。

第1章

没有做好顶层设计，乡村振兴就是"瞎折腾"

从 2015 年到 2017 年，连续三年，我以一年一本书的频率，先后出版了《八万里路云和月：一个国家扶贫开发工作重点县的互联网＋》《上山下乡又一年：县域电商就该这么干》《新知青日记：行程三十万公里的农村电商思考》三本所谓的"农村电商三部曲"。时隔八年，当我再度拾笔著书时，农村电商的热度早已是过去时，脱贫攻坚的时代也已成为历史。那些我曾经踏上过，或未曾踏上过的乡村热土，无一例外地涌入乡村振兴的大潮。

于我而言，无论是农村电商时代，还是乡村振兴时代，我始终走在"上山下乡"的路上，我日常打交道最多的还是县域干部，面对的依然是农村、农民、农产品，要解决的仍旧是如何让乡村变得更好更美、如何让农民收入提高和生活更好的问题。

经常看我公众号文章的读者应该知道，在农村工作上，我一直强调顶层设计的重要性。如果说，在农村电商时代，政府搭台，唱戏的主要是企业、是农人的话，那么到了乡村振兴时代，政府不仅要搭台，同时也是唱戏的主角。党中央一直强调和提倡的"五级书记抓振兴"，说的就是乡村振兴工作必须得是一把手工程。因此，乡村振兴、共同富裕，是一项从上至下的从战略到战术的全面工作，这样的工作，绝不能走一步看一步，下的一定是一盘统筹的大棋。这盘大棋要下好，顶层设计就是必不可少的第一步。

本章的六节内容就是从乡村振兴战略层面入手，以政府的站位和视角来分析乡村振兴顶层设计需要思考的问题：

——各地乡村振兴普遍面临三大难题，即找魂、找钱、找人，那么对这三大难题有何破题思路？

——乡村振兴，浙江先行，但各省情况不尽相同，并非照搬照抄就合适。那么从浙江学什么？我认为，浙江经验给予我们的启发，在于决策维度。

——我们到一个地方，往往先看当地有什么资源禀赋，产业是资源、钱是资源、文化是资源、人才是资源……但究竟什么才是乡村振兴最稀缺的宝贵资源？对于此，我有不同的观点。

——乡立方提出的"立方设计"能为乡村振兴顶层设计解决什么问题？

——一个"管用十年"的乡村振兴顶层设计应该具备哪些要素？

——从宁夏一个"花小钱办大事"的乡村打造案例，来分析乡村振兴实操案例成功的原因。

没有做好顶层设计，乡村振兴就是"瞎折腾"。希望本章的内容，能对读者有所裨益。

乡村振兴必须直面的"三大难题"

图/乡村振兴"三大难题"

"乡村振兴"自2017年10月18日在党的十九大报告中提出后，一直是一个"热词"，围绕"产业兴旺、生态宜居、乡风文明、治理有效、生活富裕"的"二十字方针"，每年的中央一号文件和各级政府的工作报告，都有具体的工作部署，此外还有诸多专家学者所做的各类政策解读。在同各地的县委书记、县长交流乡村振兴话题时，以下这些困惑是我经常听到的：

不知道精准抓手在哪里。

不知道创新路径如何设计。

不知道对接什么样的资源才有效。

…………

一个字，难！

在调研过程中，我们不难发现，虽然"乡村振兴"这四个字热了好几年了，但具体到战略落地、工作部署，很多地方还停留在表面文章上，或者层层下发一些放之四海而皆准的文件与通知，或者做一些民宿、花海、研学等简单的业态来示范，但更多地方是在等待、在观望。乡村振兴战略如何落地，确确实实成了各地书记、县长必须面对的新课题。

就我接触的县域干部情况来分析，乡村振兴战略的执行总体存在"三大难题"。

其一，找魂难。这个"魂"，就是指当地社会经济的发展战略。特别是到了具体的乡村，缺"魂"的现象比比皆是，有些地方照搬照抄，千村一面，依着葫芦画瓢，钱投了，精力也花了，就是达不到预期效果，不少项目不温不火，或者虎头蛇尾。很多人将原因归结为新冠疫情的影响，但疫情基本结束后呢？不找自身主观原因，终究是发展不起来的。

其二，找钱难。这个"钱"，是投融资，也是具体的产业，或者具体的业态。很多人说，现在不是招什么商的问题，压根就是无商可招。乡村在基础设施与公共服务上本身就比城市差了一大截，凭什么吸引社会资本下乡？很多干部都指望着上级给项目、给专项资金，离开这一招，啥也动不了。

其三，找人难。这个"人"，是指流量。一方面，由于缺少发展机会，大量年轻人外出务工，乡村空心化很严重，即使是传统的种养业，也因为缺少劳动力，使得很多地方出现比较严重的抛荒现象，很多村落只留有老人与留守儿童。另一方面，谁来乡村消费？怎么留得住人？有些自然景观和民俗人文有优势的村落，这些年其实也投入了不少钱，但所做的项目建设时热热闹闹，建成后却空空荡荡，基本上处于闲置状态。再说，到处都在搞"振兴"，人就这么多，怎么可能让每个村落都旺起来？

如何为乡村找到准确的定位？如何培育适合当地发展的产业与业态？如何吸引更多人来乡村消费？其实，这三个"难题"，与电子商务行业里经常讲的"人货场"的说法也有类似之处。乡村唯有破解这些难题，才能找到振兴的方向。但是，我们不可能找到一个标准的解决方案，因为全国各地乡村情况差别甚大，很难用一套方法论来解决所有问题。这里，我们谈一些最基本的原则。

首先，为乡村找魂，不是要跑到"第三空间"里找魂，而是要依托乡村现实。当地究竟有什么相对有优势的产业，有什么相对有特色的文化，有什么相对有话题的故事？我们不是要将所有乡村都打造得像"小岗村""大寨""闽宁""下姜"这般在全国出名，大部分乡村能在所属县域、市域做到有影响、有特色，就很好了。如果这个村种葡萄出名，那我们就做足葡萄的文章。我们需要思考：如何让它的葡萄卖得更好，创造更强的溢价能力？如何借助葡萄，走一二三产业融合发展之路？如何依托葡萄，将乡村建设得更加美好，同时植入一些与这个产业互补的消费业态？如果这个村没有什么有优势的产业，但是环境好，有老宅子，有祠堂，有古树，那就做足文化的文章，深挖下去，找出这个村里人的"尘封记忆"，这一样可以做得有声有色。如果这个村是"三无"村：无产业、无特色、无文化，那就基于市场的需求造一个"概念"，无中生有，实现突破。总之，我们先得为乡村找到属于它的独一无二的题材，然后深挖、放大、提升。

其次，为乡村找钱，不是要一口吃成一个胖子，而是要脚踏实地，内部挖掘潜力，培育"内生动力"。眼睛只盯着大型的农文旅项目、田园综合体、特色小镇，这让很多地方已经吃尽了苦头。即便是使劲上了项目，不少都是虎头蛇尾。尤其是这几年受新冠疫情影响，乡村里半瘫痪的大型项目比比皆是。所以，我们更要鼓励乡村里那些小工坊、小手艺、小美食等小业态，扶持其走上"标准化""品牌化""规模化"的轨道。同时，也不要期待通过项目的招商引资，吸引更多社会资本进入乡村，而是要打好地缘、乡缘、学缘、血缘的牌，吸引更多乡贤返乡创业。对于乡村的基础设施与公共配套功能，要争取通过国资平台的投入来实现提升，这是历史欠账，短期内不可能有回报，也是很难通过社会资本的投资来补这个短板的。

最后，为乡村找人，不是要满世界找人，而是要着力培育自身产品与业态的核心客户、优势区域、重点市场。任何产品与业态，都是有其消费半径的。这些年，互联网经济的高速发展给我们一个误导：以为任何产品只要上了网，就能卖到全中国、全世界。电商要解决的是如何利用互联网实现更便捷的营销、更好的体验、更低的成本，而非一定要将消费半径无限放大，物流成本一定得同产品与服务的性价比挂钩。所以，我们更需要思考本地市场的容量与潜力。从乡村旅游的发展来看，这几年周边游、短途游、省内游等的兴旺，不也正说明了这个问题吗？对于乡村产品与业态来说，如何通过消费半径的重新界定，培育出自身的核心客户、优势区域、重点市场，是做好营销的重中之重。换句直白的话来讲，本地人都不愿意消费买单的产品与服务，一定是没有多大市场的。一定要记住，对于乡村而言，"星辰大海"就在附近。

找魂、找钱、找人，这三大难题，其根本还是在于如何为乡村"找路"：乡村振兴的创新路径与方法究竟在哪里？这是当下乡村振兴面临的共性问题。当然，我们欣喜地看到，随着越来越多的全国样板乡村的涌现，破解这三个难题的方法越来越多。

振兴乡村的十个决策维度

图/振兴乡村的十个决策维度

早在 2021 年，浙江省在杭州、丽水等地率先开展"未来乡村"试点的基础上，进一步总结建设经验，将"未来乡村"建设上升为省级战略，2022 年发布的《浙江省人民政府办公厅关于开展未来乡村建设的指导意见》中，明确了"一统三化九场景"的内容："一统"是指以党建为统领，"三化"是以人本化、生态化、数字化为建设方向，"九场景"是指打造未来产业、风貌、文化、邻里、健康、低碳、交通、智慧、治理等场景。可以说，这是浙江省为未来乡村打造提炼的顶层设计原则。

在学习浙江乡村振兴的经验之余，曾有省外的朋友向我提出："浙江的经验好是好，但我们不可能照搬照抄啊，能否就县域乡村振兴的决策帮我们再理一理关键的切入点？"我很理解，也针对于此做了十个维度的思考。

决策维度一：从夯实执政之基的迫切性看高度。

国家乡村振兴战略提出的基本背景，我认为不外乎这么几个因素：

一是我国社会主要矛盾已经转化为人民日益增长的美好生活需要和不平衡不充分的发展之间的矛盾，尤其是在农村。改革开放让一部分地区、一部分人富裕起来了，但贫富差距、城乡差距、收入差距在某种程度上还是在扩大。要满足人民群众对美好生活的追求，不能忽视农村和农民的发展需要。换言之，农村是短板，但潜力后劲也在农村，增量空间很大。

二是当下农村承担的粮食安全和生态安全变得更重要，这甚至直接关系到城市发展成就的巩固问题。未来还会有几亿人生活在农村，十几亿人还要靠农业解决吃饭问题。加上这几年国际环境的巨变，全球面临"粮食危机"，这对于每年需要大量进口粮食的我国来说，更是一个严峻的考验。"中国人要把饭碗端在自己手里"，这也是近些年国家不断强调 18 亿亩耕地红线、保证粮食连年增收重要性的原因，而"两山"理念则是将生态环境的保护提到了前所未有的高度。

三是从全球 200 多个国家或地区的发展经验看，城市和乡村必须同步发展。任何一端发展得不好，都会影响这个国家或地区的发展质量，这是全球范围内的一个共识。

基于此，乡村振兴战略的实施，本质上亦关系到党的"执政之基"。从全国层面来讲，要求"五级书记抓振兴"，甚至进一步提出"党建统领"的要求，都充分体现了这一点。

决策维度二：从脱贫攻坚工作有效衔接看速度。

2021 年 2 月 25 日，全国脱贫攻坚总结表彰大会在北京隆重举行。在迎来中国共产党成立一百周年的重要时刻，我国脱贫攻坚战取得了全面胜利，现行标准下 9899 万农村贫困人口全部脱贫，832 个贫困县全部摘帽，12.8 万个贫困村全部出列，区域性整体贫困得到解决，完成了消除绝对贫困的艰巨任务。

也是在这次会议上，中央重申：要切实做好巩固拓展脱贫攻坚成果同乡村振兴有效衔接各项工作，对易返贫致贫人口要加强监测，对脱贫地区产业要长期培育和支持，对易地扶贫搬迁群众要搞好后续扶持，对脱贫县要扶上马送一程，保持主要帮扶政策总体稳定。要坚持和完善驻村第一书记和工作队、东西部协作、对口支援、社会帮扶等制度，并根据形势和任务变化进行完善。

应该说，中央传递出来的信息是十分清晰的——乡村振兴时代，就是要用乡村振兴战略来发展乡村，首要任务是衔接好脱贫攻坚工作，以更有力的举措，汇聚更强大的力量，加快农业农村现代化步伐，促进农业高质高效、乡村宜居宜业、农民富裕富足，持续缩小城乡区域发展差距，让低收入人口和欠发达地区共享发展成果，在现代化进程中不掉队、赶上来。因此，机构本身的设置、职能的延续、相关政策的出台，都不能留下"空档期"。

决策维度三：从集中全域资源振兴乡村看力度。

什么叫"集中全域资源"？全域最大的资源又是什么？

我个人的理解，全域最大的资源首先是"行政资源"——当地党委政府特定时期的执政重心与要素倾斜。一直以来，我们用了一个特定的词，叫"一把手工程"。对于一个地方来说，是否被列入"一把手工程"，也能衡量当地政府重视程度和支持力度。

与乡村振兴相对应的，现在还有一个叫法，叫"五级书记抓振兴"，怎么理解其内涵？首先，明确书记成为乡村振兴的第一责任人，特别是县委书记要当好乡村振兴"一线总指挥"。这就要求书记从党建统领的角度，落实好组织行动力，从"考核"的角度发挥最大限度的领导力。其次，要求各级政府调集主要的行政资源，特别是在财政投入方面，最大限度地支持乡村振兴工作。最后，人才永远是发展最重要的资源，地方政府要将最优秀的人才放到乡村振兴岗位上去，也要大胆提拔在乡村振兴工作中做出优异成绩的干部。

浙江省明确五级书记抓振兴的责任清单，提出了一系列的量化要求。我印象最深刻的有一条：设区市市委书记必须落实党政领导干部联系乡村振兴联系点制度，带头定点联系一个以上涉农乡镇（街道）或行政村，任期内走遍辖区内所有乡镇（街道）；县（市、区）委书记每年要把三分之二以上的调研时间用于农村工作，任期内走遍辖区所有村（社区）；乡镇（街道）党（工）委书记要在年度内走遍辖区内所有自然小组；村党组织书记要在年度内走遍辖区内所有农户。这项规定，本质上是将书记们的时间"锁定"在乡村工作上，这何尝不也是一种力度呢！

决策维度四：从三产融合、三场叠加看深度。

所谓三产融合，是指一二三产业融合发展。所谓三场叠加，是我们团队的乡村振兴方法论，是指乡村业态培育一定要将体验场、消费场和传播场的功能叠加在一起。

在脱贫攻坚阶段，很多地方将主要的帮扶力量，放在了一些特色种养业的培育上。结合消费扶贫，以及各大平台电商的赋能，推动初级农产品进城取得了阶段性的成效。但是，初级农产品客观存在低水平的同质化问题，溢价能力也弱，无论是种养端的农户、参与供应链打造的服务端，还是平台方，真正通过初级农产品销售实现持续盈利的并不多。

所以，在乡村振兴时代，必须通过一二三产业融合发展，再造农产品的产业链、价值链和生态链。一句话，要想将产业做深，不能种养了之。我们以茶叶为例，国内产茶区很多，但以原叶茶打出品牌来的，其实并不多，不少茶农甚至每年都面临卖茶难的问题。针对这种现象，这两年一些科技企业加大研发力度，以茶叶的深加工为方向，开发出一系列茶食品、茶饮料、茶保健品，大大扩展了茶作为原料的应用范围，也提升了它的价值。

与此同时，乡村业态的培育，一定要思考如何留得住人，如何让人愿意消费。业态本身不能只是强调生态价值，要还有趣、好玩、有网红气质，有利于"打卡"传播，这就是所谓的"三场叠加"。

决策维度五：从乡村文化的传承和创新看厚度。

当前，对乡村文化的理解，大多数停留在表面。打"红色"主题的，大多是展馆、人物雕塑、标语，加上讲解员的一路解说；打"古村落"主题的，不外乎是祠堂、古树、老宅、名人望族等游线的安排；打"民俗民风"主题的，一定有当地民俗、曲艺、非遗的展示或者表演……这些乡村的传统文化，是很纯粹的，当然要保护起来，但问题是，如果只是"表面式"的保护，能持续多久呢？它们对"95后""00后"的吸引力又在哪里？一个很难有市场基础的文化产品靠啥维持呢？政府的扶持能长期坚持下去吗？

所以，我们不能光喊"文化振兴"的口号，这一"振兴"需要传承与创新的组合拳，做出文化的厚度来。乡立方这些年在镇头大队、新叶古村、清漾村、千鹤村以及岳池农家等项目上，"活化"乡村文化，做成了可看、可食、可玩、可赏、可带的全新业态，让游客和消费者"很过瘾"，惊呼原来还能这么干！让乡村文化"厚重"起来，就是通过文创化、商品化、业态化的努力，为乡村发展带来源源动力。

决策维度六：从乡村经济的高质量发展看密度。

"密度"有时候是同"高质量"相对应的一个用词。全社会现在都在提"高质量发展"，乡村经济的高质量发展又是什么？有活力、高效率，又有持续增长机制！

就现象而言，我个人认为，符合以下这几个条件的，都可以定义为"高质量"。

第一，属于粮食主产区的乡村，建成一批真正高产稳产、旱涝保收的高标准农田，在保障国家每年粮食安全任务的同时，能够通过品种培优、品质提升、品牌打造和标准化生产，由卖"原"字号向卖品牌产品转变，推动产品增值、产业增效，带动农民增收致富。

第二，属于非粮食主产区的乡村，通过农文旅的融合发展，促进农业与休闲、旅游、康养、生态、养老等产业深度融合，丰富乡村产业的类型，让农民更多地参与进来，通过务农收入、工资性收入、经营性收入、财产性收入和转移性收入，多渠道保障农民收入的增长，确保农民的幸福感、获得感逐年提升。

第三，积极探索农村承包地、宅基地"三权分置"的有效实现方式，较好地解决了小农户与现代农业的有机衔接。大国小农是基本国情，短期内不可能改变，这就需要推动小农户与现代农业发展之间的衔接。各地都在试点，需要在遵守三条底线——土地公有制性质不改变、耕地红线不突破、农民利益不受损的前提下，赋予农民更多财产权利，激发农村资源要素的活力。

当然，这里所说的"密度"，也可比喻成当前乡村集体经济与农户的"里子"，就看其鼓不鼓，鼓得实不实，还能否继续鼓下去。

决策维度七：从"千县千面"的顶层设计看精度。

这是一对矛盾：我们既在总结"放之四海而皆准"的方法论，又在强调顶层设计的"千县千面"，怎么理解？其实并不矛盾，方法论讲究的是透过现象看本质的方法与路径，而顶层设计更要对成效与结果负责。

一县一面，千县千面。每个县的历史沿革、传统文化、人文习俗、资源禀赋、产业结构、区位交通、政策要素等大相径庭，很难用一种办法、路径、资源去达成振兴的目标。在推进顶层设计的过程中，我们的调研团队可能用一个套路、相近的素材清单、类似的访谈或考察去推进，但这项工作的核心，就是要发现受托对象的"不一样""差异化"，甚至"独一无二"，而顶层设计恰恰可能依赖于这些而展开，形成符合当地需要的战略性发展纲要。

从这个角度来说，即便处于同一个地区，即使两地的产业资源相似，我们提供给当地乡村振兴的顶层设计也可能大不同。当然，这些努力的目标是一致的，同登"彼岸"，殊途同归，就是帮助当地以更高效率更有持续性地实现振兴梦想。

决策维度八：从城乡互补、工农互促的方式看跨度。

"全面实施乡村振兴战略，强化以工补农、以城带乡，推动形成工农互促、城乡互补、协调发展、共同繁荣的新型工农城乡关系，加快农业农村现代化。"

这句话从最高层提出开始，不断见诸各级政府的文件，那么如何更通透地理解并将其落实到当地的乡村振兴工作中？

城与乡、工与农——中间的跨度，正是这些年以来非常难啃的社会经济"二元结构"。眼下我国最大的发展不平衡，仍然是城乡发展不平衡；最大的发展不充分，仍然是农村发展不充分。我们又如何"修路搭桥"，将中间的"跨度"拉小、缩短？其实，这正是乡村振兴的重要工作内容。

关于"城与乡"：

一是没有城市在资金、技术、人才与消费上的拉动，乡村振兴是非常困难的。国家计划要逐步提高城市土地出让金投向乡村的比例，这就是对乡村的巨大支持，以此来解决乡村在基础设施、公共服务等方面的投入不足。

二是要在乡村培育更多城市的消费业态，以此吸引、留住城市消费者。

三是鼓励更多进了城的乡贤返乡创业，实现城乡要素自由流动和平等交换。

关于"工与农"：

打造农业的全产业链，推动产业向后端延伸，向下游拓展，形成以一批农产品的"品牌工厂"为核心的全新价值链。与此同时，引导农产品加工业向乡村转移，打造城乡协同的优势特色产业集群，这在本质上也是以工哺农。

决策维度九：从乡村的全面振兴布局看广度。

这些年，乡村的基础设施建设有了很大的改善，但相对于城市的发展，我们对乡村的欠账还是很多，特别是公共服务往村覆盖、往户延伸还很薄弱，必须在推进城乡基本公共服务均等化上下力气。因此，"乡村建设"需要围绕农村基础性、普惠性、兜底性民生建设而展开，在加强农村的路、电、水、气、暖等基础设施建设的同时，跟上冷链物流、互联网、新能源等新基建，进一步改善农村生产生活条件。

此外，乡村的教育、文化、医疗、养老等领域要朝着城乡共同体建设方向推进。人居环境整治重点是抓好厕所革命、垃圾分类处理和污水处理，全面改善乡村的生态环境。

不只是建，还要"善治"。在乡村建设的过程中，通过不断健全基层党组织领导的自治、法治、德治相结合的治理体系，打造善治乡村。

决策维度十：从建立共同富裕的机制看温度。

"以共同富裕的使命振兴乡村"，既是乡立方的方法论，也是终极目标。如何实现？

首先，我们所有的乡村振兴顶层设计，都以农民增收、集体经济壮大为第一目标。这与过去社会资本追求投入产出比、回报率有很大不同，集体的土地、房屋以及其他资产，也要围绕这个原则才能展开招商。

其次，要设置让更多农民受益的参与机制。鼓励农民通过房屋、土地等参股，参与共富项目，主导方予以保底收益。千方百计培训农民的技能，能就地招工的岗位最大限度地招用本地农民，让他们在家门口就能赚钱致富。

最后，围绕当地的小作坊、小手艺、特色美食等打造一批"共富工坊"，并给予产品研发、品牌化包装和标准化生产等方面的辅导，支持一批乡村小工坊做大做强。

什么才是乡村振兴最稀缺的资源

这个问题的答案见仁见智，每个地方、每个人的回答可能都不一样。基于平时与各地干部、乡村振兴从业者的交流，我假定有以下这些回答：

"最稀缺的当然是乡村产业，没有产业兴旺，乡村怎么振兴？"

"最稀缺的是文旅资源。我们这里没有什么大景区，乡村旅游搞不起来，没有游客来，乡村的振兴难度很大。"

"最稀缺的当然是钱。因为缺少投资，村里的基础设施上不来，公共服务做不了，怎么振兴？"

"最稀缺的是致富领头人。现在大家都很蒙，不知道路在何方，需要有一个明白人带头干。"

"最稀缺的是一支想干事、能干事的干部队伍。现在农村基层组织涣散，很难激发群众的积极性。"

"最稀缺的是招商引资，现在招商很困难，没有外来的资金与项目，我们这里又偏僻落后，乡村怎么发展？"

"最稀缺的是群众的信心。在农村办事，要是得不到大家支持，很多事很难办。"

…………

听起来，似乎都很有道理。所以说，这个问题没有标准答案。"一村一策"，我们无法用一个方法来解决所有地方的问题。但这是一个有意思的话题，虽然"千村千面"，但总有一些基本的原则与规律是无法违反的。

在上海，我们曾实地考察了某区的一条乡村振兴示范路。这条路贯穿了五个村，足足有十千米长，路两旁的乡村建筑经过"穿衣戴帽"，整齐统一，确实美观了。配套的健康绿道、新修建的小景，给人一种感觉：这里就是都市的一个大公园。但当地干部自己都觉得"不对劲"，总觉得"少了点啥"，特意邀请我们实地考察，帮助他们出出主意。

考察完后，当地给我留下了这么几个印象：

一是不差钱，而且还是花了大价钱建设。

二是基本上是用美化城市的方式美化了乡村。

三是除了让农民有更好的休闲场地外，看不出还有啥"振兴"的道道。

说得更直白点，至少我个人觉得这里确实"少了点啥"。既然位居大上海，理论上不缺资金、不缺人流甚至不缺招商资源。别的地方的稀缺性资源，在这里好像都不缺。但事实上，我恰恰觉得，这里正是缺少了乡村振兴最稀缺的资源，才导致了今天这个局面。

不卖关子了。我认为：乡村振兴最稀缺的资源，是具有未来价值的创新观念！

就拿上海的这个例子来说，事情本身没有毛病。但回过头来想想，围绕着这五个村，将乡村味做足，留下这一带的乡愁和乡韵，而不是大拆大建，是否更有味道？将景观建设的投资，用来扶持当地的乡村产业，打造几家农产品的品牌工厂，提升溢价能力，是否更有利于老百姓的增收？上海不缺高楼大厦，不缺公园庭院，缺少的正是浓浓的乡土特色，缺少的是正是在大都市里做新农人的发展机会。如果不这样去做，乡村振兴在上海的落地，就失去了基本支撑点。

上海存在这个问题，中西部地区就更加严重了。在乡村考察，我们总能看到各种大拆大建现象——美丽乡村成了美丽新村，乡村建设取代了乡村振兴。在云南滇池边上，当地政府投入巨资打造了一个样板村——将一个不到100户的小村落，按城市美化的方式来了个彻底的改头换面，原来房前屋后的庭院里种的瓜果蔬菜都被拔掉了，换种了公园里司空见惯的草坪。农房的外立面都用圆竹统一装饰，似乎成了一个毛竹风貌村（这个村其实同竹子啥关联也没有）。参观完，我记得同行的一位专家就问当地干部：这些绿植每年的维护费估计得几十万元，今后谁来出？农房的外立面陈旧残破后谁来负责更新？这个村有哪些能够赚钱的产业？显然，这些都是不可能有答案的问题，小村庄的美化只是当时的应景工程，至于今后的维护，估计都没有人考虑过。

当然，我相信决策者的初心，一定都是为了乡村的发展。只是，他们缺少对乡村振兴战略落地和模式创新的客观认知。就如上海和云南的这两个案例，仅仅停留在"美化"上是远远不足的，不下力气去培育乡村发展的"内生动力"，仅仅"穿衣戴帽"，本质上还是取悦领导的"盆景工程"，是不可持续的，更谈不上高质量发展。

思路决定出路！如果一开始思路就是错的，怎么能保证后续的落地效果？所以，我一直认为，乡村振兴最稀缺的资源恰恰是具有未来价值的创新观念。乡村走老路，很难打开新局面，必须着眼于未来，创造乡村的未来价值。

我对乡村的未来价值有这么几个思考：

一是要为乡村传统产业插上科技的翅膀，尤其是农产品，不能停留在一产的层面，一定要一二三产业融合发展，尤其是以科技为内核，通过二产的赋能，大幅提高其溢价空间。

二是要紧盯包括"95后""00后"在内的新生代消费群体，研究并满足他们到达乡村后的消费习惯和消费心理，毕竟"世界是属于年轻人的"。当然，这并不是要放弃中老年消费者，要根据当地产业与业态来定义"谁是重点消费群体"。

三是要将城市的部分业态向乡村做适当延伸，真正实现"城乡融合"，尤其是乡村的"夜生活"怎么丰富起来，让都市人愿意留下来,愿意多做一些消费,需要我们在做顶层设计时就要充分考虑到。

因此，乡村振兴工作的决策者，尤其是"五级书记"的观念很关键。我们不能要求每一项决策，都是"领先的""创新的""唯一的"，但一些基本观念，我觉得还是需要具备的。

第一，先找"魂"，再塑形。

在没有找到当地的"魂"之前，啥都不要动。乡村振兴的战略提出后，各地纷纷落实了整县、整区的规划，大多是委托高校或者本地的规划设计院做的，厚厚一大本，看起来也没有毛病，很规范。但很多规划"千篇一律"，缺少"灵魂"，少有从当地高质量发展的"关键"与"根子"去着手的。而更好的思路是先策划、后规划，规划跟着策划走，没有遵循这个规律的，很难做出彩。

第二，可以建，但不能丢了"乡村味道"。

乡村建设当下最大的问题，是一群搞城市建设的人按城市建设的经验在推进。很多乡村的美化，留下了一些"后遗症"，如公园化后的维护问题，如一刀切统一房屋外立面后的风貌呆板问题。乡村建设最基本的要求，尤其是在风貌提升、环境整治方面，要最大限度地保留乡村特色。

第三，不能再沿用传统的招商引资搞建设。

在当下的大环境中，想通过招商引资的方式实现乡村的全面振兴非常困难。通过鼓励人人参与、人人尽力、人人享有，政府出一点，企业投一点，群众筹一点，乡贤引一点，用"星火燎原"的方式取代过去的"造月亮"，乡村的发展就不会缺项目，也不会缺资金。

第四，不要贪大求全。

社会经济发展的底层逻辑已经从"投资驱动"走向"运营驱动"。如果不贪大求全，围绕着乡村的小工艺、小手艺、小作坊，还是大有可为的。

第五，用好乡贤。

如今的环境，不能再寄希望于"外来的和尚"，要倚重"子弟兵"，用好"乡贤"，这是地缘、乡缘、血缘等决定的，只有他们是不离不弃的。

乡村全面振兴需要"立方设计"

图/乡村振兴的"立方设计"

我们这个团队很幸运。在三年新冠疫情中，大家没有被困难吓住，反而发扬出了浙商宝贵的"四千精神"——走遍千山万水，想尽千方百计，说尽千言万语，吃尽千辛万苦，逆势而上，创造了足以让同行艳羡的成绩。更让人感动和欣慰的是，团队成员激情满怀，创意不绝，诞生了很多堪称经典的方案，比如"江南·溪望谷""浙东芳养谷""三好清漾""千年水系、只此江南""大宁黄河英雄营""未来芳洲"等，有些虽然还在实施进程中，但其独特的定位、IP的创新打造和基于需求的市场谋划，决定了这些项目的"未来价值"，其经济效益和社会影响值得期待。特别是在湖北、广东、广西、山西等地，项目实现了根本性突破，成功实施了多个"整县推进"计划，这些都为我们植入了更多信心与信念，坚定了团队"以共同富裕的使命振兴乡村"的事业信仰。

这是"立方设计"的巨大成功。从20年前的"三农"品牌服务起步，乡立方一直致力于乡村振兴领域的创新实践。特别是"萧山未来大地""千鹤村""建德稻香小镇"和"下姜村，梦开始的地方"等项目的成功打造，以及前前后后三百多个乡村项目成效的实际验证，为"立方设计"方法论的提出，带来了强大的经验自信与有效的实践路径。可以这样说，"立方设计"其实不只是我们一家企业的工作方法论，它也可以成为指导乡村振兴整体工作的方法论之一。

什么是"立方设计"？就是针对当前振兴乡村的刚需与痛点，提供顶层设计、产业设计、场景设计、营销设计和模式设计，提供乡村全面振兴所需的战略和系统性落地方案：

——所谓顶层设计，就是要为乡村"找魂"，破解当前"千村一面"同质化的低水平建设，围绕着突出主题、核心价值、创意景观、特色商品、体验业态、持续动作等六个维度，提供一个懂天气、接地气、聚人气的振兴乡村综合解决方案。

——所谓产业设计，就是针对乡村的一二三产业融合发展的可能与需求，找到或者培育当地的产品、产业的价值提升之道。在实践过程中，乡立方总结出乡村资源变资产的"创新八变"：小特产变大产业、小荒坡变大营地、小山溪变"打卡地"、荒林地变引流地、小水塘变科创地、乡村文化变课堂、乡村产业变研学、空房子变产业房。这从根本上突破了大家对"乡村资源"的认知，在乡立方看来，乡村的一切资源皆可成资产，一切皆有变现的可能。

——所谓场景设计，就是乡立方将景观建设、风貌改造，与植入到乡村的业态进行无缝对接，勾画出一系列"未来乡村"的美好场景。

——所谓营销设计，本质上就是流量设计：如何营销乡村？乡村的未来流量来自哪里？这些流量如何转化为"留量"，让消费者把人留下、把钱留下、把心留下，为乡村发展带来源源动力？

——所谓模式设计，就是乡立方特别针对一些"整县推进"的项目，打造其在区域内独一无二或者领先的机制与模式，并通过新媒体与大流量的自媒体进行立体式传播，有效提高当地的知名度与美誉度。

"立方设计"以业绩证明了系列方法论的潜在价值。杭州市萧山区的横一村从被命名为"未来大地"开始，到以"城市郊野公园"的全新形象呈现，以良好的社会影响和经济收益为萧山城乡融合共同富裕树立了一个全省样板。2022年杭州市深化"千万工程"建设新时代美丽乡村现场会，以"新安诗路·奔富未来"为主题，结合沿线四个村落的特色，从不同维度讲述乡村"五大振兴"的故事。令团队自豪的是，整个路线的策划方正是乡立方。四个现场考察点中的三个，即下涯镇之江村、杨村桥镇绪塘村、梅城镇千鹤村，项目皆是由乡立方打造的。新拓展的广东、湖北、山西、福建等地的项目中，不少都将在近一两年内惊艳亮相，从而为更多地区的乡村振兴树立样板与示范。

依托于"立方设计"，乡立方每年为全国各地服务的乡村项目超过100个。但是，随着乡村振兴战略深入实施，越来越多的委托方对"立方设计"有了更多的期待。

首先，随着服务项目的递增，"立方设计"会不会出现经验和方法"套路化""形式化""格式化"的问题？每处乡村都要找魂，怎么保证每个定位都是独一无二的？怎么保证每个策划都有足够的创新创意？怎么保证每个项目的成果都能达到预期？说得更直白一些，"立方设计"又如何保证所有受托项目的服务品质？毕竟人力资源总量有限，在业务不断增长的同时，对服务的"交付质量"一定会有严峻的考验。

其次，凭什么"立方设计"的产业就有未来？乡村振兴的关键在于产业，道理大家都明白。但问题是，乡村产业现在只是停留在一二三产业融合发展这一句话上，究竟怎么融合？大多数乡村只是有一些初级农产品，怎么兴旺？还有一些乡村，贫困的根本原因就在于资源贫乏、生态恶化、人口流失，产业基础为零，怎么办？江浙一带依托绿水青山的生态优势，建设美丽乡村，发展美丽经济，农文旅行业的基础比较好，但这条经验是很难复制到西北、东北地区去的。即便在江浙地区，这几年大力发展的乡村民宿，半数以上也出现了经营困难、难以为继的新问题。乡村产业兴旺，听起来很好，干起来不容易。"立方设计"的产业设计如何应对这个难题？

再次，谁来运营？或者怎么能够保证后续运营达到预期的效果？事实证明，很多乡村项目靠政府机构或者国有平台是难以持续的，必须有市场化的第三方运营机构来介入。"立方设计"如何确保实现"运营前置"？运营又如何体现出"共同富裕"的机制？当前，"运营前置"正在成为乡村振兴从业圈内的共识。甚至有政府官员表示，如果没有明确的后续运营方案，相关项目就不能急着上马，"重建设轻运营"只会将项目搞砸了。但放眼全国，当下各地都热衷于举办各种乡村运营的会议、培训，甚至对相应运营职位进行认证和资格认定。但是，这些活动的组织者本身，大多是高校教授、专家、学者，或者是行业协会的领导，真正有实操经验的少之又少，真正的乡村运营专家也是少之又少。"立方设计"凭什么保证项目的运营成效？

最后，完成"立方设计"之后，设计方能否参与项目投资，一起承担风险与责任，一起分享成果与财富？委托方的意图很直接——项目是你们创意设计的，你们自己没有理由缺乏信心，前期的策划和规划、设计委托给了你们，你们能否将相应获利的一部分，或者服务费用的一部分，用于项目后续建设与运营的投资，将利益与风险进行深度捆绑，确保项目的后续发展？当然，提出这个需求的只是一部分客户，但打造"利益共同体"似乎没有人会反对。在商务谈判中，越来越多的政府客户都提出了这个需求，需要"立方设计"同步解决"钱从哪里来"的问题。

这些问题正在发生，必须直面。从2022年下半年开始，乡立方创始人团队就多次复盘"立方设计"方法论，每一次都不约而同地聚焦于这些话题展开讨论。在多轮"头脑风暴"后，大家形成了一系列战略共识："立方设计"为当前乡村振兴综合服务提供了一个创新的底层方法论架构，但要解决当前乡村深层次问题，尤其是新冠疫情基本结束之后，要找到乡村发展的突围之路，一定需要进行一系列战略升维。

第一，"找魂、找钱、找人"，更需要"找路"。

最近这三年，乡立方基本上围绕着"找魂、找钱、找人"方法论展开业务，成效显著，业绩斐然。但在与广东省委农办原专职副主任梁健交流时，他提出一个令大家茅塞顿开的观点："你们总结的'找魂、找钱、找人'方法论特别好，能够实际消除乡村发展的痛点。但是，这些方法本质上还是'术'，还不是'道'。现在基层干部面对乡村振兴工作有些困惑，很多地方找不到具体工作的切入点、兴奋点、制高点。所以，我个人觉得，乡村振兴当下最迫切的一项工作，是'找路'。既要定战略方向，也要落实创新路径。"

"找路"这个观点一提出，给了乡立方团队一个全新的思考维度："找魂、找钱、找人"这"三找"本身，就是为了"找路"。如何从更高的战略站位，而非只是基于文化底蕴打造品牌乡村？如何从区域实际考虑，为当地谋划可持续发展的业态与机制？如何围绕共同富裕的终极目标，为村民与集体创造更多有保障的发展机会？乡立方原有的业务逻辑，无非是从乡村产业与品牌乡村角度切入，同时进行风貌提升与环境改造，再培育原有乡村业态或者植入乡立方自营产业。或许这些业务本身，已经远远超出了一般的设计院、规划院、广告公司、营销公司的业务范畴，但从"找路"的角度来看，还是不够的。

所谓"找路"，先得明确要到哪里去、怎么去、和谁去等根本性问题。梁健为我们总结了乡村振兴七条道路：一是必须重塑城乡关系，走城乡融合之路；二是必须巩固和完善农村基本经营制度，走共同富裕之路；三是必须深化农业供给侧结构性改革，走质量兴农之路；四是必须坚持人与自然和谐共生，走乡村绿色发展之路；五是必须传承发展提升农耕文明，走乡村文化兴盛之路；六是必须创新乡村治理体系，走乡村善治之路；七是必须打好精准脱贫攻坚战，走中国特色减贫之路。我们明白，这七条路的表述是"官方"话语体系。但不可否认的是，我们很多的创意策划，只是选取了其中的一个小切入点，缺少有高度的站位与体系化的构建。

站在全局来看，乡村必须振兴，一处乡村都不能落下。但是，全国几十万个村庄，都要实现独一无二的"找魂"，都要打造绝无仅有的IP，都要发展独树一帜的乡村产业，既不现实，也没有必要，更非乡立方这一家机构所能为之。所以，乡立方围绕着"找路"本身，并不需要回避套路化、格式化、形式化的问题，基于当地的文化习俗、资源禀赋、产业基础，只要能突破、可持续、有保障，"条条大路通罗马"，只要能成为康庄大道，管它是柏油路，还是水泥路，甚至砂石路！不管创新性是否够，有路可走才是关键，发展就是硬道理。

浙江省针对未来乡村提出的"一统三化九场景"的标准，其实也可以理解成浙江省各级政府为乡村振兴"找路"的一种指引。所以，我们乐于见到不同地方的政府，都能逐步形成区域内的"找路"共识。就如广东省 2023 年提出的"百千万工程"，何尝不可以看成"学浙江但要超浙江"的一种努力呢？

第二，乡村产业只有打造科技内核，才能创造"未来价值"。

现在谈起乡村振兴，几乎人人都会提产业兴旺；谈起如何实现产业兴旺，几乎人人都会讲一二三产业融合发展。但显然，这都是文字层面传播、解读中央文件精神的方式。真要当下热衷于站在台上演讲的专家、学者和意见领袖们，拿出一个乡村具体产业振兴的"所以然"来，估计十有八九会"放哑炮"。若真按他们的思路来实施，最终恐怕都会掉到一个"深坑"里去。所以，我一直建议从事乡村振兴工作的基层干部，不要轻信"权威发言"，要多去实地看看真正的成果，没有验证过的意见不要轻易采纳。什么时候请所谓的专家来？做成了一件事，或者有了初步成效后，请他们来总结总结，通过他们进行适当传播，才算两全其美。

"先以自己为道路，再为后来者开路"。这两三年，乡立方一直在乡村产业上进行摸索。按原来的思路，乡村产业的打造无外乎"两手抓"：一手抓原有的小作坊、小工艺、小美食等业态的提升，一手抓一些有城市居民消费需求的业态在乡村的植入。为此，我们以"酱立方"为统筹，基于乡村酱菜、腌菜产业，先后打造了威酱坊、武酱坊、雄酱坊、福酱坊、幸福酱坊、豆酱坊、径山素酱等一系列乡村工坊。这些工坊落地后的反响都很热烈，对当地农民致富和集体经济增收的拉动都很明显。乡立方还推动组建了"萌立方"，就是要将萌宠乐园建到乡村，特别是城乡接合部去，将其打造成乡村的引流利器。乡立方还拥有五家自营的民宿"云里雾里"，探索乡村研学与民宿业态深度融合的模式。一句话，凡是有利于乡村发展的模式，乡立方一直不遗余力、不惜成本在试错。有实践，才有发言权。也正是因为拥有一系列乡村产业，乡立方腰杆才挺得直。

但是，自从组建"渔立方"以后，乡立方在乡村产业的振兴上有了全新的思考。"渔立方"基于"淡水海化"核心技术，在内陆采用循环水养殖石斑鱼、大黄鱼、青蟹、南美白对虾等高端海产品，同时开发饲料供应、预制菜、餐饮以及相关的研学、民宿等系列的生态链和供应链，以一二三产业融合发展的方式拉长产业链，最终实现超级价值链。这一业态一经推出，就吸引了湖北、山西、东北以及新疆等地一大批意向投资者。大家感兴趣的有几点：一是"渔立方"的技术含金量够高，能够形成竞争壁垒；二是产品的产业链够长，有足够大的市场需求；三是能够让农户与集体经济受益，形成多方共赢共富的良性机制。这给乡立方创始人团队一个很大的启发：我们基于辣椒、黄豆、红薯等初级农产品的深加工，有市场基础，也能帮助农户，但技术含金量是不高的，要帮助乡村产业做强、做大，也一定是有难度的。但如"渔立方"这样以技术为基础的新产业，却为乡村产业找到了一个全新的振兴方向。

在"渔立方"顺利推进的同时，乡立方组织团队围绕着"数字养蜂技术""中医芳疗康养产业"等领域，进行了"蜜立方""香立方"的前期研究。可以肯定地说，乡村到处都是"富矿"，通过科技赋能的方式，大大加强了乡村产业的内核，不只是让其有更强的竞争力，关键是价值链的提升，使乡村产业能够真正覆盖城乡的消费群体，有了强大的"变现"能力。因此，加强乡村产业的科技内核打造力度，将成为乡立方今后的核心振兴抓手。

第三，资源顶配，为乡村打造流量大通道。

2022年12月，乡立方先后参与组建了"棉花糖""蓝立方""活水乡立方""芝麻香旅"等乡村服务机构，其中"棉花糖"是与开元酒店管理团队联手组建的，"蓝立方"则是与蓝城文旅联手，"活水乡立方"是与国内党政干部培训头部机构活水教育合作的，"芝麻香旅"是与国内乡村文旅的头部机构中唐集团合作的。乡立方意图很直接：要借力于开元团队在高端酒店管理领域的经验、资源；而蓝城文旅在代建领域的管理经验与资本运作，是乡立方走向EPCO（EPC就是工程总承包，O即OM，指委托运营）所急需的；通过与活水教育的合作，可以切入乡村振兴的党政干部培训与游学市场；与中唐集团的合作，则是希望向全国输送成熟的"露营＋乡村"的业务模式。

这一切的合作，源于当下乡村对运营的强需求。现在到乡村，不时可以看到一些建设完毕却荒废的项目，普遍存在的"重建设轻运营"让很多地方的振兴工作陷入困境。在业务对接中，乡立方的干部不时被问：你们负责运营吗？如果你们能够运营，那可以将前期的策划设计都给你们，否则我们需要重新考虑。政府不可能一直养着这些项目啊，总需要有一天实现收支平衡吧，否则账怎么平？

在乡立方的方法论里，"运营前置"也是非常重要的一条。因为乡立方自身在民宿、工坊、研学、乡村旅游路线开发、营地等诸多业态上有自己的运营主体，拥有相对丰富的运营经验，这在客观上也是乡立方竞争力的"加分项"。但随着更多乡村项目的落地，乡立方内部也自然产生了人力资源不足、经验缺乏、管理缺乏等问题。怎么办？做乡村项目不能不面对运营，而乡村运营在短期内，一定存在人才稀缺、盈利难度大、流量不足等"先天性难题"。

没有一个人是一座孤岛，可以"自全"，没有一家企业可以做一叶孤帆，可以自行。独木不成林，一人不为众。以"资源共享、生态共建、价值共创、发展共赢"为原则，乡立方很快突破了自我——将国内顶级的资源配置到乡村去，从开元到蓝城，从活水到中唐，一个围绕着乡村流量的顶配生态圈就这样开始着手组建。乡立方懂乡村，但合作伙伴有流量和"管理"，其最终目标，就是让乡村"活"起来。人来了，才是最大的生意。

今后，凡是乡立方走到哪里，这些国内顶配的流量资源就将落到哪里。

第四，带着力气和资本去"上山下乡"。

乡村项目在落地过程中，普遍存在两个难题：一是好的创意落地后却走了样，完全不是创意设计方的"初心"；二是项目建设成了"无米之炊"，缺资金，不得不删减内容，达不成预期的效果。所以，这也成了乡立方市场拓展过程中的"痛点"——我们相信自己的创意与设计，但如果效果不理想，我们背了黑锅，责任永远说不清楚；我们赚的原本就是一点点服务费，可能还被对方要求"投资一点"，以弥补项目的资金不足。

这两个"结"不解开，不少乡村振兴的项目落地就不会顺畅，预期效果就会打折扣。几年来，这一直成了困扰乡立方的难题。走到2023年，乡立方准备迎难而上，不再回避。

一是全面推进 EPCO，将项目的设计、采购、施工、运营等阶段整合后统一实施，可以解决设计和施工脱节、建设和运营脱节的问题，强化运营责任主体，实现项目全生命周期的高效管理，同时大幅度提高投资效率，缩短项目建设周期。蓝立方组建以后，迅速切入了浙江临海、温州以及广东、四川等地的项目。对于乡立方而言，切入 EPCO 的初心，还是为了顶层设计能够充分、高效地实现，对委托方负责，对项目的可持续发展负责。

二是着手参与一些乡创基金的组建，做 GP（普通合伙人），推动更多有价值、有潜力的乡村好项目落地。经过三百多个乡村项目的策划与打造，以及诸多乡村业态的实际运营，乡立方对乡村项目的认知有着丰富的经验积累。所以，我们自信拥有慧眼，能够找出百里挑一的好项目。这种能力，远远超过一般的投资机构，但一直以来，我们却游离于资本之外，对项目投资本身"爱莫能助"。从 2023 年开始，我们决心不再"隔岸观火"，真遇到好项目，我们也投资入局。为此，我们就得再造乡立方的"基因"，参与、推动甚至发起一些乡创基金，从投资的维度为振兴乡村再出一份力。

带着力气和资本去上山下乡，或许会更受欢迎？不知道，且行且看吧。

什么样的乡村振兴顶层设计能用上十年

　　毫无疑问，顶层设计是关系到乡村振兴工作开篇谋局、行稳致远的第一步。"一张蓝图绘到底，一任接着一任干"，这句话，我们经常在官方的工作报告和文件里看到。尤其是在浙江，这或多或少成为形容党政干部班子团结、不折腾、不瞎搞、全心为民的"政治操守"。但事实上，真正做到"一张蓝图绘到底"，确实不是件易事。往往地方领导一调整，发展规划首先就会被推倒重新做一遍。因此，国家提出乡村振兴战略要管三十年，具体落实到县市区，如何"一以贯之"？的确需要在放眼未来的政治智慧与大趋势把握能力的基础上，拿出一份高质量的乡村振兴顶层设计，让一任接一任领导自觉自愿地执行下去。

　　第一，谁来做乡村振兴的顶层设计？

　　对这个问题，很多人不以为意，因为涉及策划与规划，自然会让人联想到各大高校与各类规划设计院。没错，一直以来，城乡规划早就成了类似机构的"当然业务"。乡村振兴战略提出以后，全国各地的乡村振兴战略规划，不少是高校与各类规划设计院在承接地方政府的业务委托。但是，从实际情况来看，这样出台的规划，很容易变成"好看不好干""规范难落地"，不少方案在专家评审通过后，便束之高阁，成了"柜子里放放""会议上说说""桌子上摆摆"。于是乎，随着领导的频繁调整，不少地方还搞出了多个不同版本的规划方案，甚至出现每年都在做规划的"怪事"，换个领导就重新来一遍。

缺少对乡村未来产业的认知，更缺少乡村运营的实际经验，简单委托高校和规划设计院做出来的规划，往往停留在文本的层面，有概念缺内容，有计划缺执行，有目标难落地。国家乡村振兴战略的"二十字方针"，需要具体产业的配套，需要明确的解决方案与实施路径。显然，这些都需要有实操经验的支撑，需要运营机制的周全设计。而大多数高校与规划设计院是不具备这些条件的。

导致这个局面的一个主要原因，是政府部门有"资质"的门槛和要求。一提到"规划"，就会联想到相应的资质认定问题。绝大多数有实操经验的机构，恰恰都没有相关的资质条件。真要承接这类业务，只能或者去挂靠有资质的机构，或者寻求政府在招投标工作上的"变通"。这也成了真正有实操经验的机构要承接这类项目的一个很大障碍。

从对结果负责的角度而言，我强烈建议各地政府要找有实操经验的团队来做顶层设计，而不能被所谓的资质准入所束缚，但这不是一件易事。很多政府领导做决策的前提是"不犯错"，不能违反程序与规则。这样一来，策划因为缺少定价参照标准和相关的政策条文规范，往往硬要往"规划"上靠，只能找些有所谓的资质但实际上却不具备能力的机构来承接。这类矛盾和冲突，我们在全国各地不时都会遇到。

第二，推进乡村振兴顶层设计有哪些基本原则？

图/乡立方"四转"方法论

针对乡村振兴的顶层设计，乡立方有一个"四转"方法论：规划围绕策划转，策划围绕产业转，产业围绕市场转，市场围绕共富转。

显然，在乡立方看来，乡村振兴的顶层设计，策划是第一步。在这里，所谓的策划，其实就是为乡村"找魂"——通过深入了解乡村的历史文化背景、资源禀赋、产业基础以及当地的自然生态环境等，为乡村全面振兴的工作找到战略定位。有了这些之后，再做景观、道路以及建筑等方面的规划设计。如果一上来就做所谓的规划，很容易做成"千村一面"，因为景观、道路以及建筑这些场景设计，是有标准的，很容易"套路化"。只有通过策划，才将当地的资源禀赋、产业基础以及文化风俗，浓缩成"魂"，定义成一个区域内独一无二的 IP。所有的规划再依据策划来展开。

又如何理解"策划围绕产业转"呢？乡村振兴工作千头万绪，但"产业兴旺"是最为关键的。很多乡村成了"空心村"，主要就是因为乡村除了务农，缺少产业支撑，缺少发展机会，大量劳动力进城务工，造成人员大量流失。我们一直在强调一个观点，"未来乡村要有未来产业"，如何为乡村在原有资源基础上，创造性地推出迎合未来需求的新产业、新业态与新场景，是策划工作的重中之重。这个"未来需求"就是乡村的产业要有"市场"——要符合"95 后"甚至"00 后"这些新消费主体的需求，要符合城乡融合后城市人进村下乡的需求，要通过科技赋能提升农村产品的溢价能力。

所谓"市场围绕共富转"，是指必须为乡村建立农民增收、集体经济壮大和社会资本有回报的多方共赢机制。在走向"共同富裕"的今天，传统的招商引资需要调整，单纯通过给政策、给资源的方式，光有社会资本收益的考量是远远不够的。"共富"是目标，更是机制，这贯穿于策划的整个过程。

第三，一个优秀的顶层设计方案有哪些特质？

浙江省正在大力推进"未来乡村"建设，计划到 2025 年要打造 1000 个"未来乡村"。而对于"未来乡村"的建设，要求按照"一统三化九场景"的原则，即以党建为统领，以人本化、生态化、数字化为建设方向，打造未来产业、风貌、文化、邻里、健康、低碳、交通、智慧、治理等场景，逐步实现"农业高质高效、乡村宜居宜业、农民富裕富足"的目标。可以说，这些基本上浓缩了浙江省从美丽乡村到共同富裕战略实施过程的政治智慧，也是对乡村振兴顶层设计经验的全面总结。

不过，这些是"浙江经验"，全国各地都可以来学习，但不等于可以直接照搬照抄，省情不同，方法与路径就应该有所不同，不是所有地方都能够面面俱到的，不是所有乡村振兴顶层设计方案，都得按"一统三化九场景"来架构的。所以，我们需要透过"一统三化九场景"，找一找"浙江经验"更本质的底层逻辑。在我看来，具备了以下几条，一样可以成为优秀的顶层设计。

其一，从方法论上讲，坚持"生态为本，产业为基，文化为魂"的原则。这个生态，是指乡村建设要走在生态优先绿色发展的道路上，坚持"两山"理念，优化生态、生产、生活空间布局。这个产业，一定得是"未来产业"，不是简单的种养业，是一二三产业的"三产融合"，是体验场、消费场和传播场的"三场叠加"，彻底摆脱低水平的同质化竞争。这个文化，是指乡土味、乡亲味、乡愁味不能丢，但在传承基础上有创新，并能提炼出 IP 来体现。

其二，从考核角度来说，一个优秀的顶层设计方案，目标清晰、过程可控、措施注重落地性。顶层设计方案不能只有长期目标，要长中短期目标兼顾。顶层设计涉及的产业发展、业态布局以及乡村建设，务求可操作、可落地，绝对不玩那些大而空的概念。

其三，从保障机制上看，顶层设计方案还需要在政策制定与要素供给上着力。顶层设计方案有了方向和目标，如果不配以相应的政策与发展要素，不明确相关的责任机构与责任岗位，就很难保障相应计划的实施以及相关资源的匹配。

第四，如何确保顶层设计的持续更新和与时俱进？

这是一个"剧变"的时代，一切都在"数字化"。这让顶层设计变得更加困难：没有战略规划肯定不行，目标缺失会让我们迷失发展的方向，但技术进步太快，所有谋划的产业与业态的"未来性"难免会被打折。因此，顶层设计必须建立适度的持续更新和与时俱进的机制。

相关目标的长中短期的规划和弹性机制的建立是关键。年度目标为短期目标，可以每年单独制定，一届政府任期内的目标为中期目标，十年左右的成效为长期目标。短期目标要细要具体，最好能够数字化，中长期目标要概念化，更多是方向性的陈述。

对未来的精准预判，要基于对数字化和科技趋势的把握。顶层设计不是总结过去，而是设计未来。所以，对于乡村的"未来场景"和"未来产业"，需要做精准的预判。通过数字化可以描绘发展的轨迹，AR 和 VR 的普及、食品科技的进步，可以帮助我们做更多未来乡村的场景设计。这些，都是这个时代做顶层设计需要把握的内容。

建立一个共创、开放、融合的顶层设计参与机制。乡村振兴的顶层设计，经常是政府委托，第三方服务机构编制。但乡村振兴工作本身，一定是由政府众多职能部门、街道以及乡镇村组织，还有其他社会机构参与展开的。所以，在书记和县长的要求之外，还要考虑如何最大限度地创造一个开放、融合的共创机制，让更多人、更多部门参与进来。比如，顶层设计确定方向、机制与政策后，可以通过发布一批"共富工坊"项目清单，形成乡村双创热潮，从而达成特定目标。让原乡人、归乡人、旅乡人都能融合进来，形成振兴的合力。

这才是乡村振兴该有的样子

如果不是亲临实地考察，我绝对不相信远在宁夏贺兰山下还有这么一个乡村振兴样板——乡立方团队早期打造的大武口"硒有田园"。即便过去了多年，在村容村貌整治、特色工坊打造、村民参与方式、新型业态培育方面，"硒有田园"同当下江浙沿海的乡村振兴样板相比较，恐怕也毫不逊色。说实在的，在参观过程中，我还对同事说："我们现在推出的乡村振兴项目，有些成效可能还不如'硒有田园'。或许该回到这里做一次'团建'，找一找我们做振兴乡村项目的'初心'了。"

这是位于宁夏石嘴山市大武口区沟口街道的矿区村落。20世纪90年代前，这里曾住着数以千计的煤矿职工及家属。由于后期的煤炭行业整治、企业合并搬迁，大量年轻人进城务工，这里的社区开始出现空心化，社区的设施缺少维护破损严重。时任大武口区领导找到乡立方，希望借力于"浙江经验"，为这个矿区村落找到一条振兴之路。

"我们调研后认为，这里具有很好的产业基础与矿区文化底蕴，有条件打造成西北地区的乡村振兴样板，所以很积极地参与进来。我自己就在这里待了几个月，走访了几乎所有村民，走遍了村里的几乎每一个角落，很多小景小品还都是我亲自设计的。"乡立方创始人宋小春带着我们在"硒有田园"里转，如数家珍，饱含深情。

一圈走下来，我对"硒有田园"留下了这么几个深刻印象。

精准找魂。原来这片社区有一个名字叫"翠柳"，很浪漫，但乡立方团队调研后觉得，这个名字要打响不容易，需要重新打造一个独一无二的 IP。恰好这里是宁夏土壤含硒量最高的一个区域，土壤平均硒含量高于 0.6mg/kg，而"硒"又是近些年大健康领域的一个热词，受关注度很高。当地房前屋后都是果园、菜园，盛产葡萄、樱桃、梨、杏、核桃、树莓、山楂等水果，还有辣椒、茄子、西红柿、黄瓜等时令蔬菜，可以说"新鲜水果随手采、新鲜蔬菜随时吃"。就这样，一个"硒有田园"的 IP 创意出来了，围绕着"硒"做足文章：富硒文化馆、富硒粮仓馆、富硒生态馆等先后落成。经过检测后，这里产出的水果、蔬菜、鸡蛋等都可以使用这个 IP，这大大提升了产品的溢价能力。几年下来，"翠柳"可能只是社区的行政称谓了，对于更多慕名而来的游客与参观者来说，他们只知道大武口有个"硒有田园"。

最大限度地保留了乡土味、乡亲味和乡愁味。"硒有田园"的房前屋后，都是果园与菜园，有些还圈养着鸡鸭鹅，很有乡村味儿。近段时间，我们参观了很多乡村振兴项目，感觉特别是在乡村风貌美化和人居环境治理方面，很多都做过了头。有些地方在村民房前屋后都铺上了城市里绿化、美化的草坪，将所有的房屋都按一个格调予以统一。但"硒有田园"最大限度地保留了原有风貌，需要硬化的路面也尽可能不用水泥，而是用黄砖铺设。允许村民适当养殖家禽，但村容村貌依然整齐而干净。由于历史上这里是矿区，所以乡立方团队特意利用一个矿区农场旧址打造了工矿文化记忆馆，征集了原老矿区人收藏的具有时代特征的老照片、老物件、老家具家电等工矿文化元素进行陈列，保留这一浓浓乡愁味的"时代记忆"。

为原乡人、归乡人、旅乡人打造共富机制。在"硒有田园"，随时随处可见各种农家院，以及围绕着种、养、吃、酿、玩、住布局的各种各样的业态。来这里待上三两天，可以设计出不重复的乡村生活体验，非常适合周边游、近郊游、乡村游，这事实上也是"硒有田园"这两年名声大振的客观因素。这些业态，有当地人自己搞的，也有乡贤返乡创办的，还有周边地区的人来投资的。起初阶段，为了示范和引导当地的业态发展，乡立方牵头搞了一个"武酱坊"，与当地人合作，利用本地的辣椒、牛羊肉，输入浙江千岛湖地区的熬制工艺，创建了大武口武酱品牌。"武酱"一炮而红，进而也刺激了更多人到这里创新创业。现在一个最直观的成效，就是农民的院子变"值钱"了。"以前一个大院子出租一年也就几万元，现在没有几十万元，已经租不到像样的院子了。"社区的一个工作人员带着我们在不同的院子里转，嘴里不断说着感慨的话。

"硒有田园"的打造，是政企协作的一个重大成果。现在，这里已经成为当地乡村旅游的一个著名"打卡点"，也是宁夏乡村振兴的一个学习样板，每年都有几百批次的党政研学考察团前来调研观摩，它的打造方法与路径正在被不断复制，创造了丰富的社会价值。

图/宁夏"硒有田园"实景

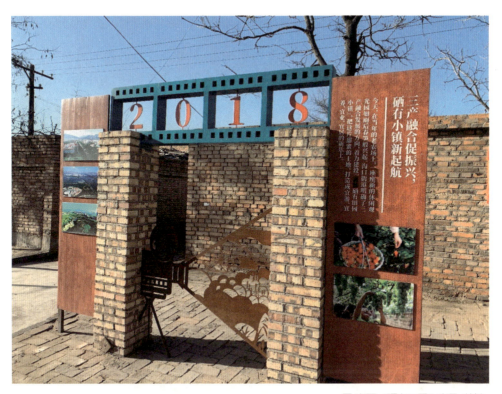

图/宁夏"硒有田园"实景（续）

那么，到"硒有田园"来，究竟看什么、学什么？我总结了这么几点。

第一，来看看这里何以做到"低成本、高效能"。花的钱不多，包括风貌整治，都是最大限度地保留了乡村的味道，没有大拆大建，甚至绿化、美化，都最大限度地依托了原有设施。参观完，我们可以明白，乡村建设大拆大建是走不通的，谁说大葱和白菜不能成为绿植？谁说鸡鸣狗叫就是扰民？谁说枣树梨树杏树就不能当景观？谁说村道硬化一定要用水泥柏油？我们在乡村环境整治这一块花了太多冤枉钱，用城市建设的经验美化乡村不一定合适。

第二，来看看这里如何践行"品牌先行、策规一体、运营前置"的方法论。依托"外脑"，把魂先找，顶层设计做到位，同时考虑到每一种业态的可持续发展问题。乡立方这几年得到快速发展，在某种程度上正是受益于这类早期项目的探索积累的丰富经验。这一方法论的总结，也可以说是始于"硒有田园"。但是，我们还有太多的乡村，重建设轻运营，项目完工后，大多是闲置在那里，根本没有想明白为何而建。

第三，来看看乡村如何推进"全面振兴"。虽然在疫情防控的背景下，"硒有田园"也不可避免受到冲击，但当地人的精神面貌非常好。"有事做、有钱赚、有奔头，我们对明天有信心，希望疫情快点过去。"与当地的一个民宿老板娘交流，她信心十足。就乡村本身而言，当地的确已经成为"宜居宜业宜游"的好地方，之所以有这个基础，还是因为全面落实了乡村振兴的"二十字方针"。有魂就有方向，有产业就有高质量发展基础，有文化传承就能构建良好风俗，有发展机会就能重构乡村价值。

我们曾经去山西的吉县做调研，在当地也发现了一个类似于"硒有田园"效果的乡村振兴样板。当地的太度村，对村里主街道的环境进行了美化、绿化、硬化，并对水、电、雨、污设施进行了改造，扩建了广场，建成了有六十多间房的十几个民宿小院，使这里成了一个远近闻名的集旅游住宿、美食品尝、手工体验、娱乐休闲于一体的"芘篱人家"乡村 IP。与此同时，这个村采用集体资产股权化、运营管理专业化、经营收益多元化的"三化"运行模式，这种机制在北方地区也是绝对新颖与领先的。更让我们意外的是，整个村所有投资才五六千万元，比我们的预估要低得多。深入探讨与实地察看后，我们才明白：在投入最大的基础建设方面，太度村并没有搞一刀切的"穿衣戴帽"工程，农民房改造成民宿时也不搞大拆大建，而是最大限度地保留了原有风貌，同时巧妙利用玻璃、钢材等材料，植入了部分现代元素，花小钱办大事，效果特别好。

这才是乡村振兴该有的样子，大家不妨去"硒有田园"和太度村走走，相信都能得出这个结论。

第2章

没有未来产业，何来未来乡村

　　在决策层面，乡村振兴首先要做好顶层设计，这在本书的第 1 章，我已经从不同角度做了详细阐述。如果说顶层设计为"纲"，那么产业就是"纲"之下的一个个"目"，纲举而目张，一个乡村的振兴才算是既有"灵魂"，又有"血肉"，才能健康良性地发展。

　　产业发展的重要性，已经无须赘述。现在大家都知道"乡村要振兴，产业必振兴""产业振兴是乡村振兴的关键""没有产业支撑的乡村振兴是空中楼阁"，但是光在战略上重视是不够的，乡村产业要解决的是做什么、如何做，以及谁来做等更多的具体问题，而这些才是横在政府领导和乡村振兴从业人员面前的一道道坎。

　　乡村传统产业的衰落导致了传统乡村面临衰退与空心化的困境。本书第 7 节分析了何为乡村传统产业，乡村传统产业缘何衰落，2023 年中央一号文件关于推动乡村产业高质量发展的内容主要讲了什么，以及乡村产业在此困境下该如何破局。

　　讲到乡村产业，自然绕不开农产品，而讲到农产品，这些年有个非常热的词，就是"区域公用品牌"。在区域公用品牌的策划与打造上，乡立方集团是有经验和发言权的。从火石品牌策划到乡立方，我们在过去的近 20 年里，先后服务了 300 多个农产品区域公用品牌，300 多个农业企业品牌，其中不乏成功的样板和示范案例。但时代在变化，我们必须反思、更新品牌战略在新业态、新经济和新技术浪潮中的价值与作用。本书第 8 节就是探讨区域公用品牌在社会经济高质量发展战略中，应该如何"迭代"，以适应形势的需要，进一步赋能乡村振兴与共同富裕。

　　本书第 9 节以湖北省来凤县为例，对当地名品"来凤藤茶"的区域公用品牌该如何打造进行探索。从"来凤藤茶"到"整县品牌战略"，再到"未来产业"，来凤县的产业探索之路对于其他计划进行乡村振兴"整县推进"的地区而言，必定有其参考价值。

　　民宿产业是乡村产业里的热点，民宿做得成功，也就意味着把人留了下来。但是民宿产业看上去很美，做起来很难；理想很丰满，现实很骨感。本书第 10 节，就给各地的民宿热"降降温"。民宿并非一项孤立产业，要成功，还需要其他的配套要素，并不是一腔情怀就能成就的。

　　常山胡柚的异军突起，可谓农产品领域的一个现象级案例，这引发了我的一个思考：农产品该如何重新定义？重新定义农产品，也是我们为乡村规划"未来产业"的重要基础。如果未来产业里没有当地优质农产品的新出路，那就是本末倒置了。本书第 11 节，以"星探桔"的打法和乡立方的探索，来找寻优质农产品的未来出路。

　　乡村产业究竟该如何振兴，乡立方一直在摸索着实践。浙江黄岩"浙东芳养谷"项目的成功定位证明了大胆创新在产业振兴上的价值。本书第 12 节讲述了乡立方在产业振兴上的探索之路。

　　"产业兴旺""产业振兴""产业创新"不仅是一个个口号，未来乡村的希望在于未来产业，未来产业的希望在于立足于未来的产业思维和一步步脚踏实地的设计、培育与运营。

乡村产业的困境与破局

《中共中央 国务院关于做好 2023 年全面推进乡村振兴重点工作的意见》共有九个部分，包括：抓紧抓好粮食和重要农产品稳产保供、加强农业基础设施建设、强化农业科技和装备支撑、巩固拓展脱贫攻坚成果、推动乡村产业高质量发展、拓宽农民增收致富渠道、扎实推进宜居宜业和美乡村建设、健全党组织领导的乡村治理体系、强化政策保障和体制机制创新。通读全文不难发现，同前几年的中央一号文件相比较，推动乡村产业高质量发展更加重要。

振兴乡村的关键在于产业——这句话一直被我戏称为"正确的废话"。如果追问下去，乡村产业究竟如何振兴？恐怕收到的大多是一些"放之四海而皆准"的回应，现在比较"流行"和"时髦"的说法，从三产融合到数字赋能等，听起来很有道理，但真要落实到具体乡村、具体项目上，还是找不到具体的抓手。在这样的情形之下，所谓的"产业兴旺"更多时候只是一句口号。

传统乡村的衰退与空心化，从表面上看，似乎都同"人"有关——作为乡村主要劳动力的年轻人都进城了，留下所谓"386199 部队"（妇女、儿童、老人），以及病残人士。随着时间的推移，"空心村"越来越多，乡村振兴的难度也越来越大。但从本源上分析，乡村衰退与空心化更主要的原因，是乡村传统产业衰落，特别是小而散的种养业价值日渐低微，难以吸引年轻人创新创业，乡村缺少活力，与城市发展所涌现的机会是无法比较的。这正是很长一段时间里，城乡之间出现不平衡、不均等发展鸿沟的原因。

就一般乡村而言，所谓的传统产业，包括以下几种类别。

一是传统粮油种植业和小规模的畜禽养殖业。这种产业下的农民大多数以自给自足的口粮生产为主，通过流转土地进行适度规模经营的，只占很小的比例。相当部分仍然以申请国家政策性补贴为"盈利"模式，真正实现了市场化运作并处于良性状态的少之又少。这也是很多专家称我国是"小农社会"的主要缘由。

二是针对农产品进行产地储存、保鲜、烘干等方式的初加工。但由于设施简陋、工艺落后、方法原始，农产品的损耗严重，增值空间十分有限，同时这是当前食品质量重大隐患的源头之一。

三是竹编、剪纸、木雕、石刻、银饰、蜡染、民族服饰等具有地域特色的传统手工业，还有腊肉、火腿以及辣椒酱、豆腐乳等传统食品加工业。这类小产业者绝大多数处于"养家糊口"的状态，真正上规模又有好收益的并不多。

四是近些年发展迅猛的休闲农业和乡村旅游，表现在民宿与农家乐的兴起，但由于同质化严重、恶性竞争，亏本经营的不在少数。

…………

列举这些乡村传统产业，我们不难发现其中的共性。

很"产品"，不"商品"。大多数乡村传统产业呈现出的方式，只是"产品"本身，离"商品"还有相当的距离，缺少统一的品牌符号，缺少统一的品控标准，缺少统一的包装，更谈不上统一的营销策略。偶尔遇到识货的消费者时，它可以很有"价值"。但由于供应链建设的滞后，大多数好产品走向市场仍是步履艰难。由于大多是"小而散"的小农户运作，无论是乡村的农产品还是手工艺品，都很难实现规模化营销，获利能力并不强。

够"传统"，不"时代"。乡村产业大多是靠"传帮带"方式传承下来的，子承父业，或者师傅带徒弟，一代传一代，尤其是一些传统手工艺和传统的食品加工业。当然，相当一部分加工工艺，没有啥秘密可言，往往是一个区域内家家户户都掌握的技术。显然，这样的产品，溢价能力是十分有限的。有些地方政府会包装，通过非遗申报等方式，凸显地方工艺独特的历史文化价值，并最终提升了产品的定价。即使如此，非遗最终给一个地方带来"产业兴旺"的，也一样是少之又少。

有乡愁，少特色。这些年很多地方大力整治乡村人居环境，提升村容村貌，并出台政策，发展了一大批包括民宿和农家乐在内的乡村旅游业态。表面上看，到处都是"望得见山、看得见水、记得住乡愁"。但是，面对绿水青山也会有"审美疲劳"的时候，所谓的乡村度假产品，普遍停留在低水平的同质化层次上，恶性竞争，难以持续。新冠疫情更是给这些低水平同质化的乡村产业带来致命一击，估计远超过半数处于亏损与倒闭的边缘。

假定"乡村衰退源于乡村传统产业衰落"的因果关系是成立的，那我们又如何帮助乡村传统产业摆脱困境，进而找到突围之路呢？从火石品牌到乡立方，我们服务乡村已经走过了 20 年。在前 15 年的探索中，我们更多是通过制定"品牌战略"，帮助乡村产业走上品牌化、标准化、商品化、网货化的新路，从而提升其价值。但复盘数百个服务案例，我们不难发现，并非所有项目都实现了预定目标，不少品牌化项目停留在文本层面，品牌战略确定之日，项目就搁置下来了，并没有带来"富民强县"的效应。导致这一困局的，并不是"品牌战略"本身，而是产业本身，需要"再造"，需要"提升"，甚至来一场"革命"。所以，最近五六年，我们不断试错，持续迭代各类振兴之道，直到找到以"产业设计"为核心的全域乡村振兴顶层设计方法论。

2023 年中央一号文件有关推动乡村产业高质量发展的内容有四个部分：

（十七）做大做强农产品加工流通业。实施农产品加工业提升行动，支持家庭农场、农民合作社和中小微企业等发展农产品产地初加工，引导大型农业企业发展农产品精深加工。引导农产品加工企业向产地下沉、向园区集中，在粮食和重要农产品主产区统筹布局建设农产品加工产业园。完善农产品流通骨干网络，改造提升产地、集散地、销地批发市场，布局建设一批城郊大仓基地。支持建设产地冷链集配中心。统筹疫情防控和农产品市场供应，确保农产品物流畅通。

（十八）加快发展现代乡村服务业。全面推进县域商业体系建设。加快完善县乡村电子商务和快递物流配送体系，建设县域集采集配中心，推动农村客货邮融合发展，大力发展共同配送、即时零售等新模式，推动冷链物流服务网络向乡村下沉。发展乡村餐饮购物、文化体育、旅游休闲、养老托幼、信息中介等生活服务。鼓励有条件的地区开展新能源汽车和绿色智能家电下乡。

（十九）培育乡村新产业新业态。继续支持创建农业产业强镇、现代农业产业园、优势特色产业集群。支持国家农村产业融合发展示范园建设。深入推进农业现代化示范区建设。实施文化产业赋能乡村振兴计划。实施乡村休闲旅游精品工程，推动乡村民宿提质升级。深入实施"数商兴农"和"互联网+"农产品出村进城工程，鼓励发展农产品电商直采、定制生产等模式，建设农副产品直播电商基地。提升净菜、中央厨房等产业标准化和规范化水平。培育发展预制菜产业。

（二十）培育壮大县域富民产业。完善县乡村产业空间布局，提升县城产业承载和配套服务功能，增强重点镇集聚功能。实施"一县一业"强县富民工程。引导劳动密集型产业向中西部地区、向县域梯度转移，支持大中城市在周边县域布局关联产业和配套企业。支持国家级高新区、经开区、农高区托管联办县域产业园区。

这是官方的权威政策导向，我想用自己的话语体系和思维方式，来做以下的解读——

第一，以"未来产业"帮助乡村"重构价值、发现机会"。

毫无疑问，乡村如果停留在传统的种养业上，是很难有突围机会的，乡村需要打造一系列"未来产业"。那什么是乡村的"未来产业"呢？我是这样定义的：一是乡村要盯牢"95后""00后"这一批主力消费者群体，必须围绕他们的生产生活需要布局乡村产业，这一群体将在今后很长一段时间是很多行业、业态的关键客户，在乡村中也不例外。二是要用科技去为乡村产业装上"内核"，至少在特定区域内，拥有产品、行业或者产业的独特竞争力，而不是司空见惯的大路货、大通货。三是用城乡融合的方式，将城市业态与模式植入乡村，实现城乡一体化的消费与服务，推动更多城市人下乡消费。就是要通过未来产业的打造，进行乡村资源的价值重构，也帮助更多人在乡村发现机会。

第二，强化科技内核，以价值链倒逼产业链。

大宗农产品有"稳产保供"的政治责任，这自然为大农业区乡村产业明确了发展方向，就是要通过高标准农田的建设、科技和装备的强化，实现农业和乡村的现代化。但对于更多地区而言，一样不能满足于自给自足的生产方式，而是要着力强化科技内核，在一二三产业融合发展上找到价值突破口，从而重塑产业链。这句话怎么理解？以茶叶为例，很多地方在一产上根本不赚钱，我们就需要思考，二产深加工有无突围可能，三产体验能否提升价值。这几年，很多茶食品、茶饮料的成功研发，以及新式茶饮店在一线城市的爆红，都提示我们"提升价值链、拉长产业链"的确是乡村产业高质量发展的重要方向。广东新会的陈皮产业得到了迅猛发展，围绕这"一张皮"，当地深加工企业多达上千家，深加工产品多达160多款，2022年实现了190多亿元的产值。

第三，以城市消费者需求为导向，重新定义乡村产业。

乡村产业就得围绕城市消费者，尤其是在"消费半径"内的城市消费者来发展。这句话怎么理解？乡村产业必须紧紧锁定城市消费者，将其作为目标客户，而非乡村消费者。乡村缺人，不只缺劳动力，更缺消费者。真正有消费规模与消费实力的，都在城市。所以，要吸引得了城市消费者，还能留得住他们，甚至让他们愿意多次消费，让乡村不只是"打卡地"，更是"目的地"，这是一切乡村产业发展的出发点。

第四，乡村产业贵在"星火燎原"，而非"贪大求强"。

乡村干部在招商引资时，一定要避免"贪大求强"的功利主义和短期政绩驱动。乡村的小产业、小业态虽然不能与城市的工业经济规模相媲美，但在解决乡村脱贫致富、就地为乡村创造创业就业机会方面，具有得天独厚的优势。政府要主动为乡村的小工坊、小工艺、小美食提供更多激励政策和扶持措施，而不是光盯着大项目、大工业。

第五，乡贤回归，是乡村产业兴旺的基础保障。

旅乡人是当下推动乡村产业发展的重要力量。但是，回归的乡贤，作为"归乡人"，才是乡村产业兴旺的基础保障。有地缘、血缘和亲缘，有对家乡和故里的眷恋，决定了他们参与乡村产业会有更深厚的情怀与责任。随着更多城市基础设施的完善，现在城市的就业、创业空间越来越小，很多人愿意返乡寻找商机，地方政府要善于引导，做好政策激励。

这300多个区域公用品牌有推倒重来的必要吗

所谓区域公用品牌，是指在一个具有特定自然生态环境、历史人文环境的明确生产区域内，由政府授权，由特定社会组织所有，由若干农业生产经营主体共同使用的农产品品牌。品牌名称由产地名和产品名构成，产地多为县级或者地级市，产品以国家地理标识认定产品为多。

这几年，区域公用品牌打造热火朝天。在这一方面，乡立方有自豪的资本。自火石品牌策划创建以来的20年间，乡立方先后服务和打造了300多个农产品区域公用品牌、300多个品牌乡村、300多个农业企业品牌，一直是国内这一领域的头部服务机构。其中，有些做成了全国的典型，更多的成了省级样板，比如"萧山未来大地"横一村、"梦开始的地方"下姜村、"妇女能顶半边天"发源地千鹤村、建德稻香小镇以及早些年的丽水山耕等。更值得一提的是，乡立方还跨境打造了老挝的国家品牌"Land Lao"，"一粒有信仰的米"成为老挝对外交往的国礼。

300多个区域品牌创意设计
(部分案例展示)

300多个美丽乡村品牌打造
(部分案例展示)

图/乡立方（火石）服务过的部分品牌展示

但是，关起门来复盘时，乡立方核心团队并没有沾沾自喜，而是时刻充满了危机感。"回头看看前些年做的案例，不好看，不敢看——这些难道是我们的作品？"在内部工作会议上，我不止一次听到核心成员的类似反思。按创始人宋小春的说法，"早在2015年前后，我们就不局限于单一的品牌设计，开始率先涉足品牌乡村领域，足足比别人早走了五年。要是当初满足于简单的描描画画，可能我们早就倒闭消失了"。

正视不足，相互找茬，不断迭代——乡立方团队一直保持着这样的工作状态。前段时间，一个项目负责人在处理一个项目时沿用了两三年前的老方法，与客户沟通后效果不是很理想。事后，宋小春亲自操刀，将一切推倒重来，重新赢得了客户的信任。他说："这个时代在变化，政策环境大不同，审美情趣也不一样，技术模式不断创新，我们靠吃老本是走不下去的，要勇于否定自己，不按套路出牌，乡立方人就是要见路不走。"

区域公用品牌打造热潮还在持续。农业农村部新近出台的《支持脱贫地区打造区域公用品牌实施方案（2023—2025年）》就提到，到2025年，脱贫地区品牌打造能力明显提升，品牌产品市场占有率、溢价能力明显提高，品牌引领提升产业质量效益和竞争力作用明显加强，塑强50个质量过硬、特色鲜明、带动力强的精品区域公用品牌，打造200个具有一定知名度和影响力的地域性区域公用品牌，带动培育300个具有市场竞争力的核心授权企业品牌和600个特色优质农产品品牌，推动建设一批质量水平高、供给能力强的农产品原料基地品牌。

该方案为区域公用品牌的建设提出了以下重点任务：壮大主导产业，推动全产业链升级；提升供给质量，夯实品牌发展根基；强化市场跟踪，做好品牌战略布局；壮大品牌主体，提高品牌建设运营能力；开展品牌帮扶，强化样板示范带动；加强宣展推广，提高品牌认知度美誉度；支持渠道拓展，实现品牌营销增效；强化品牌管理，促进品牌健康发展。我认为，用一句话来总结，就是要通过地方政府和行业协会的背书，以全品类或单一产业的公用品牌，助力区域经济的高质量发展和共同富裕机制的建设。

但是，区域公用品牌几年打造下来，虽然每年都有不少歌功颂德的报告与价值排行榜出台，但若从市场表现来看，相应的成果似乎并不乐观。现实中，我们看到的更多案例，如一阵风刮过后不留痕迹——品牌"设计"好，搞上一场热热闹闹的发布会，之后便偃旗息鼓，悄无声息。

这一两年，每当我与乡立方团队的核心成员们在一起时，或多或少都会聊起此类话题。我曾向大家提了一个"破坏性"的提议：能否将我们做得不算成功的品牌案例理一理，看究竟失败在什么地方？这或许是在给乡立方"挖坑"，但我坚信这既然是"看家本领"，我们就有敢挖、能填的勇气和方法。在组建乡立方平台前，我带着上山下乡团队，也服务过国内数十个区域公用品牌的打造。平心而论（至少我个人认为），绝大多数的品牌打造谈不上成功。乡立方与火石团队服务过的案例更多,一定会遇到更多类似的问题与困惑。包括国内其他的品牌专家在内,在诸多的案例合作中,总有些自己觉得无能为力、力不从心的时候。站在品牌战略之巅,指点江山之余,谁都难免有些孤独感与空虚感。

不管别人是怎么想的,但这的确是我的真实感受。缺少产业思维与营销资源支撑,太多时候"为品牌而品牌",浮躁而又空洞的繁荣现象比比皆是。我们自身是吃"品牌饭"过来的,当然不能往自己都在喝的井水里吐痰。但我们必须反思、复盘、更新新业态、新经济和新技术浪潮中的品牌战略,就如乡立方团队不断引用的一个词"迭代"——区域公用品牌在社会经济高质量发展战略中,应该有什么样的新打法?又如何适应形势的需要,进一步赋能乡村振兴与共同富裕?

针对这个命题,宋小春很自信,他说自己是"积淀多年,胸有成竹"。他还特意在公司群里进一步回应说:"这几百个品牌,不是要推倒重来,但我们的确可以让服务升维。一是在提供全套品牌创意与设计的同时,要为当地打造一家品牌工厂。涉农品牌不能停留在一产上,而是要渗透到二产与三产,尤其是精深加工中,同时通过乡立方创新的合作机制,为当地老百姓带来更多收益,也为乡贤返乡创业提供机会。如果短期内没有人做,乡立方既然接了品牌战略咨询,就得把品牌工厂的大旗也扛起来。二是要提供品牌的数字营销解决方案,营销工作要在品牌战略中前置,一定要想明白产品要销往何处,消费者在哪里。三是追求三产融合,同时要打造体验场、消费场和传播场,将研学体验等引流业态植入进去。"

其实,在探讨的过程中,乡立方团队的创新努力已经初见成效。无论是在区域公用品牌的打造中,还是在品牌乡村的建设中,乡立方都开始将品牌打造、产业培育、业态引入以及数字营销,作为高质量发展的服务生态链紧紧结合在一起。乡立方这几年实践的威酱坊等产业,就是区域产业品牌工厂的雏形,经过三年多的摸索历练,在全国多地区成功复制。仅仅 2022 年这一年,乡立方在全国复制的威酱坊就达到了八家。我相信用不了多久,乡立方就能总结出一套完整的区域产业"品牌工厂模式"。从这个角度而言,或许真的可以将自己服务过的品牌项目重新做一次,也不辜负别人曾经的托付。

因此，不妨将这 300 多个区域公用品牌推倒再做一遍，这绝不是要否定我们的过去，而是为了更好地坚持创新、拥抱变化、走向未来。在 2023 年 4 月召开的首届中国乡村振兴品牌大会上，常山县委书记潘晓辉的经验介绍吸引了很多人。他说："品牌是农业竞争力的核心标志，是现代农业的重要引擎，更是乡村振兴的关键支撑。常山围绕'一切为了 U'城市品牌、'早上好'党建品牌、'五个一'产业品牌等精彩'出圈'，乡村振兴之路走得坚实有力，品牌带活一方产业、富裕一方农民、闯出一片市场，发挥出了强大的引领、示范和辐射作用。"的确，从"常山胡柚"这一区域农产品公用品牌出发，常山实际上构建了一套完整的品牌体系，包括城市品牌、党建品牌、产业品牌，全方面、系统化、矩阵式地打造当地社会经济高质量发展的"软实力"。

区域公用品牌打造，正在步入一个全新的时代。

乡村产业的"未来价值"究竟在哪里

　　来凤县是乡立方团队在湖北"整县推进"乡村振兴的第一个实践地。2022年 5 月，湖北来凤县委书记李伟带队来浙江考察，邀请乡立方团队参与"来凤藤茶"的区域公用品牌打造。但在座谈交流中，我提出了一个观点："为何要打造区域公用品牌？我们的初心是什么？如果不从产业振兴的高度去定位区域公用品牌，为打造而打造，最终的效果一定会打折。我们需要更系统地思考藤茶产业在来凤乡村发展中的潜力与价值，而不能停留在品牌战略形而上的层面。"或许这番话引起了李伟的共鸣，他当即表态说，这几年藤茶卖得好，群众积极性很高，有些乡镇开始上规模，但市场上鱼龙混杂，以次充好的也不少。为了不把来凤的牌子做砸了，政府有必要通过打造区域公用品牌，统一标准，提升品质，加强管理。但品牌打造只是一个小切入点，我们的最终目标，是要推动藤茶产业的高质量发展，使其成为富民强县的重要抓手。但具体到实际工作，我们的基层干部还是有着很多难点与疑点，不知道创新方向与突破口究竟在哪里。

　　受李伟书记的邀请，我们很快组织了一支调研团队专程去了一趟来凤。来凤县委县政府高度重视我们的这次来访，在短短两天时间里，密集安排了八个乡镇的重点村落与典型产业的调研，其间举行了多次座谈会。县委书记李伟、县长张作明、县委副书记安生永、县委办主任张冠华、副县长杨锚和向峰等参加了调研或者座谈。当然，我们不是"空手而来"的，基于调研获取的资讯与乡立方的方法论，在经过两天一夜的"头脑风暴"后，就初步提出了一系列乡村振兴"来凤路径"清单。李伟在听完汇报后表态，乡立方的相关提议极具启发性，针对性强，"很震撼、很期待"，希望乡立方尽快形成深度报告，精心设计，为来凤乡村振兴提供工作清单、进度安排，助力来凤打破产业发展同质化瓶颈。

对于这个鄂西的山区县，我们来之前的心理预期并不高，甚至打算以礼节性回访的方式走个过场。但几天的调研，给了我们几个"想不到"：想不到来凤有这么好的产业基础，想不到来凤有这么好的自然文化资源，想不到来凤干部对乡村工作的热情这么高，为做好乡村产业铆足了劲。原本只是一个区域公用品牌打造的委托，至此"放大"成了对来凤乡村振兴"整县推进"的顶层设计。

在对来凤有了初认知之后，以我们丰富的实践经验，再加上我们自有的业态和技术储备，我们产生了如同发现"金矿"般的惊喜。在乡立方内部，我一直倡导这么几个观点：一是未来乡村一定要有未来产业，唯有产业兴旺了，乡村的发展才有保障，不能一哄而上都去搞所谓的乡村农文旅；二是乡村产业一定得以食品科技为支撑，走一二三产业融合发展的路子，而不能停留在初级农产品阶段，仅仅只有一产，溢价能力是很难建立起来的；三是乡村产业一定要有"未来属性"——能瞄准未来市场与消费者的刚需和痛点，尤其是针对"95后""00后"等新消费者群体里的主力军，打通迎合他们消费心理与消费习惯的新零售渠道。

来凤振兴藤茶产业的期待，给了乡立方团队去验证这些方法论的无限想象空间。为了更好地说明其中的逻辑，我们先来摆摆调研中发现的问题。来凤的乡村产业有很好的基础，但产业现状是只解决了脱贫攻坚的历史任务，还没有实现与乡村振兴的有效衔接。从二十多个考察参观点的情况来看，品牌力尚未形成，市场知名度也很低，溢价能力更是不足。就如李伟书记在交流中反复提及的，这些年乡村产业项目与乡村建设搞了不少，但大多数重建设轻运营，现在看来"不赚钱"就是大问题，就不可能可持续发展，所以必须解决来凤乡村产业"不赚钱"的问题，这也是乡村振兴产业兴旺的核心问题。

不妨先来看看我们调研中的一些案例：

——仙佛寺是位于酉水河边的一座古寺，内有始凿于东晋咸康元年（公元335年）的石窟。这是两湖地区现存唯一的大型摩崖石窟，代表了两湖地区石刻艺术的最高水平，具有很高的历史、科学和艺术价值。早在2006年，国务院就将其列为第六批全国重点文物保护单位。按理说，它完全可以成为当地旅游的拳头产品，将周边的乡村带旺带火。但如今，这个地标式文旅产品的价值还远远没有被挖掘和传播。

——杨梅古寨是当地政府一直投入重金打造的乡村旅游区。由于古寨有很多杨梅古树，其中最古老的已经有1200年了，吸引了周围几百千米的游客来观瞻，不折不扣已成了一个网红"打卡点"。当地的杨梅种植面积也有几千亩，小有规模，原住民以土家族为主，民居风格也很有特点。问题是，一方面杨梅树以传统的老品种为主，杨梅颗粒小，味道偏酸，老百姓以卖鲜果为主，兼顾卖一些土法泡制的杨梅酒，获利能力不强。从旅游角度来看，这里成了一个"走过路过"的地方，很难把人留住。

——来凤县高度重视藤茶产业，这是当地农产品的一张"金名片"。很多乡镇都在种植藤茶，很多从事这一产业链的机构也赚到了钱。当地农业农村局的领导告诉我们："藤茶当年扦插，当年就有收益，可以连收八年，这在农产品里是很少见的。来凤藤茶黄酮含量最高，远超周边地区，所以也不愁卖。"问题是，藤茶再好，茶农每亩的收益也就五六千元。另外，藤茶具有突出的中医康养价值，目前以"原叶茶"的方式在卖，虽然也有藤茶牙膏、面膜等新产品面市，但远远没有培育出一个深加工产业集群。

——来凤姜、来凤油茶等品种在当地也有相当的种植规模，但我们走访完发现，精深加工的业态还只是处于萌芽状态，与同行对比一下，特别是与安徽的铜陵白姜、湖南的油茶产业对比起来，来凤姜、来凤油茶在品牌化、商品化以及标准化建设上，差距还很大。

——我们欣喜地看到当地有"农园"与"梅园"这样的"打卡地"，这可能也是目前来凤拿得出手的样板工程。我们甚至也提出"未来农业学农园"的建议，但问题是，学什么？如果只是一个田园综合体，好看是好看，如何留得住人，如何让参观者"喜欢"甚至"佩服"？梅园花开时，据说能涌进十六万人，周边看花人的车辆会将整个镇区的道路都"挤爆"。但花期之后呢？一年这么长时间，总不能就靠花期的这半个月吧？

——在大河镇，我们还看到了大片的茶田。我们在现场同镇领导一起算了一笔账：在杭州龙井茶产区，拥有几亩茶园的家庭，每年的收入可能有几十万元。虽然恩施的富硒绿茶品质很高，但价格可能只是西湖龙井的几十分之一。这里面有品牌因素，也一定有观念因素。"硬碰硬"地同知名品牌茶叶竞争，来凤的绿茶肯定占不到任何便宜，那么出路又在哪里呢？

——在革勒车镇，镇委书记非常自豪地带我们参观了镇里的老街，还有刚刚批下专项债的园区项目，但他同时又不无忧虑地说："镇里现在不差建设的钱，项目方向似乎也很好，但怎么运营才能确保持续发展下去？"是的，这个几万人的小镇，平时常住的人口可能也就几千人，没有很好的"流量运营"，任何业态恐怕都是很难"活"下去的。

干部有干劲，产业有基础，这是我们对来凤的初印象。但深入分析，来凤的乡村产业如何实现李伟书记所说的"有钱赚"，成就一批拥有"未来价值"的可持续发展产业集群呢？这恐怕是来凤乡村产业兴旺的首要课题，更是当前全国层面诸多乡村需要破解的产业振兴难题。

在调研结束前的座谈会上，我为来凤县委县政府提了这么几条建议——

一是系统推进来凤县品牌战略，不只是"来凤藤茶"需要打造，当地颇有产业基础的"来凤凤头姜""来凤油茶"等地标产品，也必须强化品牌意识，形成"1+N"的品牌矩阵，通过政府背书，组建相关行业协会，彻底解决"小而散"的问题，集中资源与力量打市场。与此同时，要花力气解决相关产品与产业的标准化建设问题。这一方面，浙江的"丽水山耕"已经提供了丰富的对标经验，需要来凤县委县政府下决心，并且持续地将品牌战略作为"政治资产"传承下去，一任接着一任干。

二是联合相关科研单位与高校的专家，狠抓食品科技工作，特别需要在"全株开发利用"上，将藤茶、绿茶、油茶等的研发工作做到位，为相关产业提供足够的技术支撑和产业后续发展的空间。至少藤茶这个品种,可以考虑成立"来凤藤茶应用技术研究院"等机构,抢占这个产业的国内科研高地。

三是打造一个"来凤农业品牌工厂集聚区",将本地有特色的凤头姜、豆腐、腊肉等产品都往"品牌工厂"方向引导,使其可体验、可消费、可传播。这样做,既是"运营前置"的考虑,也是顺应国家推动预制菜产业发展的主动作为。当然,所有的工作,都要将落脚点放在"共同富裕"上,围绕农民收益的增长与集体资产的壮大,来谋划发展战略与要素供给。

三条建议得到了来凤县领导的积极响应,成为后续乡立方团队"整县推进"来凤全面振兴乡村工作的框架思路。我之所以有这些判断,是基于来凤的县情与乡村产业的发展大势。作为鄂西的典型山区县,来凤也是中西部地区最常见的农业县。面对产业兴旺的大考,来凤的答卷是否能得高分,最为关键的就是其涉农产业能否实现"未来价值"——如何以品牌化统领区域社会经济高质量发展战略?如何以科技化打造涉农产业的竞争内核?如何以价值链的细分拉长产业链?如何以数字化运营重新定位消费对象与消费半径?如何以共富化的机制创造城乡融合的美好未来?这五问,何尝不是中西部地区的振兴难题!

就在我们与来凤政府往来一周年之际,来凤"1+N"的品牌战略迈出了可喜的第一步!"来凤西味"作为总品牌确定了下来——西山西水有滋味,以土家族的传统文化、来凤母亲河酉水河为 IP 的基本元素,覆盖了藤茶、凤头姜、金丝桐油、蜂蜜等当地极具人情味、文化味、民俗味的特色产业,呈现出其独特的生态价值、经济价值和美学价值。下一步,这个总品牌还可以延展到当地的乡村文旅领域,推动来凤乡村的全面振兴。更多的"整县推进"项目也在紧锣密鼓推进中,尤其是围绕着来凤藤茶产业的高质量发展,我们策划了一系列新的业态,在拉长产业链的同时,将产业与乡村发展、村民共富紧紧结合在一起。

图/"来凤酉味"策划效果图

　　来凤"未来产业"的这些探索，一定能引领更多中西部地区产业振兴的未来。

当心，别让民宿产业掉进"情怀陷阱"

最近到乡村调研，我发现这么一个突出现象：各地政府在推动乡村振兴战略落地的过程中，高度重视民宿经济的发展，甚至将民宿视为关键抓手，拿出乡村最好的房屋与土地资源，千方百计发动当地乡贤等社会资本进入。这种现象的出现，客观上说，同浙江大力发展民宿产业的经验有关，全国各地的人到浙江来学习乡村振兴，民宿经济自然也成了研学、游学的重要内容，中西部地区要比学赶超，这类产业自然也是不可或缺的。主观上说，现在各地乡镇招商引资很困难，民宿经济相对来说投入不大，进入门槛低，是比较容易出成果、见成效的领域。

在乡村振兴战略推动下，可以预期"民宿热"还会持续升温，尤其是中西部地区。从美丽乡村走向美丽经济，民宿作为乡村产业的重要抓手之一，有其合理性，乡村如果没有"留住人"的业态，再大的流量，也转化不成"留量"。所以，乡村大力发展民宿，在战略方向上并不是问题。

但我们在调研中，却发现民宿产业规划者普遍存在这么几个认知上的误区：

一是将民宿产业看"大"了，将其完全等同于乡村旅游和乡村产业新发展。认为只要民宿发展起来了，乡村旅游就能带动起来，也能推动本地农产品的流通，本地农民就有条件通过就业或者出租房屋、土地而实现增收目标。

二是将民宿产业看"高"了，以为民宿就是乡村度假酒店，拼设计，拼装修，至少在硬件上够"硬"，甚至向城市五星级高档酒店靠拢。

三是将民宿产业看"简单"了，将所在地的农民视为责任主体，通过出台政策，鼓励农民利用自己的房屋与土地来发展民宿。

为何我认为这三条是"误区"呢？很简单，乡村旅游，可以是以田园风光或者绿水青山生态景观为特色的观光，也可以是以采摘、垂钓等为特色的农庄旅游，还可以是传播传统文化、突出民俗风情的乡土文化盛宴，或者干脆就是以康养度假为主题的乡村康养旅游——它所涵盖的内容，涉及吃喝玩乐娱购游，绝不是民宿业态能够支撑起来的。同时，单个民宿可能在硬件上媲美五星级酒店，但它的配套设施与服务水平，无论如何很难达到星级酒店的标准化程度，这既有成本的约束，更受运营水平的限制。农民自己搞民宿，能够增加财产性收益，这对增收是有帮助的。但农民自身投资的民宿，大多存在低水平的同质化，普遍存在价格的恶性竞争，可持续发展的能力不足。

说心里话，在各地看民宿，看得越多，我就越觉得不安——

某乡贤通过正常土地招拍挂（招标、拍卖和挂牌），在老家村里拿下二十亩建设用地，用来建民宿。偌大一个院子，有会议中心、餐厅、茶饮空间，但真正用于住宿的只有八间房不到十五个床位。

某县将辖区内的一个古村落作为"民宿村"来规划，但除了房子古旧一些，该村的生态资源与产业基础都很薄弱，更尴尬的是，实在找不出让人"来住一晚"的理由！

某央企以帮扶的方式，砸了几亿元重金修复了某古村落。在其规划的业态中，拥有十几间房的民宿被寄予厚望。但问起总体投入产出如何平衡时，其负责人自己也在摇头苦笑。

我们从源头开始找找问题，先来研究一下浙江民宿产业的现状。

全国乡村振兴学浙江，而浙江乡村振兴的一个突出成果，就是多年实施"千万工程"后民宿产业的崛起。据统计，浙江省共有两万多家民宿，总床位突破30万张，床位1000张以上的就有30多个村，带动就业近20万人。这个数字很可观，尤其是在德清、临安、桐庐、安吉、松阳、象山、温岭等地，民宿已经成为当地农民增收致富的支柱业态。但是，数字也暴露出浙江民宿产业"野蛮成长"后的突出问题：据业内人士透露，浙江民宿真正赚钱的只有二成多，半数以上的民宿处于亏本状态，这还是新冠疫情暴发之前的数据。如果考虑到三年的疫情，很多民宿经营惨不忍睹，事实上已经濒临关门倒闭状态。

民宿并没有想象中那么好玩！浙江德清的莫干山民宿集群，算是国内民宿产业的引领者，也是国内民宿产业的发展高地。作为相对成功的样板，德清发展民宿其实有其独特的优势。

图/莫干山大仙潭：看见乡村的未来

其一，旅游业配套的优势，有人流。依托莫干山风景区，德清以康体健身和民国体验发展主题构建了全域旅游产业。当地有自行车赛事、山地越野、登山等活动，布局有乡村酒吧、咖啡馆以及博物馆、VR体验馆等文化休闲业态。

其二，文创产业的厚积薄发，有货卖。当地先后建设了莫干山庾村1932文创园、1936蚕种场文化集镇，将本地的特色竹艺、蚕丝以及其他高品质的有机农产品"文创化"。借助国际性电影节以及 Discovery Adventures Moganshan Park（莫干山探索极限基地）的展销平台，德清的乡村产业与文创产业都得以走上"品牌化"的道路。

其三，标准化的先行优势，有规则。早在 2015 年，德清就出台了《乡村民宿服务质量等级划分与评定》，以精品民宿、优品民宿和标准民宿三类划分，实施政府与民间机构的共同管理。同时出台《德清县民宿管理办法》，加强了民宿在消防、污染、安全防护、接待设施等方面的规划和引导。

显然，中西部大多数地区并不拥有德清发展民宿的这些条件。所谓"外行看热闹、内行看门道"，这些年很多中西部地区的领导到德清等地考察调研后，回去就大搞民宿，却忘记了自身在引流、产业配套、政策引领等环节上的缺陷。事实上，包括德清在内的民宿产业，现在也一样遇到不少运营上的问题。民宿只是提供吃和住的服务，一定会出现"内卷"，导致同质化低水平恶性竞争的发生，最终的结果，一定是价格的恶性竞争导致服务品质的下降。这一点，我从德清县副县长王振权那里找到了答案。他就认为：虽然全国各地的人到德清学民宿，但我们却很有危机感。德清民宿虽然起步早，走在前列，但现在一样面临着如何"再出发"的新需求。一方面，如何做出特色，做出个性，避开低水平的同质化竞争？另一方面，如何导入新产业，让民宿成为服务产业的配套条件，从而创造更好的叠加效应？

所以说，脱离当地的产业、文化和政策引导，为民宿而民宿，一定是走不长、走不远的。民宿可以成为助力乡村产业兴旺的切入点，但它需要有更高的站位：

——民宿需要同一个地方的山水、田园、民居融为一体，需要整体统筹，与当地的特色种养业、地方特产、农耕文明相融合，从而找到独一无二的"魂"，也就是民宿的主题。民宿要成为当地产业的体验场、消费场和传播场，而不仅仅是一张床。

——民宿不能停留在星级酒店的标准化路线上，而是要围绕着一个地方的非遗工艺、农事节庆、民风民俗，打造属于自己的装饰个性与文化品位，就是要以差异化、个性化立足。

——民宿要成为共同富裕机制的连接点，而不只是社会资本的投机风口。中西部地区很多正在打造的民宿是当地的招商成果，大多是社会资本在投资建设，与农民基本没有关系。这些民宿的选址，往往又在乡村里最优质的地段。我们希望其运营成功，为当地带来实实在在的流量与"留量"。但万一运营不当，陷入经营困境，就会出现多方共损的局面。

要达到这三条不容易。所以，我对中西部地区当前热衷的"民宿热"要泼泼冷水——地方干部不要头脑发热，在没有想明白之前盲目招商搞民宿，否则乡村不见得能振兴起来，搞不好还把乡村最好的资源毁掉了。社会资本包括返乡创业的乡贤，也要想明白自己的初心在哪里。如果借机为自己造个房子用于晚年养老，那无可厚非；如果是为了长远经营，那得看明白民宿产业里的那些"坑"，没有特色、没有配套产业、没有当地的政策要素供给，民宿终将就是一个"情怀陷阱"，绝对成不了一桩好生意。

当下，浙江莫干山、千岛湖、安吉等地，正在提倡将"数字游民"与民宿经济结合的模式，这就是一种很有意义的创新。所谓"数字游民"，是一群告别了朝九晚五的坐班，靠着互联网走天下的新职场人，他们或远程办公，或从事自由职业，也可能正在自主创业。有调查报告显示，2022 年全球已经有 3500万名"数字游民"，到 2035 年，这一群体将超过 10 亿人。这一群体喜欢旅居于一些自然风光秀丽、交通便利、生活成本低的地方。显然，这类地方往往适合发展民宿。这两者的结合，不只让民宿投资与运营者的情怀得以落地，也为"数字游民"们的情怀找到了释放的空间。这种模式的背后，实际上是将民宿作为配套，变相地引进了人才与产业。

创新无所不在，民宿这一领域也是如此。

重新定义农产品：乡村产业振兴必须突围的下一站

　　2023 年以来，浙江常山的农产品"火出圈"了——以当地胡柚为主要原料的双柚汁一夜爆红，成为江浙一带年轻人健康饮品的标配。有多火呢？用数据来说话：常山胡柚从没有人吃，到种植超十万亩、产量超十万吨、从业人员超十万人，只用了短短几年时间。按现在的增速，"十四五"末，常山胡柚相关产业的总产值将突破百亿元规模。

图/常山柚香谷双柚汁

常山胡柚是药食同源产品，但因口感微苦，过去无人问津。如何让这一有种植传统的产品发挥出它应有的价值来呢？常山县政府为此制定了《2020—2022年胡柚高质量发展计划》，其核心有几条：一是引种日本的香柚，香柚与胡柚调和成"双柚汁"，双柚合璧，减轻胡柚偏苦的口感；二是按照"饮、食、健、美、药、香、料、茶"八个方向，加大深加工力度；三是发展胡柚特色旅游产业，从"卖水果"转变为"卖风景"，建成一条全长15.3千米的胡柚景观大道，沿线布局休闲观光、民宿、漂流、采摘等乡村游业态。让地方政府也始料不及的是，围绕胡柚的一二三产业几乎全线爆红，给当地的乡村振兴、共同富裕铺就了一条康庄大道。

常山胡柚"蝶变"的经验在哪里？如果用一句话来概括，就是重新定义了农产品！常山让胡柚从一产走向了一二三产业融合发展，特别是以科技赋予二产以强大的竞争内核，大大拉长了产业链，并精准地提升了价值链。过去一个新鲜的胡柚，可能卖不到五毛钱，通过深加工后，溢价能力在十倍以上。事实上，国内大多数农产品都停留在一产阶段，做得好些的地方，也就是多了些粗加工，最终还是以初级农产品的方式进入市场。胡柚产品能重新定义，其他农产品是否可以学习胡柚的经验呢？

在铁哥（张铁成，云集创始人之一）看来，胡柚能这么做，很多农产品都可以这么做。为此，早在2020年3月，他就特意组建"星探桔"机构专门来干这件事。他坚信："运用互联网的思维与方法，帮助区域特色农产品进行深加工，创品牌，打爆款，可以大大增加其市场竞争力，提升溢价能力。"这几年，星探桔先后打造了"天目山宝""萧山本味""一份常礼"等多个区域公用品牌，让临安小红薯、萧山萝卜干、常山胡柚膏等单品"卖爆了"。

铁哥是一个十来年的电商老兵，早就习惯于"买买买""卖卖卖"的商业模式。对于他深度介入农产品的深加工，我一开始多少是有点惊讶的。乡立方旗下的火石团队，这些年已经服务了国内300多个区域公用品牌，所以内部经常将这类智力输出服务视为不是很容易做的"红海市场"。针对我的疑惑，铁哥这样解释了他的商业逻辑："其实，每一个区域特色农产品都值得再'做'一遍。当下新零售与老农业不匹配，新消费与老产品也不匹配。我们就是要做一群寻找并培育农产品新明星的星探。"

我们不妨再深一层剖析一下星探桔的"新打法"：

——以销售前置的方式打造区域公用品牌。在区域公用品牌打造前，先针对品种、品类做好销售前置。换句话说，你把品牌创建的业务给我，我给你销售兜底承诺，甚至不排除适度的业绩对赌。这一招，其实"杀伤力"很强，绝大多数品牌战略咨询机构都很难直接与销售挂钩，至多是提出一些营销策略建议，而不是自己"赤膊上阵"。而销售前置，才真正契合了品牌打造的本义。

——以食品科技为基础的精深加工确保核心竞争力与溢价能力。初级农产品业务，尤其是生鲜业务，尽可能交由第三方来运营，星探桔组织食品科技的研发力量，重点针对单品类做精深加工，将其做成爆款，同时提高其溢价能力。铁哥特意举了一个常山胡柚的案例，他们与江中集团联合推出了"胡柚膏"，避开了惨烈的生鲜市场竞争，独辟蹊径，创造了这一品类独特的价值。

——以数字化赋能实现全程的高效率运作。因为有多年的电商平台运作经验，星探桔在前期选品、供应链建设、整合营销等方面实现了"全链数字化"运作，从而有效控制成本、实现用户的精准画像描绘和营销渠道的适时开发。毫无疑问，多年的电商平台操盘经验，是做好这项工作的基本功。

为农产品重新下定义，其实一直是乡立方乡村产业振兴的方法论。旗下的酱立方，就是要将全国各地的酱菜、腌菜，通过品牌打造、品类优化、品质提升，以"工坊"的方式，为全国各地的乡村振兴赋能。过去千岛湖地区家家户户做酱，酱是当地人司空见惯的小特产，卖不上价格。乡立方同地方政府联手，通过七大举措将其改头换面：产品改良研发、产品文化挖掘、产品体系构建、产品价值重塑、产品符号创意、工坊创意改造、网红传播引爆，推出了被誉为"千岛湖人的待客之道"的"威酱"。现在这瓶威酱通过委托生产、加工和包销的方式，建立共同富裕的机制，带旺了当地四个"威酱村"。显然，此酱非彼酱，这款小特产已经被重新定义。威酱的经验，迅速复制到全国，仅仅2022年，乡立方旗下的酱坊就开出了八家，都是所在地的"网红爆款"。

同星探桔比较起来，乡立方的方法论有所不同。乡立方旗下的酱立方，更侧重于建立共同富裕机制与全新的运营模式，而星探枯具有更突出的互联网营销 DNA。但两者有一个共识——通过打造优质农产品的品牌工厂，重新定义农产品！按铁哥的预言，随着乡村振兴战略的深入实施，我们将迎来乡村产业发展的"黄金十年"，因为重新定义农产品，是乡村产业振兴必须突围的"下一站"！

国内农村电商经过近十年的快速发展，县乡村三级物流体系建设、农产品商品化打造以及形形色色的电商通道，已经发生了翻天覆地的变化。但就农村电商服务业圈子来说，除了转身去做直播、新零售还活跃着的外，绝大多数机构、"大 V"都已偃旗息鼓，甚至有些还赔得血本无归，苦不堪言。即便是奔着生鲜风口拿了大把投资的微商、社区团购、社交电商，一度风光无限，但最终还能保持微笑的，恐怕也没有几家。究竟出了什么问题？

一是大多数涉农电商的商业模式，停留在初级产品的搬运上，说到底，就是从田间地头到餐桌，以不同的渠道与模式搬运而已。农产品相对附加值低，溢价能力弱，而物流成本高，损耗率又不低，经营风险也高。在这么一个因增值有限导致可分配利润十分有限的空间里，稍有不慎，就会面临经营危机。

二是忽略了农产品最佳的消费半径。我一直坚持一个观点，就是除了米面粮油等大宗农产品和一些大类果蔬外，80% 的农产品最佳消费半径不超过三五百千米。因为电商与物流行业的发展，将这个半径事实上放大了很多，但就商业规律本身而言，这里面有太多不合理、低效率的资源配置，它同样也会导致经营风险。根据最佳的消费半径，确定相关品种、品类的重点市场与优势客户群体分布，是有效营销的前提。

三是消费电商的"to C"特点，决定了消费者只接受相对高品质的产品，而相对低品质的产品，尤其是残次果，可能都要"消化"在田间地头。这就导致农民在一产领域的收益无法实现最大化，造成可观的浪费。特别是在一些大产区，这种浪费现象随处可见。

重新定义农产品，也是我们为乡村规划"未来产业"的重要基础。一个我们无法回避的问题是，如果未来产业里没有当地优质农产品的新出路，那就是本末倒置了。大家都在讲"望得见山、看得见水、记得住乡愁"，但乡村再美、再令人魂牵梦绕，都得有发展、有奔头。我们不能期望每一处乡村，都能招到富民强村的好项目，为当地带来创新创业的好机会，但围绕着当地的优质农产品做文章，千方百计拉长产业链，提升价值链，却是最基本的"发展机会"，它应该也必须是当地打响"产业兴旺"的第一炮。

这些年，乡立方虽然打造了数百个区域公用品牌，但并没有深入大多数品牌背后的产品供应链管理、精深加工和数字营销，这多少是一种遗憾。视觉的提升可能有立竿见影的效果，但其无法保证产业的可持续发展和价值的持续提升。因此，为地方优质农产品打造"品牌工厂"，从而重新定义农产品，已经成了乡村振兴工作的"关键"。按宋小春的说法，"乡立方已经形成了品牌乡村、乡村未来产业、乡村资产运营等系统方法论，为乡村探索了找魂、找钱、找人的方法与途径。但乡村优质农产品是乡村产业发展之根本，必须要有全新的突破。这个突破口一定不是停留在一产层面上，现在围绕着一产做的人不少，我们再挤进去，也创造不了什么新的价值。所以，我们需要在优质农产品的二三产化上做突围，就是要建'品牌工厂'，将品牌打造＋精深加工＋数字营销这条路走通"。

按照这个思路，乡立方正在湖北、宁夏、广东、江西、福建、浙江等地，与地方政府紧密合作，用共同富裕的机制，与当地农民、村集体一起组建混合所有制经营主体，全力打造一系列地方优质农产品的"品牌工厂"，涉及传统酱腌菜的提升，植物的全株开发以及智慧养蜂等诸多农村的"未来产业"，用精深加工的方式，重新定义农产品。

常山胡柚的今天，也是更多国内优质农产品需要走向的明天。

乡村产业振兴要大胆走"不同寻常路"

　　几乎所有涉农政策，尤其是近些年的中央一号文件，都必提"产业振兴"！

　　几乎所有领导出席乡村振兴的工作会议，都会强调"产业兴旺是解决农村一切问题的前提"！

　　几乎所有规划，都在顶层设计层面为乡村产业发展谋划无数种可能！

　　……

　　在乡村振兴领域，人人必提"产业"，这似乎成了一个常识。各级政府的工作报告中，各个主管部门下发的文件中，各路专家学者的著作中，还有各种高峰论坛上的高谈阔论中，"产业兴旺""产业振兴""产业创新"都是热词、焦点和必选题。但在私底下，产业又成了乡村振兴领域的一块最难啃的"硬骨头"。一位基层干部就曾私底下这般吐槽："上级领导做报告时头头是道，却不知道如何落地。所谓的专家指点起来一套又一套，投资与消费又在哪里？乡村缺资金、缺市场，产业在哪里？这不是喊喊口号就能解决的。"

　　这是非常普遍的现象。自乡村振兴战略实施以来，虽有"二十字方针"做大方向上的指引，但如何具体落地尤其是如何做到产业创新发展，对于更多乡村来说，是一个十分令人困惑但又不得不破解的难题。经过多年脱贫攻坚努力，各地具有发展潜力的乡村，基本上都搭就了基础框架。扶贫资金的支持，以及山海协作、东西部对口帮扶等，围绕着一产发展种养特色产业，为各地特别是国家扶贫工作重点县"植入"了一批产业。随着脱贫攻坚工作的深入，各地又通过品牌化、商品化、电商化的努力，进行消费帮扶，提高溢价，扩大销路，还有些地方往深加工延伸，实现了一二三产业融合发展。很多原本"三无"（无产业、无特色、无文化）的乡村，实现了天翻地覆的变化。到了乡村振兴阶段，乡村产业兴旺之路又该怎么走？

当下，要直接推动农村传统产业创造出更高效益，一定是有难度的。从乡立方的实践经验来看，更有实际操作空间的，无外乎深挖现代农业产业链增值空间，就是在生产、加工、储运、销售、品牌、体验、消费等诸多环节，从重产品到重品质，从重生产到重全链式发展，从重环节到重体系，推进一二三产业的深度融合。乡立方还提出了在产业深度融合的基础上，以乡村闲置的物理空间和资源为依托，把乡村打造为产业升级的体验场、消费场和传播场的"三场叠加"，尽一切可能，挖掘新的溢价机会，盘活乡村资源、重构乡村与农业价值。从具体实践来看，这些年乡立方通过大量探索，积累了很多成功经验，但这中间，难免也会有失败案例。说白了，不是所有传统的乡村产业通过"三产融合""三场叠加"都能兴旺的，从供给侧角度去分析，有些品种、品类或许先天不足，本来就是严重供过于求的，所谓的创新并不能带来溢价与增值的可能。

正是在这样的背景下，乡立方一直在反思当下乡村发展究竟有什么、缺什么、要什么。团队不再简单去承接美丽乡村、农文旅融合等业务，而是通过对几百个乡村服务结果的梳理，形成了以产业设计、运营设计、流量设计和模式设计等为核心内容的"立方设计"。乡立方的业务选择，有"两个凡是"：凡是规划设计院能做的，尽量不做；凡是规划设计院做不成的，必须做到。从 2020 年开始，全国各地政府都在战略高度为当地的乡村振兴做规划，也有一大堆机构涌入这个领域掘金。当别人都在"抢钱"时，乡立方团队却异常冷静：如果顶层设计最后做不到落地与交付，一定会推倒重来。乡村振兴战略要实施三十年，我们不需要去抢跑，更要注重体能与节奏，瞄准痛点与刚需，准备跑好马拉松。用创始人宋小春反复强调的一句话，就是"见路不走"，绝不做"好看不火"

的盆景项目。

所谓"见路不走",就是"不走寻常路"！

我们在浙江黄岩的探索，证明了"不走寻常路"的价值所在。2022年初，黄岩区委书记包顺富找到乡立方，委托我们就西部山区六乡两镇400多平方千米的乡村振兴做顶层设计。黄岩西部有一个大型水库，是台州主城区300万人的饮用水源。几十年来，环绕库区的乡镇因严格的生态保护，未能跟上黄岩东部的发展步伐，东西部出现了较大的发展不平衡。如何破局？在深入调研的基础上，我们聚焦于"生态"与"共富"这两个关键词：生态是红线，碰不得，既然如此，要做的产业，必须是"生态产业"；振兴的目标，是为了让西部的老百姓尤其是农民富起来，必须做"共富产业"，那么什么是"生态共富产业"呢？最终，我们为黄岩策划了一个"浙江东部中医芳疗康养产业聚集区"的总概念，简称为"浙东芳养谷"，目标是在保护生态和坚守18亿亩耕地红线的前提下，每个乡镇有花海（以食用、药用为主），有药田，有基于花海与药田的乡村康养度假产品，同时利用西部的花海与药田，在东部的工业园区布局二产精深加工，对乡村植物进行全株开发，提取精油、纯露等高价值原料，在条件具备的时候，往化妆品、保健品、食品和药品等方向延伸。2022年，以"浙东芳养谷"为核心的EOD（Ecology Oriented Development，生态环境导向的开发模式）项目成功获批，黄岩西部可以拿到20多亿元的融资额度，为下一步的发展进一步夯实了基础。

图/"浙东芳养谷"效果图

其实，在我们提出"浙东芳养谷"项目之后，争议声就没有断绝过：有人认为，黄岩不是国内花卉的主产地，甚至在中药材种植方面也没有优势，这应该是云南、新疆等地发展的项目；还有人认为，概念好是好，但搞精深加工和植物全株开发，需要大量的人才储备和技术基础，本地也不具备……随着项目的一步步落地，当地干部的疑虑也渐渐消除：黄岩虽然不是花卉与药材的主产地，但甬台温地区一向是华东地区中医芳疗康养产业的主要消费者来源地，贴近市场与消费者，本来也是产业发展的优势所在。黄岩在装备、模具和精细化工等传统产业上有基础，这些新兴产业的培育，恰恰可以为传统产业转型升级提供方向，特别是围绕着《黄岩蜜桔产业高质量发展规划》的起草，蜜桔的花、叶、枝、皮都可以通过精油、纯露等的提取，利用"废物"为黄岩的日化产业提供源源不断的优质原料——原来还可以这么玩，以前都是想着如何让蜜桔怎么"更好吃"，现在可以让蜜桔做出一篇"更好用"的大文章！

更多的"不走寻常路"方案在乡立方内部酝酿——我们制订了一个"乡村未来产业燎原计划"，希望帮助更多"一无所有"的地方"无中生有"。当下全国各地的乡村产业存在种种局限，或品类的溢价空间有限，或受当地人消费习惯、消费水平的局限，或人才紧缺运营主体无力承接。如何为乡村输送一些创新产业，使其更符合这个时代的消费趋势？"无中生有"但有市场潜力的，甚至能够将城里人吸引到乡村来消费的新业态，正在成为各地乡村振兴顶层设计里的刚需。有了这种认知后，乡立方整合自身的资源与经验，迅速酝酿出了"渔立方""萌立方""酱立方""蜜立方""中香研"等五个创新产业集群。我们在充分挖掘乡村生态、文化和生活方式的特色与优势的基础上，对乡村产业进行精准定位，为乡村产业发展带来人才、资金、科技等优势要素的聚集。唯有如此，才有持续兴旺的可能。

我曾参加一次乡村振兴顶层设计的商务谈判，在讨价还价过程中，有领导直接向我提出疑问："从规划与策划角度来看，我总觉得乡立方的报价高了。"当时，我是这样回答的："我们今天讨论的，不是一项简单的策划或者规划。用乡立方的观点来说，是'立方设计'，涉及产业设计、运营设计、流量设计和模式设计。这些都是以落地为前提的观念、要素与行动资源的大整合，绝非纸上画画、墙上挂挂的策划与规划，以此来比价毫无意义，而需要比照产业发展的预期与乡村振兴的实际驱动。"我不知道自己的解释是否真说服了提问的领导，但至少他马上把关注点转向我们为当地所做的"产业设计"落实细则，不再讨论具体的报价了。最后，我们就是以乡立方的报价达成合作的。当效果整体呈现出来后，这位领导回应我说："一个好的顶层设计值多少钱，落地成效说明了一切。"是啊，建立在我们二十年如一日实践基础上的战略服务，本来就是"不走寻常路"，要以结果为导向来定价，而不能像菜市场买卖般"讨价还价"！

眼下，湖北、广东、浙江、陕西以及宁夏、江西等地，都在积极推进乡立方的"乡村未来产业燎原计划"。在做好"区域公用品牌"和"品牌乡村"这类传统业务的同时，乡立方将更多的资源投向了乡村的产业设计、培育与运营——没有未来产业，就不会有未来乡村！当然，这类产业设计走了一条品牌化、科技化、差异化的路子，引领并创造新的消费趋势，从而破解了乡村产业振兴的难题。

未来乡村需要更多未来产业，而未来产业的孵化与成长，一定要"不走寻常路"！

第3章

从流量到"留量"：振兴乡村需要"运营前置"

在本书第 1 章，我讲到了乡村振兴的第一件事是做好顶层设计，得找对乡村的"魂"。在第 2 章，我谈论的是如何解决乡村振兴最关键的产业振兴这一难题。那么有人要问了，如果一个乡村既找对了"魂"，又找准了产业方向，这个乡村是不是就能振兴了呢？答案依然是不一定的。

前面我打过比方，在乡村振兴工作上，政府不仅要搭台，还得当唱戏的主角，但是要注意，政府并不是唯一的主角。在顶层设计和产业方向这两方面，如果说有一个高瞻远瞩的政府领导班子，就能较好地把控的话，那么本章着重要谈的"运营"，可能是仅凭政府一己之力很难做好，或者说，主角得让贤给更合适的人来扮演的一个环节。政府更需要做的是设定好机制，选对合作方，找准运营团队。

运营好坏决定了一个项目能否持续性发展。随着乡村振兴的全面展开，各地也越来越意识到乡村运营的重要性，但同时也意识到了运营是块难啃的"硬骨头"。花钱建设并不难，建成后如何运营才是难题。第 13 节首先捋清"乡村运营"找个概念，纠正对于乡村运营理解的误区，然后再谈乡立方在乡村运营上的探索和经验。

在第 14 节，我们继续透过乡村运营的表面去看其本质。首先从"临安经验"来看乡村运营，乡村运营是否有"作业"可抄？其次，乡村运营的经济账怎么算？再次，乡村运营的人怎么找？最后，乡村运营的政策怎么定？

互联网时代，被称为"流量为王"的时代，对明星而言，流量意味着人气，对商家而言，流量意味着销量。一个乡村要想振兴也需要流量，流量高意味着来的人多，来的人多，村收入就有希望提高。但有时候，有一个现象却是流量不缺，游客引进来了，可当地资源还是不能盘活，百姓收入还是没有增加，这是为什么呢？第 15 节要讲的，就是从流量到"留量"的转化问题。从流量到"留量"，是关系到乡村发展的关键一步，是临门一脚。而第 16 节讲到的景德镇塔里茶宿集，就是把流量变为"留量"，吸引城市消费者留下来的一个成功案例。

时下大热的露营产业堪称乡村引流利器。但如同上一章我分析的"民宿热"，露营产业也可能是一个浪漫的"陷阱"，不是所有乡村都适合露营的。露营背后的经济账该怎么算，如何才能让露营真正成为乡村的"诗和远方"，第 17 节会告诉你。

我们考察乡村的时候，第一步往往都是了解乡村的资源。要振兴乡村，说到底，就是要盘活当地的存量资源。但不是每个乡村都有或山水、或人文、或产业的优势资源的，中国大多数乡村其实就是一个个平淡无奇、没什么特色的农村。这时候，就需要我们打开思路，用大胆创新的眼光去重新审视"资源"二字。乡立方在为数百个乡村做顶层设计的经验基础上，总结出了乡村资源变现的"八变"模式，深受政府领导的关注。在本章最后一节，我将对此展开详细论述。

乡村运营这块硬骨头该怎么啃

在乡村振兴领域，当下最热的词，当数"乡村运营"：

——很多高校都在开设"乡村运营"专题班，招揽基层党政干部和乡村振兴领域从业者学习。2022年，农业农村部、财政部联合印发《乡村产业振兴带头人培育"头雁"项目实施方案》，要求每年为每个县培育10名左右的"头雁"，用5年时间培育一支乡村产业振兴"头雁"队伍，带动全国新型农村经营主体形成"雁阵"，乡村运营正是培训中的重点内容。

——乡村运营师作为一个新职业，正在成为极具吸引力的新就业方向。这个新诞生的职业始于2015—2017年的浙江德清、临安等地，当时，为推进"村落景区市场化运营"，通过面向社会招引运营商，与专业的运营团队开展合作，从整村旅游运营的角度出发，让专业的人来经营村庄，孕育出了乡村运营师这一新职业。现在，越来越多的职业经营人遵循市场导向，以运营手段盘活乡村各类资源，做谋划乡村发展的总设计师和总执行人。

——类似乡村运营师的培训热火朝天。为乡村振兴培育和输送人才，营造乡村运营比学赶超的氛围，很多机构都在以专题教学、分组讨论、现场观摩和案例分析相结合的方式，对乡村IP打造、市场营销和数字化乡村模式搭建等进行重点讲授。一些省设立的乡村振兴促进会（中心）也围绕着乡村运营师开展考证、认证以及评奖等活动。

——乡村振兴工作干部言必谈"乡村运营",并视之为当下乡村振兴项目落地的优先事项。

…………

这种"温度"与"热度",乡立方的业务干部感受颇深。前几年,全国范围内普遍存在"重建设轻运营"现象——基层干部热衷于上项目、搞建设,但对项目落地后的运营考虑甚少,导致大量项目出现落地验收后却闲置的尴尬局面。很快,不少地方政府意识到这个问题的根源所在,于是开始强调"运营前置"。我们承揽的业务委托类型就可以充分说明这种变化,以前我们只需要提供策划方案,但现在很多地方政府要求我们必须同步提供运营解决方案,甚至明确表态可以做EPCO——设计、施工、运营一体化。换言之,如果没有相应运营方案做配套,单纯做顶层设计服务,将越来越难承接到乡村振兴的委托业务。

那么,我们应该怎样面对乡村运营?

我们首先得弄明白,什么是"乡村运营"。关于这个概念,在乡立方内部,大家的讨论很热烈。占据上风的一种观点认为:乡村运营本质上是"运维+经营"。属于公共服务和基础设施配套的,具有公益属性,或者说"不赚钱"的,是"运维";而能够通过市场化努力可"赚钱"的,就是"经营"。乡立方要参与的乡村运营,就是后者,干"经营",而非"运维"。有一个小伙伴用数据来做出更清晰的说明:某项目投资一亿元,其中五千万元用于路、水、电、气以及环境整治,余下五千万元用于民宿、餐饮、营地、娱乐等经营性项目的投资,那前五千万元投资对应的就是"运维",后五千万元投资对应的就是"经营",乡村运营需要解决的是后五千万元的投资回报,前五千万元投资就应该按政府的公益性投入来对待。

初听起来,这笔账如此计算,似乎逻辑很清晰。但在现实的乡村中,我们不可避免地会遇到一系列问题,比如:同一个项目招纳两个团队,一个负责运维(类似于物业管理),一个负责经营,可能吗?会不会出现多头管理导致效率下降?投资主体,即便是当地国有平台,又该如何去"平账",也就是如何计算投资回报率？理论上不可能永久性为"运维"承担成本支出，但将"运维"成本转嫁给经营方肯定也是不合理、不公平的。那么如何达到平衡？即便"运维"与"经营"的成本分担模式成立，又有什么机制能够保证"经营"一定赚钱？如果确定能赚钱，那如何去选择经营方？这里又有什么机制能够确保不会产生利益输送，或者避免竞争过于激烈导致各方"头破血流"？

这么一思考，我们对什么是"乡村运营"的理解似乎过于狭隘了。因为以"赚钱"或者"不赚钱"去区别乡村运营的业务范畴，会很容易使我们掉入短期功利主义的陷阱。

首先，乡村资产是一个"整体"存在，不能简单地像城里卖商品房一样做"分割"。乡村最大的资产，是乡村生态、乡村产业和乡村传统文化，即便为更好地开发而投资形成的新的物理空间和经营业态，本质上也是依附着乡村整体资产而存在的。

其次，长期的城乡二元结构，城乡发展的不平衡、不充分问题，导致对乡村的"欠账"太多，公共服务与基础设施在城乡的公平对接上还有很长一段路要走，城乡的投资逻辑不在一个维度上，要算同样的投入产出比，就违背了基本投资规律。

最后，乡村项目最怕的就是热闹一阵子后就偃旗息鼓，可持续发展才是乡村运营的王道。因此，乡村运营需要着眼于乡村资产在保值基础上的增值，在输血之后的造血与反哺，从而建立可持续发展的长效机制。

以我的理解，真正的乡村运营，一定要以当地乡村的全面振兴为前提，整合现有存量资产和新业态，建立村民、集体经济、社会资本以及运营商等利益主体之间相对平衡、可持续的良性合作机制，它不以短期盈利为目标，更侧重于稳定、长效、公平的发展原则。

这一两年，我还发现一个有趣的现象：乡村运营喊得最响的，往往不是真正的乡村运营者，而是对政绩有需求的政府官员、高校的专家老师以及一些行业协会领导。这些人有一个共同特点，即他们自身其实同乡村运营没有直接利益关联。还有人通过注册协会或者在协会下挂靠公司的方式，打出"某某乡村产业集团"、"某某乡村运营机构"等名头，截取乡村运营领域在战略方向上的"强需求"。

我引导团队成员做这方面的思考，就是一个明确的价值导向：我们绝对不能做"形而上"、"大而空"的忽悠者。县县皆不同，村村不一样，乡村运营需要脚踏实地，一村一策，千村千面，不可能"一招鲜、吃遍天"！真正优秀的乡村运营商，大多是埋头苦干，默默无闻的。走访德清、桐庐、安吉、丽水等地的优秀民宿、营地和乡村综合体的经营者，我们可以发现他们的一个共同特质：大多数低调、内敛和相对保守。为什么是种状况呢？很简单：一方面，无论乡村运营中的哪种业态都很难做，不用说赚钱了，就是保本、实现多方利益平衡，都是一件难事；另一方面，要做好一种业态，需要沉下心来，抓管理、抓细节，乡村运营的大多数业态，现阶段还远没有到扩张、复制和规模化经营的时候，乡村"生意"还有很长一段路要走。

"品牌先行、策规一体、运营前置"——在基本方法论的指引下，乡立方的目标就是服务商与运营商的角色叠加。从智力服务输出走向运营落地，乡立方角色的变化其实也是被逼出来的：一方面，很多顶层设计项目通过第三方落地，经常走了样、变了形，不只是交付方不满意，自己也看不顺眼；另一方面，乡村运营的确已经成为振兴乡村的关键一步，但受制于人才、机制和政策性要素，难度极大，同时运营者鱼龙混杂，决策者难辨真假优劣，乡立方跳出来树起这面旗帜，既是业务所需，也是乡村振兴时代的责任与担当。2023年以来，乡立方在全国各地承接的或者正在落地过程中的运营项目，已经达到了数十个。

这件事要做，还必须做好。但是，这不是自己给自己戴上一顶漂亮帽子就可以的，而要扎扎实实思考自己在乡村运营方面的"核心竞争力"。乡村这么多，乡情更是复杂多样，这期间也一定会有很多优秀的运营商就地诞生，我们永远都不会是"唯一"的，也不一定适合每一个地方。我们只需要做好自己，把乡立方最大的优势发挥出来。

一是具有强大的顶层设计能力。

乡村运营有一个前提，是这个乡村"值得运营"，有"运营价值"。在某种程度上讲，这是顶层设计水平决定的，"规划围绕策划转，策划围绕产业转，产业围绕市场转，市场围绕共富转"，乡立方有着丰富的经验和强大的智库支持，确保了这一核心竞争力。

二是拥有一支乡村业态的体系化服务团队。

这些年，乡立方在乡村工坊、民宿、营地、研学、夜经济、农产品零售等诸多乡村业态上，进行了充分而深入的"试错"探索。有成功的经验，也有失败的教训，把别人在乡村运营上走的路都走了一遍，这为后续各地的乡村运营打下了很好的基础。团队看项目、看业态的眼力够准，就可以尽量做到避免踩坑。

三是培育了一批具有"未来价值"的乡村产业。

五到十年后，中国的人口年龄趋势，同样决定了乡村产业需要符合这一需求：如何让"00后"愿意到乡村去消费？如何让乡村康养分担老年社会的刚性需求？……乡立方通过积极探索，培育了渔立方、萌立方、酱立方、香立方、蜜立方等自有的一批乡村未来产业，可以优先植入具备条件的乡村运营项目中，顺应社会发展和消费需求的大势，从而确保运营的实际成效。

四是组建了乡村运营所需要的顶级流量联盟。

乡村运营离不开流量的注入，没有流量，就不会有"留量"，"两山"价值转化也就成了一句空话。为此，乡立方与开元、蓝城、中唐、活水等诸多机构联手，组成一个顶级的流量联盟，确保乡村运营拥有足够的运营管理资源和流量资源。

乡村运营是一块硬骨头，得使劲地啃，狠狠地啃，得靠"真枪实弹"，绝非忽悠能成之事。

关于乡村运营，我们需要捅破的那层纸

近段时间，太多人同我聊"乡村运营"了。

有基层政府官员。我所听到的普遍观点有：建设与运营是乡村振兴工作中的两张"皮"，如果光有建设没有运营，那么再好的创意、再大的投资都是白搭；乡村要振兴，现在最缺的就是运营商；现在的服务商大多靠忽悠，不具备后期"运营"实力……

有从文旅产业里"跨界"出来的从业者。他们也是目前在乡村运营领域最为活跃的。认真推敲他们推出的运营业务，不外乎搭建一个线下的运营服务中心，然后提供所在乡村的小程序、APP以及公众号、视频号、抖音号，再配一个可视化的数字大屏，定期举办一些活动。他们的兴奋点，就是抓住一切机会，复制和售卖自己的产品与模式。

有高校教授和行业研究者。他们能将乡村产业的投资、管理与运营说得很透，上升到理论层面。但绝大多数专家，都只会基于所谓成功案例与失败项目做"事后"分析。事实上，这些专家并没有任何真正的运营实操经验。

有已经投身到乡村产业中的创业者：有经营民宿的，有经营农家乐的，有开展乡村旅游的，也有做农耕文明研学的，但似乎绝大多数生存状态都不好。

有人怪疫情，有人怪政策，但也有人看法不同，"运营说起来简单，但真做起来绝非易事。运营的人在哪里？谁愿意扎根到乡村？没有人才，谈什么运营？"

"运营"两个字，在当下如火如荼的振兴乡村大潮中，确实是一个热乎乎，也沉甸甸的话题。

我想抛出的第一个问题：究竟什么是乡村运营？

所谓"运营"，是对特定目标展开的计划、组织、实施和控制，是与产品和服务相关的各项管理工作的总称。所谓"乡村运营"，现在比较流行的解读是这样的：通过与爱乡村、会策划、懂营销的乡村运营团队开展合作，将乡村资源优势、生态优势转化为经济优势、发展优势。

对于"运营"的定义，我们可以有两个层面的理解：一是必须有一个拥有独立经营管理权限的责任主体，二是以经营为主要形式的管理工作。显然，目前"乡村运营"与这两个层面的理解有差异：一是独立性有限，二是以情怀为导向，而非以市场规律为先。

在浙江的区县里，临安是将"乡村运营"旗帜举得最高的区县之一。早在2017年，临安在全省率先开展"村落景区市场化运营"，通过面向社会招引运营商，将村落资源与专业运营团队对接，从整村旅游运营的角度出发，让专业的人来经营。短短几年时间，当地涌现出数百位"乡村运营师"，为乡村植入业态，培育产业，打造村庄的"自我造血"功能。这些人中有返乡青年，有原住村民，也有一些外来的创业者。不过，最后能够生存下来的，都具有业态落地能力、产品整合能力和市场开拓能力，拥有清晰的盈利模式。

但是，我有一个看法，即便这就是所谓的"乡村运营"，临安经验的可复制、可推广的价值也不大。原因有三：一是临安乡村运营的核心产品，就是"旅游"，这得益于临安丰富的乡村旅游资源；二是临安作为杭州的一个区，有相对好的条件能够吸引到"乡村运营师"；三是临安地理位置得天独厚，是长三角的"后花园"，不缺消费者。

事实上，中国绝大多数乡村并不具备临安的产品、人才和消费者这三大优势，那么该如何定义这些地区的"乡村运营"呢？以文旅项目为突破口，是浙江乡村振兴的典型经验，但也只是符合了浙江的省情，并不见得适合中西部地区。换言之，以临安为代表的乡村运营经验可学习，但无法完全照抄照搬。我曾接待东北一个县的领导，他就坦言：东北地广人稀，更需要在产业振兴上做文章，浙江各地发展乡村旅游的经验在他那边行不通。

我想抛出的第二个问题：应该怎样来算乡村运营的经济账？

同样是临安，当地政府一直为自己的乡村运营成效而自豪。他们总结出来的经验，叫"运营前置，奖励后置"，就是运营商经过一年的运营，经第三方机构考核后，根据结果兑现奖励，而不是政府先拿钱给运营商的项目外包制。显然，如果运营绩效不理想，运营商就可能拿不到政府的奖励资金甚至"被出局"。在"两山"理念发源地安吉，从余村到鲁家村，通过"三变"机制焕发出的新农村活力，是当地政府颇为自豪的政绩。但是，如果同各个业态的经营者深聊下去，你会发现，这里面真正经营得好的，或者直接说就是赚钱的，其实并不多，有些还深陷经营困境。所以，基层政府可能更看重"面子"，而忽略了"里子"，这同乡村振兴的真正运营者的出发点可能完全两样。

产业兴旺是乡村振兴的关键所在，而乡村产业的发展，却也是最难解决的难题。所谓乡村运营，正是基于乡村产业的市场化管理和运作。我们要看到，目前大多数乡村的一产同质化严重，一二三产业融合发展之路刚刚开始。同时，很多地方的集体固定资产财务性收益能力又不强，靠房屋土地的出租收入增收有限。在这样的两难情形下，乡村产业的突围不是易事，乡村运营又怎么能够轻松？

造成这个局面的，是长期以来的城乡发展不平衡、一二三产业收益倒挂。这几年，我们从政策层面似乎找到了很好的解决思路，就是"城乡融合、以城带乡""以工促农、工农互惠"等。要实现这些目标，首先是要"补课"，要弥补"欠账"问题。所以，我认为现阶段的乡村产业发展、乡村运营，压根还没到能够以投入产出比来考核的时候。在推动城乡要素自由流动、平等交换和公共资源合理配置的进程中，我们首先要帮助乡村站上起跑线，要健全、完善乡村在土地、房屋等方面的产权制度，为乡村各大要素的市场化配置创造条件。

我想抛出的第三个问题：乡村究竟要找什么样的运营者？

这几年，乡立方已经为 300 多个地方政府做了乡村振兴的顶层设计，其中不乏精彩、独特而有创新性的"找魂"项目。在商务合作过程中，我们不止一次地被要求"方案落地后，乡立方必须参与运营""有些业态，乡立方必须参与投资，使后续运营得到保障"。为了双方的友好合作，乡立方在不少项目上做了承诺，不仅投资，还参与后续的运营。

但是，我还是同团队做了多次沟通。

第一，乡立方现阶段的核心竞争力是"智力输出"，服务商与运营商角色的叠加是我们的发展方向。

第二，我们有责任、有义务帮助每一个项目匹配到最合适、最优质的运营商，这有可能是我们自己，也有可能是别人。

第三，乡立方对乡村振兴项目贡献的第一步是"找魂"，的确最终目标实现需要创意、设计、施工和运营的一体化生态服务，但不是所有地方、所有项目都需要整个系统。

这些道理很容易讲明白，但为何还是有这么多地方政府要将运营作为"附加条件"要求我们呢？其实，就是因为决策者"心里没底"，乡村产业方向不明，乡村运营更是难上加难。所以，要以"捆绑"的方式，图个短期的心安理得。

那么，我们究竟要找什么样的乡村运营者呢？乡立方正在推进"乡村未来产业燎原计划"，打造渔立方、萌立方、酱立方等一系列"乡村未来产业"。在这些产业的布局中，乡立方当然要扛起运营的责任来，这也是基于我们对"立方设计"的高度自信，为乡村提供创新性的产业设计、业态设计和流量设计。但是，对于更多的地方，我们还是建议地方政府决策者要以更开阔的视野，招募对接更合适、更优秀的运营者。总的来说，运营者不外乎这么几个类型：事业有成、对返乡投资有意愿的乡贤；在城市有关联业态布局，能够达成以城带乡效应的运营者；有成熟连锁业态和品牌影响力的经营者；在一二三产业融合发展上有清晰商业模式的创业者；具有一定社群规模的意见领袖……总之，为每一个落地项目匹配到最佳的运营者，它有可能是乡立方，也有可能是第三方，我们不能简单地去做合作关系捆绑。

我想抛出的第四个问题：政府究竟应该为乡村运营出台什么样的政策？

"共同富裕"这四个字，就是所有乡村运营最好的结果导向。优势互补、资源共享、价值同创，从而实现城乡融合、工农互促，这正是中国式现代化在乡村的具体实现。

但是，就现阶段而言，这样美好的场景还很遥远，乡村运营难度太大，基础太薄弱。要想把乡村运营起来，政府在制定 KPI 的过程中，就既要保证国有资产、集体资产保值增值，又要本着"高看一眼、厚爱一分、多扶一把"的精神，让乡村运营者充满信心和底气，将其风险降到最低，始终保护好他们对乡村的那份情怀，这比什么都重要。政府在承担基础设施和公共服务部分的投入与后续维护的同时，要充分考虑到乡村运营的困难，如同在其他领域的招商引资一样，最大限度地在工商、税收及人才安置等方面打造政策洼地，要让乡村运营成为真正有吸引力的行业。

振兴乡村一定要思考如何让流量转化为"留量"

我最近接触的几件事，都关乎乡村的流量与"留量"。

在我同东北的一个县领导交流乡村振兴时，他很感慨地说，当地物产丰富，旅游资源也很优质，但地广人稀，缺流量，没有人来，资源变现不了，东西卖不出去。这些年，随着越来越多的年轻人进城、南下，人口流失越来越严重，更多乡村正在走向空心化。缺流量，成了当地乡村全面振兴最大的一个难题。在我同湖北十堰和山西临汾等地的干部交流时，他们也都有同感。再放大到中西部地区来看，这恐怕是一个普遍现象。

但在云南昆明调研乡村振兴时，我却从当地干部那里听到了完全不同的观点。"我们这里四季如春，大家都喜欢来，从来不缺流量，缺少的是游客带来的消费，缺少外来的项目投资。"海晏村是滇池生态保护区内唯一保留的建制村，这里因成为滇池最佳观看日落点而出名，游客络绎不绝，平均每天都有上万人涌进来"打卡"，但大多数游客拍张照就走了，几乎留不下什么消费。"我们还为车辆管理、交通疏导、公共卫生倒贴很多。"村书记李龙说起村庄的振兴，心情格外复杂，不知道下一步该如何"振兴"。

没有流量，乡村的一切资源转化不成发展的优势。但有了流量，转化不成"留量"也一样留不住人，更留不下他们的钱与心，大家逛一圈就走了。所以，从流量到"留量",是关系到乡村发展的"关键一步"。

造流量,是乡村兴旺的前提。作为这个行业的从业者,不管是对于地方政府的托付,还是对于我们自身投资的项目,在决策阶段,我们必须直面一个问题:消费者(当然最好是城市消费者)为什么要来这里,这个地方凭什么吸引他们?是秀丽的乡村风光,是风格独特的民居村貌,还是历史悠久的民风民俗?要知道,我们国家不缺名山大川,乡村的青山绿水或许给了很多人短期的新鲜感、乡愁味,但光凭青山绿水,一般很难留住人,更别提多次消费了。这些年文旅大发展,虽然带来了乌镇、台州府城、黔东南、皖南西递与宏村等著名乡村的兴旺。但客观地说,国内绝大多数乡村民居村貌、历史文化是很难与这些地方相比较的。所以,我们必须刨根问底。

需要振兴的乡村究竟靠什么来"引流"(吸引人)?

这个乡村可以风貌平平,这个乡村可以产业"贫瘠",这个乡村甚至也可以概念缺乏,但这个乡村一定得有"魂"——一个在区域内独一无二的乡村主题,它可以是当地的一个文化传说,它可以是当地的一款美食,它可以是一种地方的风俗节庆,它也可以是一处有特色的传统民居……我们需要做的工作,就是将其进行反复提炼、聚焦、升华,以"品牌乡村"的打造方式,使其脱颖而出,成为当地乃至区域内被关注的热点。当然,会有人提出疑问,全国光建制村就有几十万个,怎么可能每个"村魂"都独一无二?是的,但我们坚持一点,为乡村"找魂"的原则,就是"可以平凡但不庸俗,可以自我但不盲从"。

当然,即便这般努力了,这个乡村可能还不足以在所在的省域或者全国出名。这个结果,本质上是乡村自身的软硬件决定的,绝大多数乡村的资源是不出奇、不出彩的,自身条件并不足以成为"引流"的手段。可作为振兴战略的顶层设计者,我们还需要想明白一个道理:不管乡村条件如何,大多数委托方(地方政府或者国有平台公司)一定对乡村的振兴成果有较高的期望——在吸引全国各地的游客数、出现于各类媒体的曝光量、上级政府的肯定上,会提出一系列运营考核数据,我们该如何客观、科学、理性对待?也就是说,对乡村的流量,应该有什么样的客观而又理性的期待呢?如果在这方面达不成共识,会直接影响到顶层设计最后的落地表现。

如何正确理解和对待乡村的流量？

关于乡村的流量，在走遍成千上万个村落后，我有这么几点个人总结：

——振兴乡村，不是要让所有乡村都在全省、全国出名，这不现实，更无必要。不是所有的乡村都要搞大型的农文旅项目，不是所有的乡村都需要用一种套路来发展、建设、整治，不是所有的乡村都能拥有大流量涌入时能够支撑的吃、住、行等基本保障。要根据"乡情"，有针对性地振兴。有些空心化的村落，可能就需要撤并，将留守的老百姓搬迁出来，集中居住，原来的土地和房屋进行流转或寻求第三方合作开发，或者干脆复耕。有些村落紧挨着有优势的旅游资源，那就干脆甘当"绿叶"，为其他文旅项目做配套、做服务。

——乡村的基础流量，不是要靠吸引全国各地的人，而是要靠有血缘、地缘、乡缘、学缘的乡贤群体，他们才是基础流量。只有他们永远不会嫌弃自己的故里，他们的回归才是乡村振兴的希望所在。所以，振兴乡村的所有顶层设计要理性划定"流量半径"。换句话说，只要当地人愿意来、乡贤们愿意返乡，乡村的流量就够了。盲目扩大影响，往往是舍近求远、事倍功半。"流量半径"的本质就是"消费本径"——精准锁定目标消费群体，而不是通过互联网盲目扩大消费对象，没有优势市场、重点客户做支撑，任何一个行业和业态，都很难做实、做强、做久。

——不是流量越大就越好，流量是需要"承载能力"的，如果两者不匹配，往往会得到相反的效果。有些乡村准备不足，制造一些"噱头"后就往外冲，结果一下子涌入太多人，或是路上堵半天，或是无处如厕，或是排队几个小时吃不上饭，体验感极差，来的人对当地的印象自然也好不起来。交通运输的承载力是多少，配套服务有没有跟上，应急预案能否做到位，这些都是乡村流量方案的"必答题"。我们曾经为一个县策划一项大型活动，预计来客将达到两万多人，但后来一排查全县城的宾馆、酒店的床位数，发现其只能满足两千人的住宿，活动就不得不取消了。

流量来了，又如何转化成"留量"？

当然，我们先对"留量"的"留"做一个普及性的定义：这个"留"，因诸多不同的缘由，可能是停留、逗留、驻留、居留、迁留、寄留、宿留……反正至少暂时留下来了，可能是一晚，可能是一个月，或者干脆不走了。促成其"留"的原因有很多，或许只是因为当地在小红书、微博或者公众号的介绍文字或短视频的一个好评，或许是其作为消费者在当地的餐饮店、民宿或者土特产店的几次消费，或许是受当地资源、营商环境的影响而成为新的"旅乡人"而创业驻留……

有了这个定义，我们可以放开想象"留量"的"能量场"——

要有"留量"，先得"留心"。心不在，一切都成空。对于乡村项目，我们就得在方方面面做到位，尤其是一些服务细节，要打动得了人，让人有好感。这不是小恩小惠，而是设身处地为他人着想，用"爱与关怀"拉近彼此心的距离。所以，从路边的标识指引到民宿的室内提醒，从临别前的手信小礼到村民的热情淳朴，时时刻刻，这种"打动人心的力量"无处不在。

不光做"打卡地"，还要做"目的地"。现在年轻人流行到处"打卡"，所以为他们造景，吸引他们来"打卡"，是做好乡村项目的基本功。但我们需要思考，要让"打卡地"升格为"目的地"——让他们来这里的目的，不只是为了"打卡"，而是喜欢待下来，能够待得住，有足够的业态与场景可消费、可体验。所以，我们必须制造更多超越"打卡"的内容，或者让这里拥有更多的"打卡地"需要他们驻留。

不能光盯着"外来的和尚"，搞乡村振兴，尤其是乡村的营商环境打造要围绕着乡贤回归做文章。乡村项目很多都是小而美的，非常适合乡创客的聚集。而稳定性最好、成功率最高的乡创客，一定是当地的乡贤。他们熟悉家乡的风土人情，他们拥有相对开阔的事业视野，他们对故土的眷恋深入骨髓。如果将乡村振兴的项目分拆成围绕着乡贤回归的"双创"基地，或许乡村的招商引资都变得轻松了。

从流量到"留量"的逻辑想透了，振兴乡村的思路或许就打开了。

乡村凭什么吸引城市消费者

图/云里雾里客栈·景德镇塔里茶宿集实景图

图/云里雾里客栈·景德镇塔里茶宿集实景图（续）

2022 年的夏天，我出差途经景德镇，就顺道去乡立方旗下的民宿——塔里茶宿集住了一晚。记得上一次来还是 2020 年，当时，这家民宿刚刚开始运营，软硬件还都显得有些粗糙。对于经营前景，我当时的内心还有些忐忑。这里距离景德镇市区足足有一个半小时车程，确实偏远。从山脚的村庄沿溪而上，还有五千米长的山区小路，交通、区位都很一般，怎么能吸引人来住一晚？到这里又有啥玩头？事实上，包括乡立方创始人宋小春在内，大家都承认一开始做这个项目纯粹是"因情怀而冲动"。然而，两年来，这家民宿却给了我们很多惊喜，拿下了景德镇、江西省以及民宿圈内的很多奖项，成了远近闻名的网红"打卡地"。更难得的是，虽然多少受新冠疫情影响，但民宿的生意一直很好，很多时候一房难求，实实在在的"里子"增添了大家的信心。

所以，趁着这趟差旅，我想弄明白一件事：资源、区位、交通等条件都平平的塔里茶宿集，凭什么吸引了周边城市的消费者？继而做更深层次的思考：全国各地的乡村振兴，一定离不开城市人带来的"乡村消费"，乡村如何能够吸引他们多住一晚，让他们心甘情愿地多来消费？除了民宿等业态外，什么又是乡村最能吸引城市消费者的？

茶余饭后，我同塔里茶宿集项目的合伙人钱锋交流，想听一听他这两年来的经营心得。钱锋是当地人，同宋小春有 20 年的交情。这个合作项目，也是多少缘于他们之间的信任而开始的。对于塔里茶宿集这两年来的"火爆"现象，他有这么几点总结：

一是相对偏僻的区位，反而成就了项目独特的私密性，满足了部分城市消费者对安静、不被打扰、微度假的特定需求。虽然离景德镇市区有 80 千米之遥，但只要提前做了计划，这个距离很多人还是能够接受的。由于项目所在地是峡谷的尽头，除了住客外，没有外人，是真正的世外桃源。

二是相对完备的功能设施和空间布局，能够满足城市团建消费群体的需求。除了草坪、露天泳池、篝火设施外，茶宿集还提供了多间大小会议室、茶室、影音娱乐室，配套以能同时满足上百人需求的餐饮服务。虽然是一家民宿，但其基本具备了乡村度假酒店的配套功能。这对于一些几十人、上百人规模的团建活动，具有很强的吸引力。

三是相对有味道的文化挖掘，能够满足一些茶瓷爱好者的氛围需求。景德镇是千年瓷都，所以民宿一定会有瓷文化的传承与表达。更吸引人的是，民宿附近的严台村，恰恰是"万里茶道"江西省唯一的优选遗产点。这些文化线索，正是一些茶瓷爱好者"寻根""溯源"的目标。

钱锋的三点总结很清晰，或许这正是塔里茶宿集的生意"秘籍"。但是，在他们总结出这些经验之前，总有对当前乡村业态尤其是民宿行业的"痛点"与"刚需"的调研与思考吧。什么是乡村最吸引城市消费者的东西呢？乡村凭什么让他们愿意驻留和消费呢？塔里茶宿集并非一开始就很清晰地找到了自己的市场定位，而是反复经历试错、验证的过程，最后才找到适合自己的运营之道。

从传统文旅行业的经验出发，吃、住、行、游、购、娱这六要素，是乡村吸引城市消费者的基本条件。但往深层次分析，乡村与城市相比，这六要素可能成不了核心竞争力：

——吃土菜、原汁原味、有机、小时候的味觉记忆，都是很好的卖点，但乡村的吃也有其局限性，比如可选择余地不大，烹调方式单一，很难满足多样化的美食需求。

——住更是受局限，民宿同酒店相比，在床褥、洗漱用品、配套服务等方面，以及标准化、舒适性等方面难免有差距。

——至于行，由于民宿大多开在乡村，除非自驾前往，否则交通就是一个出行的障碍。

——说到游，乡村旅游大多靠的是"绿水青山"，享受生态和自然，或者感受农耕文化，久居都市的人会很喜爱，但并非所有人都这样，相当一部分人还是喜欢都市风情。

——从购的角度来看，除了农特产品外，乡村可以采购的物品是极为有限的。

——乡村的"娱"，可能是最薄弱的环节了，特别是晚上，很少有乡村能够提供"夜游"的内容。

如此看来，乡村若要靠传统旅游业的六要素，对城市消费者的吸引力是有限的，更是很难形成多次消费的，从塔里茶宿集的情况来看也是如此。所以，乡村一定得有更好的内容、题材与玩法，才能将城市消费者吸引过来、留下来，让他们愿意来消费，真心觉得值得来、值得花钱。

那么，什么是乡村真正吸引城市消费者的内容、题材与玩法呢？

有人总结出乡村旅游的新六要素，分别是商、养、学、闲、情、奇等六个方面。所谓商，不只是购物，重在商务，是指接待团建和会务团体，以及企业福利、毕业典礼之类的商务旅游；所谓养，是指乡村的环境是养身、养心、养情、养性的好去处；所谓学，是指青少年的乡村研学，可以设计各种同农耕、大自然有关的夏令营以及各类短训班；所谓闲，是指乡村可以成为漫游、散步、观光、休闲的新去处；所谓情，是指可以为不同年龄段的消费者提供爱情主题服务，特别是针对婚纱摄影之类的业态，开发专门的乡村主题；所谓奇，是指设立丛林探险、高空穿越、与萌宠动物亲密接触等项目。

钱锋显然也看到了这些。他对我这样说："塔里茶宿集现在火爆，说到底还是因为我们打造的业态在景德镇属于稀缺资源，大家都图个新鲜。随着更多民宿的出现，如果我们不打造新的内容出来，生意一定会慢慢淡下去的。"至于打造什么样的新内容，他很肯定地回答我："我们不能孤零零地经营这家民宿，还要同地方政府联手，特别是与山下的严台村，作为万里古茶道的组成部分整体来打造，植入更多业态。"不能为民宿而民宿，民宿要作为乡村产业的配套而存在，民宿要成为乡村发展的有机组成部分。或许，塔里茶宿集的昨天、今天与明天的实践与探索，正为我们揭示了民宿经济可持续发展需要遵循的规律。

在乡立方品牌乡村方法论中，"运营前置"是非常重要的一条，所有项目必须提前规划今后的流量来源，实现"项目落成之际，就是开业之时"，而不是传统的还要通过招商方式吸引第三方入驻。以"江南·溪望谷"这个位于浙江临海的乡村项目为例：从顶层设计开始，就充分考虑到"如何最大限度地吸引城市消费者"这个命题。六千米长的香年溪沿线，坐落着五六个传统村庄，有几个已经空心化，如何实现振兴？显然，光去建一两家民宿，是不能持续吸引城市消费者的。因此，必须打出一套"组合拳"，形成业态的叠加，将临海市以及附近台州市区的不同消费者吸引过来。

这套所谓的"组合拳"，其实就是以流量设计为核心的"立方设计"——

其一，做足乡韵，吸引并感动有乡愁的城市人。乡村得有乡村的味道，如果按城市的方式来建乡村，城市人又何苦跑到这里来消费？"绿树村边合，农夫荷锄归""炊烟袅袅，鸡鸣犬吠"，这些乡村韵味必须保留，它是"00后"们的新鲜感，也是中老年人的乡情与乡愁。为此，我们在乡村建设过程中，特别是在道路、民居、景观等人居环境整治方面，最大限度地做足乡韵，美丽乡村不是美丽新村，要恰如其分保留乡村韵味——保留乡土特征、文化特质、地域特点，留得住绿水青山，记得住乡愁。

其二，做长乡产，吸引更多城市资本下乡。从农村这一端来看，只有产业兴旺，让农业有效益，让农民有奔头，才能让农村成为留得住人的美丽家园。要实现这个目标，就必须促进农村一二三产业融合发展，通过延长产业链，提升价值链，增强农民增收致富的能力。因此，如何使产业增值环节更多地留在农村，使增值收益更多地留给农民，是产业振兴顶层设计的重要课题。从城市这一端来看，做长乡村产业的价值链，一定要以来自城市的工商资本为主体，与农民在产业链上优势互补、分工合作。这同样是今后很长一段时间内的资本机会。

其三，做美乡野，吸引喜欢旅游"打卡"的城市人。到乡村来看什么？如何依托乡野来"造景"，进而吸引城市消费者？纯粹从风光角度来考虑，绿水青山看久了，也会有"审美疲劳"。怎么办？必须找出乡村当地风貌的"绝招"来！就以溪望谷为例，我们的创意，就是在 12 里长的溪流上，打造 12 个具有网红特质的溪坝，结合灯光，使这里成为日夜都可以来"打卡"的网红地，使香年溪成为一条不一样的溪流。

其四，做活乡学，吸引更多城市青少年参加乡村研学。"双减"之后，围绕着中小学生的研学形成了一个社会热点。到乡村去，感受农耕文化的魅力，在劳动体验中深化生产生活的常识，"乡学"的形式大受欢迎。特别是 2023 年以来，乡立方策划的乡村项目中，都将研学作为最重要的业态植入。事实上，"乡学"已经成为乡村最大的流量来源之一。

其五，做热乡创，吸引更多乡贤返乡创新创业。在外闯荡谋生的乡贤们，对家乡总是有深深的情感。这几年，社会经济发展在转型，很多乡贤在外地的业务也都在调整。而乡村振兴带来的乡村发展机会，也非常吸引这些乡贤。因此，创造条件，以诚意、以政策、以机制吸引更多乡贤返乡创新创业，形成乡创热，正在成为各地振兴乡村的一个重要抓手。

其六，做绝乡味，吸引更多城市"吃货"下乡觅食。乡村的"吃"，不在于多，而在于"特"。所以，我们只需要将当地最精华的美食挖掘出来，进行充分的包装与提升，以品牌化的方式进行推广，扩大影响力，使其成为"非吃不可"的一道菜、一席宴，就能够吸引城市的消费者，形成真正的"乡村消费"。

说到这里，我们可以从一个全新的视角去理解"城乡融合"：一方面，国家在加大乡村基础设施和公共服务领域的投入，扎实推进乡村公共空间治理、农村人居环境整治、农民住房条件改善和特色田园乡村建设，其目的就是逐步消除城乡二元结构、缩小贫富差距，实现城乡公共服务的均等化，从而解决城市人愿意"下乡进村"的问题；另一方面，通过乡村的全面振兴，特别是一二三产业融合发展和城市消费业态在乡村的布局，解决城市人在乡村的"消费"问题。在浙江安吉等地，流传着一句带点玩笑的俗话："养鸡养猪不如养上海人"，这里所谓的"养"，其实就是"吸引"和"服务"！

露营产业，能否成为乡村的"诗和远方"

图/中国体育彩票"百村万帐"运动振兴乡村活动现场

图/中国体育彩票"百村万帐"运动振兴乡村活动现场（续）

这几年，露营火了。

但随着新冠疫情防控的放开，跨省游、出境游的逐渐恢复，有人担心，露营会不会成为一场"虚火"？这个与乡村发展成为"绝配"的新业态，其火爆的场景会不会是昙花一现？

毫无疑问，三年疫情的确是露营产业迅猛发展的助推剂。在这个大背景下，周边游、乡村游、郊区游、农业游成了很多人的"微度假"方式，在溪边、草坡、山岗，搭一顶帐篷，拉一幅天幕，就成了大众心中的"诗和远方"，晒晒太阳，吸吸新鲜空气，和家人朋友一起，怀念曾经的自由与美好。一时间，露营成了颇受国人喜欢的旅游新业态，在大江南北得到了迅猛发展。

随着社会秩序的恢复，露营还会继续火爆下去吗？其实，与国外发达国家旅游业的业态结构相比较，露营产业在我国旅游业中的渗透率还是很低的。这几年的疫情防控只是一个"燃点"，决定露营产业前景的，本质上还是社会经济的发展规律与消费趋势。随着中国经济的发展、人均可支配收入的提升到了一定阶段之后，露营是必然会产生的一种休闲方式。与此同时，乡村振兴战略实施以来，乡村的基础设施和公共服务得到提升，让"喜欢大自然"和"体验新生活"的消费需求通过露营得到满足。

随着"露营热"的到来，相关产业也一同"起飞"。不管是和露营密切相关的户外行业，还是通过"营地＋"实现连接与融合的餐饮业、文旅业、家居家电业、服饰鞋帽业等，在资本与政策的扶持下，都将乘风而起。如露营所需要的天幕、帐篷、户外桌椅、帆板、营地车、烧烤盘、风扇、小电锅、烧水壶、便携式智能投影仪等家居家电产品，销售额一路走高。"露营＋野餐"的组合推动预制菜"火上加火"。此外，随着消费升级，更多特色化、多样化的产品，以丰富的内容和元素拓展市场，形成叠加的经济效应，不断为露营产业注入新活力。

这种发展态势，正随着国家政策的加持而得到巩固。2022 年 11 月，文化和旅游部、中央文明办、发展改革委、工业和信息化部、公安部等十四个部门联合印发了《关于推动露营旅游休闲健康有序发展的指导意见》。这份文件，甚至在一向很严格的土地政策上都做了"松绑"："营地在不改变土地用途、不影响林木生长、不采伐林木、不固化地面、不建设固定设施的前提下，可依法依规利用土地资源，推动建立露营地与土地资源的复合利用机制，超出复合利用范围的，依法依规办理相关用地手续。"这份文件还鼓励各地根据需求，因地制宜建设一批公共营地，"在符合相关规定和规划的前提下，探索支持在转型退出的高尔夫球场、乡村民宿等项目基础上发展露营旅游休闲服务。鼓励有条件的旅游景区、旅游度假区、乡村旅游点、环城游憩带、郊野公园、体育公园等，在符合相关规定的前提下，划出露营休闲功能区，提供露营服务。"我们有理由相信，随着营地土地政策的"松绑"和公共营地的鼓励建设，露营市场必将迎来大量社会资本的涌入。

这个结论，我们也通过"蚂蚁探路"平台得到验证。作为一家专注于"品牌游线"策划、开发、运营的专业服务机构，蚂蚁探路根据乡村生态文化和自然环境，充分利用现有的山地道路基础和住宿、餐饮、自然景观及土特产等优势资源，以"自驾＋户外旅游"为切入点，大力发展富民惠民的乡村体验旅游。创始人周功斌总结说："我们观察到露营需求在激增，所以就在蚂蚁探路小程序平台上开通了露营基地查找的功能板块，构建起了自驾＋体育运动＋露营基地的户外系统玩法，开通后就很火爆。到现在为止，仅仅在华东地区，我们就收录了 1199 个营地，平均每天有上万人次的查询使用量。"

可以肯定地说，当风口出现后，任何投资都可能出现"虚火"，露营也不例外。因此，当下出现营地经营不善甚至倒闭，都很正常，但露营产业的发展正逢天时、地利与人和，一切只是刚刚开了一个好头。从乡立方的视角看来，露营产业更像是为乡村而生的，它对乡村很"友好"，是引入乡村的"绝配"业态，具有其他乡村产业无法替代的发展优势：一是它对用地指标要求不高；二是投资小、打造周期短、见效快；三是引流能力强，对乡村其他产业具有很强的带动性。

露营与乡村是"绝配"，但要看到，露营在很多乡村落地之后，暴露出来的问题也不少。乡立方联合创始人徐大伟是露营的"老玩家"，从早期"生存式"的单帐露营，到"搬家式"的精致露营，以及营地露营和汽车露营，他都是一步一步走过来的。在他看来，当下的乡村露营地大多数都算不上好营地，很多乡村的资源并不适合露营。最终的结果是，这些营地根本没人来，最终还是成了一块荒地。还有一种情况也比较普遍：很多乡村露营营地并不是"专业的人干专业的事"，而是一群不露营的人在设计露营营地。从营地的选址、路线，到设施和服务，每个环节都问题百出。有水泥地的营地，有防腐木的营地，有砖铺的营地，还有因为"动静分流"设计，停车后还需要扛着行李走上十几分钟才到达的营地……

徐大伟认为，好的营地需要具备以下几大要素：

——选对了场地就成功了一半。场地是营地的重中之重，说白了，露营"露"的就是环境。小红书曾对露营人群做过一次调研，数据显示，在"兴趣偏好"中选择"亲近自然"的人占到了 81.8%。人们对露营的最大需求就是亲近自然，所以选址会直接影响项目的成败。

——近水不亲水。"望得见山、看得见水、记得住乡愁"。中国的乡村大部分都依溪沿河而建，浙江山区沿溪乡村特别多。利用好这一资源特色，沿溪打造露营营地是个不错的选择。春夏秋的露营＋亲子戏水，可以在很大程度上丰富人们的露营体验。但营地与水面必须保持一定的安全距离，更不能将营地建设在溪滩河滩里，否则一旦上游有暴雨很可能会暴发山洪，露营者会有生命危险。规划前需要查询过去10年的水文资料，通过科学的评估选合适的场地。

——远山不深山。山地露营也是比较火的一种形式，江西的武功山、浙江的括苍山等都是典型代表。围绕山资源的露营营地也有讲究，一般情况是选择居高，望远山、看云海、看日出是大多数露营爱好者的需求，而深山老林则不建议选择，深山老林看似生态环境不错，实则视野差、阴暗、潮湿、蚊虫多，这些都是露营的克星。

——近村不进村。现在不少露营营地就建在村子里面，房前、屋后、停车场、马路旁竟然都成了露营营地。不要为了做露营而做露营，要明白营地的配套设施是基础，环境才是核心竞争力。营地最好与村子很近，但又需要保持一定距离，一方面村子可以为营地提供更多便利的配套服务，另一方面村子又可以给营地一个清静的露营环境。

露营产业唯有实现投资主体、乡村集体经济和农民等多方共赢互利，实现共富，这个产业才有价值。因此，我们再来探讨一个直接问题，乡村露营产业如何赚钱？一是企业赚什么钱，二是村集体和村民赚什么钱。与国外成熟的露营产业相比较，国内的露营产业正处于起步阶段，经营的模式也相对单一，缺乏更多的收费体验业态。因此，大多数露营地的投资额并不大，少则几十万元，多则一百来万元，这比起民宿动辄几百万上千万元的投资已经算是很少了，这也让露营的经营压力小了不少，回本周期一般都在一年左右。更重要的是，露营与民宿相比，露营的体验性、社交性都更好，消费的频次更高，对于乡村的带动性更强。

我们来看看企业赚什么钱。

企业经营乡村露营地的赚钱来源主要有三种形式：一是营位租赁。这种形式还是目前露营地最主要的收益来源。以浙江安吉的一个网红露营地为例，三个家庭的营位，可搭三顶帐篷，装备需游客自带，打折之后的价格是1200元一晚，提供一桶纯净水，卫生间、浴室、无人售货机等公共配套设施都有，但都需要排队使用。这个营地住一晚的价格，已经直逼周边的酒店、民宿的房价了，还没有客房成本，简直就是坐地收钱的项目。

二是装备租赁。这种形式通常受"尝鲜派"欢迎。游客不用花很大精力去研究装备、升级装备，可轻装出行。营地根据营位位置、帐篷装备等级来收费。一般情况下，购买一顶帐篷的成本从几百元至几千元不等，价格较低的帐篷靠一到两次租赁就能回本，价格高的帐篷则要五次左右。

三是"一价全包"式服务。传统露营主打性价比，所需设备较为简单，如帐篷、便捷桌椅等。而"精致露营"则通过策划不同特色的"主题露营"，打造"主题＋场景＋服务"的精致露营体验，提供所需全部设备，包括主题活动、美食、咖啡机、燃气炉、星星灯、蛋卷桌等，相对来说收费也高。

村集体和村民又赚什么钱呢？

总结起来也有三种形式：一是租金的固定收益。露营地项目可根据需求，租赁盘活乡村集体或个人的闲置房屋、田地、林地、建设用地等。

二是资产入股分红收益。将资源进行价值评估，资源变股金，共同打造，风险共担，按股份占比享有露营营地的收益分红权益。

三是资产入股＋人力入股收益。不仅仅资源入股，同时参与经营，享有额外的经营报酬或经营性股权分红收益。

要让露营产业成为乡村的"诗和远方"，一定还有一段长路要走，制定安全防范措施就是当务之急。为了控制成本，很多营地都存在"打擦边球"的问题，安全措施上不合理不合规。因此，就如上述十四个部门文件所要求：

> 露营旅游休闲经营主体要严格落实安全防范措施，严格遵守消防、食品、卫生、生态环境保护、防灾、燃气等方面安全管理要求，建立相关应急预案，配备必要的监测预警、消防设施设备。强化汛期旅游安全管理，落实灾害预警发布主体责任，细化转移避险措施，开展安全宣传，设置警示标识，一旦预报有强降雨过程，开展巡查管控，必要时果断采取关闭营地、劝离转移游客等措施。强化防火宣传教育，

严格落实森林草原火灾防控要求和野外用火管理规定，森林草原高火险期禁止一切野外用火。提前研判节庆、假期出游情况，在旅游高峰期加强安全提示和信息服务，做好安全信息发布。设置野外安全导览标识和安全提示，做好应急物资储备，避免在没有正式开发开放接待旅游者、缺乏安全保障的"野景点"和违规经营的私设"景点"开展露营活动。推动营地上线平台导航，安装摄像头等安全管理设备。鼓励保险机构创新推出露营旅游休闲保险服务，围绕场地责任、设施财产、人身意外等开发保险产品。

说说乡村资源的多种变现路径

图/2023大吉520黄河英雄会汽车越野挑战赛

图/2023大吉520黄河英雄会汽车越野挑战赛（续）

2023年的"五一"假期，对于山西省的大宁县来说，发生了一起一定会载入史册的大事件：国内180多位汽车越野选手云集在这个小县的黄河故道边，举办了隆重的"黄河汽车越野英雄营"的开营仪式，激烈、刺激而精彩的"黄河澎湃 英雄无畏"汽车越野大赛在此举行，上演了一幕幕"速度与激情"的视觉盛宴。短短两天时间里，前往现场"观战"的游客多达上万人，通过抖音、快手以及微博等平台浏览相关图文报道和在线直播的共有上亿人次。"五一"期间，这个山区小县城的酒店、餐饮店和民宿全部爆满。当地苹果品牌"宁脆"也一炮打响，库存产品被一抢而空。有人这么评价："恐怕自公元561年大宁建县以来累积的史料，都不及这次大赛带来的传播流量。"当然，虽然借助了互联网的力量，但办赛事、造节日是大宁这次精彩"出圈"的真正原因。

大宁没有汽车产业，当地也没有越野基础，建设越野营地和举办汽车越野大赛完全可以说是"无中生有"。促成这一决策的，缘于大宁县委书记王晓斌与乡立方团队一年前的一次交流。当时，王晓斌委托乡立方团队就大宁乡村振兴

"整县推进"做顶层设计。山西省正在打造的黄河沿线旅游公路在大宁境内有45千米，但如何振兴的事，让大家发了愁：北有永和县的乾坤湾，南有吉县的壶口瀑布，两者都是国家4A级旅游景区，有着较好的文旅基础，大宁境内只有小景点，沿线乡村除果蔬种植外，特色不明显，怎么办？乡立方团队反复调研后提出，从常规的文旅项目开发角度，大宁沿黄的乡村不可能有机会，干脆独辟蹊径，利用废弃的黄河故道，在荒山野岭上造一个汽车越野营地出来。当时支撑乡立方这一大胆设想的理由有这么几条：一是国内汽车越野行业正处于上升期，除了阿拉善与"阿拉善英雄会"之外，尚没有更好的营地与大赛；二是汽车越野因"速度与激情"，具有线上线下的强引流能力，能够形成较大的传播势能；三是乡立方通过在浙江千岛湖"状元谷"汽车越野营地的打造，积累了丰富的经验，也培育出了较好的行业资源。这一创意迅速得到王晓斌书记的认同，他认为："山西是传统文旅大省，一般性的乡村文旅项目很难有竞争力。创办汽车越野营地是一种创新，填补了沿黄旅游线上的空白。若能将荒山荒路都转化成金山银路，可以闯出沿黄九省区生态价值转换的新路径。"就这样，在政企的双向努力下，经过八个多月的打造，这个被命名为"黄河英雄营"的汽车越野营地顺利建成。这个营地和这场大赛，让大宁一夜之间成为万众瞩目的焦点。线上线下大流量的涌入，极大刺激了当地餐饮、酒店和农特产品的消费。临汾市相关领导也表态，要将大宁这个效应放大，推动境内沿黄四个县域与大宁进行联结，大力发展户外运动项目，打造国内极具特色的户外运动圣地。

大宁"无中生有"的汽车越野项目，其实正是乡立方有关乡村资源"变现"方法论的创新实践之一。在乡立方看来，只要契合大趋势，方法对头，政企齐心，乡村的一切资源都可能转变成发展的资产，甚至带来可变现的资金。**乡村振兴并非都要靠大投入、大建设来实现，做大资产"增量"的前提，是盘活存量资源。**

那么，什么是乡村的存量资源？在乡立方看来，乡村存量资源是一个非常宽泛的概念，可以说无所不包、无所不在。绿水青山可以转化为金山银山，荒山野岭一样可以成为宝贵的生态资产。在乡村，几栋闲置的老房子，一片撂荒的小水塘，一条杂草丛生的森林防火道，毫不显眼的一处老柿子林，孩子们入夏后最爱嬉玩的清水溪，村口的老祠堂，还有那传承了几十代的祖训族约等，都可以转化为一种业态，成为"引流"的载体，最终"变现"为富民强村的乡村新产业。在多年实践的基础上，围绕着乡村资源的转化与变现，乡立方总结了出"八变"模式，具体包括：小特产变大产业、小荒坡变大营地、小山溪变"打卡地"、荒林地变引流地、小水塘变科创地、乡村文化变课堂、乡村产业变研学、空房子变产业房。当然，"八"只是凑出来的一个数字，乡村资源的"变现"路径实际上可以无限多，是 N 种，这是当地的资源禀赋与乡村振兴团队的创意运营能力决定的。

这样的实操案例举不胜举。在浙江千岛湖一带，几乎每一个乡镇都有乡立方化腐朽为神奇的"变现魔方"。在乡立方切入之前，很多乡村被称为"三无"乡村：无产业、无特色、无文化，发展经济很受局限。建德的镇头村就是这样的一个典型。乡立方调研后发现，这个村虽然"三无"，但保留了很多 20 世纪60 年代人民公社时期的"文化"，尤其是当地依靠自己的力量修筑一个水库时，留下了很多那个时代的印记。乡立方为此为当地打造了"镇头大队"这个 IP，并最大限度地用"水库故事""小人书图书馆""时光照相馆""童年记忆跑道"等全新业态去呈现。几年过去了，"镇头大队"从"三无"走向了"三有"：有故事、有文化、有产业，所有去参观考察过的人都赞不绝口。

图/建德镇头村

2021 年推出的"萧山未来大地"有一个极具吸引力的"打卡点"，就是一片上百年的柿子林。这在外地根本不算什么，但对于都市人来说，这就代表了

"乡村的美好"。过去当地人都会摘柿子卖，现在柿子成熟后不摘了，通过举办柿子节，挂在枝头供人来"打卡"拍照。事实证明，柿子节拉动的餐饮和民宿收入，远远超过了卖柿子的收入。

于2023年10月亮相的"江南·溪望谷"也是非常惊艳的！浙江省"七山一水二分田"，村落沿溪谷而建是非常典型的浙江乡村风貌。这些依山傍水而建的村落，有着山好水美的生态优势，但大多空心化，如何振兴是一个大难题，也是浙江26个山区县需要破解的大课题。乡立方碰巧在浙江临海遇到这个题材。当地江南街道下辖的香年溪沿线有多个空心化村落，我们围绕着当地的"溪"资源如何转化，做了一系列的策划，创造了二十多种全新业态，将一切都围绕着"溪望"做成希望，为原乡人、归乡人、旅乡人创造机会，让这些"空心村"有人来、有活干、有钱赚。可以说，这个项目是将乡村资源"变现"的一个集大成者，围绕着"溪"这种资源造场景、造邻里、造产业，完全有条件成为浙江省打造未来乡村的样板。2022年6月底，由浙江省体育产业联合会主导，乡立方参与发起的"百村万帐"活动，在余杭区中泰街道的紫荆村举行了第一场露营活动。露营在当前非常火爆，它能有效地为乡村引流。紫荆村的这场露营，实际上是在一个荒废的矿坑里举行的。

由此可见，只要策划创意到位，乡村还有什么资源不能"变现"的？乡立方自营的千岛湖"状元谷"越野营地，现在已经成了华东地区最负盛名的汽车越野基地，每周都有几百辆汽车前来挑战，直接带旺了宋村乡一带的民宿与农家乐。而其前身，其实就是一处废弃了的高山农场。"小手拉大手"，是乡村当下很常见的消费方式。围绕着乡村风貌、产业、民俗等做研学，同样能够将乡村的资源做很好的"变现"。乡立方旗下的好奇笔记在萧山未来大地、千岛湖的大同稻香小镇等都做了稻田研学课程开发，加上其他十来个基地，每年为杭州地区十来万人次的中小学生做乡村主题的研学服务。人来了，就是最大的生意，何况是青少年的素质服务，更容易激发父母们的消费，这等于是为乡村资源变现引流。

不要忽视乡村的小特产，它一样可以发展成为富民强村的大产业。乡立方旗下的"威酱坊"，实际上就是将千岛湖家家户户都做的辣椒酱做了配方改良，同时进行了文化挖掘，在视觉上做了提升，重新构建产品体系和价值，硬是将一瓶普普通通的辣椒酱做成了爆款网红酱。现在，这一瓶酱已经拉动了四个村的老百姓脱贫致富。更难得的是，威酱坊所用的也是集体闲置的房屋。除了分红外，每年威酱坊还定期向集体交房租。现如今，威酱的这种模式，正在广东南雄、江西景德镇、宁夏石嘴山、福建宁德、湖北大悟等地进行复制。将中国的民间美味装到瓶子里，乡立方成立的"酱立方"，就是为了帮助更多地方实现乡村资源的变现。酱菜、腌菜这些乡村小特产随处可见，通过品牌化打造，标准化提升，可以成为乡村里普通人都能干的产业，在家门口就能创业的新商机。

图/千岛湖威酱坊

乡立方的乡村资源"八变"模式，正受到越来越多的政府领导的关注，前来考察交流的络绎不绝。我想这不外乎以下三个原因：一是经过几年摸索，更多地方明白了乡村发展"大拆大建"的模式走不通，应该思考如何花小钱办大事，让乡村保持乡土味、乡亲味、乡愁味，而不是照搬照抄城市发展经验。所以，乡村打造要将乡村的特色呈现出来，而非将乡村彻底改头换面，美丽乡村绝对不是美丽新村。二是"运营前置"正在成为乡村发展的共识。那些光赚眼球不赚钱的项目都不被看好，可落地、接地气，成为乡村振兴决策者优先考虑的，所以唯有那些能够持续运营下去的项目才能得到各方重视。因此，依托原有资源的乡村项目就有了市场。三是在共同富裕的时代，政府招商引资的重心也在发展转移，更注重一些能够帮助村民增收、集体经济壮大的项目，而非单纯吸引社会资本的投资。这样一来，依赖原有资源入股参股的项目就成了优先项。

这是一个好的开始。

第4章

文化乡村，是破解"千村一面"的关键一招

随着中国经济的快速发展和国际地位的崛起，"文化自信"也成了被反复提及和强调的一个热词。文化是一个国家、一个民族的灵魂，文化兴则国运兴，文化强则民族强。

同样，文化振兴也是乡村振兴中的重要一环。乡立方智库丛书中的第一本书《为乡村找魂：乡村振兴之品牌乡村方法论》里提到了为乡村找魂的三个类型，一是概念、二是产业、三是文化。虽然以乡立方的经验，找对概念甚至能让一个乡村"起死回生"，而产业更是振兴乡村的重中之重，但以概念或产业为魂，往往是在挖掘文化无果后的退而求其次。文化是经千百年岁月沉淀后最终留下的产物，是最有价值的 IP。只是，中国有几十万个村庄，拥有独特的文化资源的村庄并不多，也正因为此，拥有文化资源的就更弥足珍贵，这些资源更应该好好利用、发展和壮大，不应该被忽略、被浪费。

在这一章，我就文化乡村进行了专题论述。

以文化振兴乡村确实有一些所谓的"套路"，但是，我们发现，这些常用的招数要吸引年轻人却显得力不从心了。为此，乡村文化要"活化"应用。如何活化，浙江江山清漾村和广东南雄两个案例，给我们打开了思路。

文旅产业是乡村振兴里备受瞩目的一个板块。一个成功的大文旅项目，往往能拉动整个村、镇，甚至整个县的影响力和知名度。在本书第 20 节，我针对乡村文旅提了一些我自己的创新思路，期待能抛砖引玉。

桐庐的江南古村落，早在七八年前，就已经是美丽乡村建设的典范，曾经游客和上门参观学习的团队络绎不绝，我在做农村电商的时候，也经常跑到桐庐。但在 2022 年，我受邀故地重游时，发现过去的热闹景象现在已不复存在。在桐庐江南古村落，我开始思考，要复兴古村落，重新培育其内生动力才是出发点。

第 22 节聚焦的是另一个乡村振兴的典型类型，那就是像"将军故里"红安这样的革命老区该怎么做。"红色文化"是一个地区重要又宝贵的资源，但是厚重的红色文化反而更容易让游客产生距离感，要让来的人记得住，并能留下点什么，很难。本节探讨了革命老区和主打"红色文化"牌的乡村该如何创未来。

关于乡村 IP 的打造，乡立方智库已经专门出版了一本书来讲述。在第 23 节，我以临海"江南·溪望谷"和大宁黄河英雄营这两个我亲自参与顶层设计的项目为例，专门从市场稀缺性角度来讲讲项目的切入点。

"民以食为天"，中国人对美食的信仰，是自古到今、深入血脉的。美食就是中国文化的不可或缺的一部分。讲到乡村美食，人们往往会想到地方特产，但一讲到地方农特产品，无论是地方政府还是农产品从业人员，大家首先想到的是从产业角度去寻求解决方案。在本章最后一节，让我们重新回到文化角度来解读乡村美食，找回土特产的文化属性。

如何振兴可以实现乡村的"文化自信"

说到"文化振兴"，当下的乡村振兴套路不外乎以下几种。

一是加大力度对当地传统物理空间进行保护与修缮。尤其是针对一些历史文化名镇、传统古村落、特色文化乡村，将当地的古宅、古树、古迹、古建、古路、古井、古碑、古圃等物质文化遗产进行修复、保护和利用。

二是加大力度传承创新非物质文化遗产。这包括对区域的传统手工艺、民族歌舞、乡村习俗等非物质文化遗产的挖掘和推广，同时加大对一些民间艺人在传承方面的政策性扶持。

三是对传统文化的保护与弘扬。比如开镰节、二月二灯会、龙舟赛以及二十四节气活动等，很多地方通过农事节庆的方式予以保留，使其成为当地极具仪式感的文化活动。

所以，现在出去考察乡村文化，看"古"、赏"戏"、听故事，就成了基本内容。有些地方通过积极争取专项资金和资源，为当地传统文化创造更充分的表现形式，比如有些"红色主题村"，会通过展示馆、遗址、遗物以及具有鲜明历史事件标识雕塑的建设，来充分演绎历史文化。还有些传统古村落，会辅以数字展示馆，以声光电的现代科技，还原当地文化的历史场景，给人留下身临其境的深刻记忆。还有更多地方，复原当地的传统美食、手艺、作坊，营造出浓郁的传统文化氛围。

但我总觉得，如此这般的乡村文化振兴，本质上还是"为振兴而振兴"。乡村文化要承载的独特历史价值、民俗价值、人文价值和道德价值，必须通过被认同、接受、喜欢、热爱，才能得到传承与创新！问题是，现在的年轻人，尤其是"95后""00后"，相当一部分不喜欢"古"，而喜欢"潮"。他们对传统手工艺的热情，可能只有三分钟，而更可能痴迷于毫无艺术价值的互联网产品。他们喜欢"剧本杀"，认为这些农事节庆是老一代人的娱乐节目。你若教育他们几句，他们回你一句："我们是两代人好不好？"这的确是乡村文化遇到的尴尬局面。相比较起来，城市文化是开放的、包容的、创新的，而乡村文化则更多是纯粹的、传统的、本质的。乡村文化的振兴，是一个国家或者民族走向文化自信必不可少的一部分。但是，现实与目标有着很大的落差，乡村文化的振兴可能难度更大。

从某种程度上讲，文化在乡村振兴里看起来最容易，其实是最难啃的一块硬骨头。这个难题如何破解？在回答前，我想先探讨一个乡村建设的话题。乡村的物理空间，一定程度上左右了乡村文化的表现方式。绝对一点说，可能是有什么样的乡村，就决定了有什么样的乡村文化。这些年，有一个乡村建设观念一度走红，其核心主张是"把乡村建设得更像乡村"，全国各地有不少这个观念指导下的代表作。但是，我觉得要更辩证地看待这个观点，不是所有的民居、习俗都需要"完整"保留，历史在进步，文化也需要与时俱进，需要用发展的眼光对待，存其精华，去其糟粕。虽然我们一直强调，不能用"美丽新村"来取代"美丽乡村"，乡村要有乡村的味道。但同样，我们也不能机械地喊口号"让乡村更像乡村"——特别是一些传统古村落一样需要合理、科学的人车动线安排，否则车开不动、人走不进、货运不通，还有谁来？传统民居一样需要舒适温暖的室内空间，否则乡村的民宿谁来消费，乡村又怎么兴旺得起来？毫无疑问，乡村振兴一定需要城里人、年轻人参与，如果还只是依靠村里的老人与留守儿童，更多乡村会加快走向没落。乡村文化的振兴，需要与时代的、新潮的元素融合，否则乡村文化只会因更多老人和文字的消失而走向衰亡。

　　融合到年轻一代爱看、爱玩、爱吃、爱买的产品或者业态中，就是对乡村文化的"活化"应用。乡村文化需要更多地"跨界"到其他产业中去，它可以是一款网红爆款糕点，它可以是一套青少年都喜欢的文具用品，它可以是一只很时尚的环保袋，它可以是一家有突出主题的民宿，它甚至可以是集合了当地故事的"八大碗"美食……有故事，有说头，有内涵，乡村文化不能只停留在书本上、故事中、展馆里，我们应该使其体现在乡村生活的每一个角落中。甚至可以说，文旅产业涉及的吃喝玩游购娱的每一个环节中，都可以植入文化的元素。唯有文化才能成为乡村的"魂"！全国各地都在振兴乡村，要想走出一条与众不同的路子来，唯有深挖当地的文化，并赋能当地的乡村产业与消费业态。乡村的文化自信，一定要建立在品牌乡村的打造与价值提升的基础上。同时，这种文化自信，是能够获得年轻人的认同与喜爱的，是与时俱进的。

图/江山市清漾村清漾书院

图/江山市清漾村清漾书院（续）

我在乡立方打造的浙江江山清漾村项目中，就看到了乡村文化的"活化"。这个毛主席祖居地、江南毛氏发源地，文化底蕴深厚，历史上曾经出过八位尚书、八十三位进士，尤其以"诗书名世、清白传家"的家风文化远近闻名。但乡立方在整村策划、系统提升过程中，不是"靠古吃古"，而是通过一系列 IP 的活用，确保这个古村的业态、产品都充满了新意。在千年传承的清漾书院中植入现代元素，使之成为一个集阅读、讲学、研学于一体的文化空间，让年轻人能够在这里喝着咖啡，享受在上海北京这些大都市书店一样的氛围。此外，"就是高"糕点铺、毛家酱、酒肆等一系列新业态，以当地的毛家文化为底蕴，为清漾带来了年轻人的活力和时尚的消费业态。

我们在推进广东南雄的乡村振兴顶层设计时，一度困惑于当地丰富的农文旅资源该如何整合与表达。南雄历来有"居五岭之首，为江广之冲"和"枕楚跨粤，为南北咽喉"之誉，自唐代名相张九龄开凿驿道后，就是岭南通往中原之要道。因此，相关的文化积淀就很深厚，其中"梅关古道"是全国保存得最完整的古驿道，而"珠玑古巷"则是中原人南迁通过梅关古道后的第一个落脚点，是八千万广府人和客家人的根，每年都有几十万人到这里寻根。南雄还是中央红军入粤作战历时最久、歼敌最多、影响最大的一场战役的发生地，认定的革命遗址就有94处。南雄还是"黄烟之乡""银杏之乡""恐龙之乡""特色竹乡"……南雄政府一直强调当地的"红、绿、蓝、黄、古"五色优势。只是，这类提法在国内不少见，南雄乡村振兴的"引爆点"似乎还没有找到。

图/ "广府原乡"品牌设计效果图

我们明确了一条原则，对于南雄这么多资源和素材，应该做出梳理，确立一条主线帮助南雄推动乡村的全面振兴，而不是面面俱到。在反复推敲与提炼后，我们向南雄提出打造"广府原乡文化振兴示范带"的建议，迅速取得了南雄市领导的共鸣与赞许：一是"广府原乡"是南雄人值得骄傲的文化之魂，也是广东省独一无二的文化题材。二是四个词讲出了广府原乡的故事——迁徙、安居、敢闯、回归，用文化串联了多个乡镇的产业项目——用广府寻根文化、广府古道文化、广府美食文化、广府非遗文化、广府农耕文化串联了古道博物馆、梅岭鹅王美食街、腐竹共富工坊、珠玑创意十坊、恐龙稻星球、南雄雄酱坊、感恩文化走廊、雄州未来云田、"跟我上"党建品牌，虽然涉及方方面面，但"广府原乡文化"是统一的文化主线。三是围绕"寻乡愁""探古道""跟我上"等精品路线，设计出了从半天到三天不等的参观游线，破解了文化振兴一系列难题。

按广东省委农办原专职副主任梁健的说法，以广府原乡文化振兴为突出抓手，可以有效帮助南雄突破"千村一面"的乡建困局，确立其在广东乡村振兴模式中独一无二的样板价值，这也是这块红土地可以找到的可持续发展、高质量崛起的源源动力。

我们期待更多的乡村找到文化振兴的新途径，也祝愿更多的乡村拥有自己的"文化自信"！

为乡村文旅寻找 "第三种玩法"

　　乡村要振兴，文旅产业当然是不可或缺的。江浙一带的乡村，不少地方就是靠文旅产业带动起来的。比如，声名远播的江南水乡乌镇，"两山"理念发源地安吉，被誉为国内民宿产业高地的德清，还有号称"中国最美县"的桐庐，通过文旅产业带来的大流量，转化成当地乡村发展的大动能。对于全国各地到浙江来参观学习的党政领导来说，这几个地方几乎是必到的"打卡地"，参观者络绎不绝。很多中西部地区县域政府，还纷纷跑到杭州的高校来学习，都希望借鉴浙江大力发展乡村文旅产业的经验，为当地的乡村振兴寻找关键抓手。

　　从全国范围来看，乡村文旅的发展，经历了几个不同阶段：从最美休闲乡村到乡村旅游重点村，再到全域生态旅游小镇、休闲农业示范点，从田园综合体到特色小镇等。在推进过程中，各地的项目上了不少，钱也花了不少，但很多地方的乡村文旅项目热闹一阵子后，好看不火，甚至赔得一塌糊涂，难以为继。尤其是三年新冠疫情期间，跨区域流动一再受限，各地的乡村文旅产业都是雪上加霜，不少已经濒临倒闭边缘。乡村的文旅产业到底怎么走，才符合高质量发展的要求？这已成了令当下很多县域领导很困惑的课题，也是乡村振兴急需破解的难题。

　　我们首先来看看乡村文旅产业存在的一些突出问题。

一是不切实际上马建设缺少市场支撑的大项目。在北方地区，一圈地就是一大片，很多项目动辄几百亩、几千亩的大体量，投资规模大。其中，不少项目圈土地、玩资本的"投机"性质明显，缺少对市场运作的考虑。经济环境好的时候，项目的问题"盖"得住。大环境一变化，项目存在的问题便一一暴露。

二是业态同质化低水平重复建设，不能及时更新，跟不上时代节奏和消费新趋势。比如红极一时的各类花海，还有到处可见的滑草场、溪谷漂流、农家乐、民宿等业态，重复建设和同质化现象很突出，激不起游客的消费欲望。

三是重建设轻运营，机制僵化。很多乡村文旅项目都是地方国有投资平台出资的，硬件可能过硬，但软件却不足，缺少专业的运营管理队伍。有些项目建成交付后，就搁在那里，事实上就没有开业过。没有推广，缺少维护，时间一长，就成了烂尾项目。

在"五大振兴"中，乡村文旅一定是、也必须是产业振兴的重要力量。但我们必须意识到，乡村文旅产业发展离不开以下几个客观事实。

其一，大多数乡村的资源禀赋（包括生态环境）还是普普通通的，不能指望每个乡村都拥有得天独厚的文旅资源。

其二，大多数县域还是"吃饭财政"，依靠大投入发展乡村文旅是不现实的，即便城市土地出让金下一步重点投向乡村，乡村的基础设施和公共服务也十分薄弱，城乡差距很大，要花钱的地方很多。同时，受大环境影响，这几年社会资本投向乡村的积极性也不高。所以，很多乡村发展文旅，都面临"钱荒"。

其三，大多数乡村缺少专业的运营管理人才，这也并非短期内所能改观的。虽然全社会现在关注"乡村运营"，但这是一个难度极大的，也绝非短期内就能攻克的难题。

这个"结"怎么解？通过大量的创新实践，乡立方团队另辟蹊径，以各种创新的方式开发乡村文旅的"第三种"玩法：

——先找魂，坚持将"乡土味、乡亲味、乡愁味"作为乡村文旅项目打造的底蕴和特色，而非简单移植、嫁接城市文旅的一些业态与内容。2021年杭州市萧山区的横一村，将当地1700亩苗木地整改为水稻田，并被选定为当年全省深化"千万工程"建设新时代美丽乡村现场会的考察点。在考察过程中，临浦镇党委书记陈龙宁委托乡立方团队为横一村"找魂"。他说："我们不能简单地为开现场会而筹备，总得要思考，现场会开过之后，能够留下些啥，如何为这块水稻田找到可持续发展的动力。"通过深入调研，乡立方团队喊出了"萧山未来大地"的品牌，其本质就是将"乡土味、乡亲味、乡愁味"的"未来价值"通过多种业态呈现了出来，将 1700 亩水稻田定义为近郊的稻田公园，通过文旅产业的发展，弥补非粮化整治后土地的直接产出。短短几个月，"萧山未来大地"游客来了几十万人。大家来看什么？就是来看未来乡村的样子。两年过去了，村里的民宿与农家乐开出了几十家，营地、咖啡屋、研学基地都很火爆。最为关键的是，横一村的房屋、土地的"价值"提升了，为原住民增加财产性收益打开了极具想象力的空间。

——用"星火燎原"取代"造月工程"。2022 年，乡立方团队受浙江省临海市的委托，为当地江南街道下辖的香年溪沿线几个"空心村"的振兴做顶层设计。通过调研，我们发现，浙江最常见的地貌是山区与丘陵，依山傍水沿溪而建的村落正是"最浙江"的乡村特征之一。但是，光凭一条普通的"溪"，显然不足以打造出一个大景点，也不足以作为一个概念成为引流的王牌。怎么办？于是，我们提出以"江南·溪望谷"为总品牌，围绕"溪"字做足文章：首先，是在这条 12 里长的溪上打造 12 个网红溪坝，结合灯光秀，让这里日夜都能成为"打卡点"。其次，围绕溪两边的当地茶园，打造一系列符合年轻人需求的茶饮空间。另外，推出 20 多个可以吸引乡贤返乡创业的"共富项目"，包括各类营地、萌宠乐园、溪餐厅等。或许这些业态投资都不大，但聚集在一起，足以成就"江南·溪望谷"这个超级 IP。所以，对于乡村而言，不要将目光都放在那些高大上的项目上，基于本地资源和实际条件，围绕着特定的产业、民俗、空间，串点成线再成面，形成"星火燎原"之势，一样能做成乡村文旅。

——玩转科技农业，打造都市人喜欢的农产品体验场、消费场和传播场。一二三产业融合发展，一样可以放大乡村文旅产业的价值。在建德大同镇，乡立方团队打造的"稻香小镇"涵盖了大米梦工厂、66 稻路、稻田研学课堂、创客空间等诸多业态，硬是在最普通不过的"稻米"上玩出了大文章，使大同镇成了远近闻名的农文旅小镇。围绕着全国各地乡村最普通不过的酱菜与腌菜，乡立方连续在国内开出多家酱坊，包括江西景德镇的幸福酱坊、广东南雄的雄酱坊、福建宁化的福酱坊、宁夏大武口的武酱坊、湖北大悟的大悟大酱、浙江杭州径山的径山素酱。"在乡村，这是普通人都能干的产业，是在家门口就能创业的新商机。我们的目标是，今后几年要在全国开上一百家酱坊，帮助更多的村民奔向共同富裕。我们的经验也很简单，就是每一家酱坊都要打造成当地的网红'打卡地'，吸引游客来参观、体验和消费。所以说，不只是绿水青山，美食也一样可以成为一道风景，不要小瞧农村传统的酱菜、腌菜小工坊，有时候更能吸引城市人。"乡立方合伙人陈才这样说。

图/大悟县大悟大酱共富工坊

　　——既然"一无所有"，那就大胆"无中生有"。山西大宁境内的沿黄旅游线有45千米长，但没有什么独特的风景可看，怎么做出特色来？经过调研，乡立方团队设计和打造出一个"黄河英雄营"汽车越野营地，避开了与同一区域的壶口瀑布和乾坤湾的"比景"，还弥补了山西省内的汽车越野营地的市场空缺，这就是典型的"无中生有"。

可以看出，乡立方乡村文旅所谓的"第三种玩法"，本质上就是力求最大程度上"花小钱办大事"，力求"盘活存量"，力求创造"未来价值"。针对当地的资源禀赋和现实条件，培育更多的"乡村文旅＋休闲农业""乡村文旅＋研学""乡村文旅＋康养""乡村文旅＋体育"等，通过这类产业的叠加而创新，从而创造、培育、迎合更多年轻人的乡村需求，并实现业态的可持续发展。唯有此，乡村文旅才能落地，才有前景。

古村落如何培育发展新动力

2022 年夏天，我接到桐庐县政协副主席王红春的电话，他约我抽空跑跑桐庐的江南古村落，为这些古村落的"再出发"出出主意。王红春是我的老朋友，在当地做过商务局局长、政府办主任，因工作上的往来，我们有过不少交集。于是乎，我带上乡立方的一个小团队，重走了一趟古村落中的荻浦和深澳。令我意外的是，这些曾经旺极一时的"打卡地"，已经冷清了不少，已经看不到前些年的兴旺景象。"每天还是有几辆旅游大巴经过，但这些村落大多成了旅行社打发游客时间的免费景点，没有多少价值。"接待我们的一位村干部苦笑着解释。

在杭州 235 千米的"三江两岸"水上黄金旅游线上，桐庐是我最喜欢去的地方，这里不只有黄公望《富春山居图》的实景地，更是浙西"水上唐诗之路"的精华段，尤其是以古村建筑、非遗文化、民俗风情为核心的"江南古村落"，上可追溯到西汉末年，兴于南宋，盛于明清，是数千年农耕文化的结晶。这里既有各类古桥梁、庙宇、祠堂、水系，以及名木古树等物质文化遗产，也有各类民风习俗、传统节日、民间信仰、传说技艺等非物质文化遗产。2007 年深澳村被住房和城乡建设部等七部门公布为第三批中国历史文化名村。古村落拥有明清古建筑 140 多幢、民国时期建筑 60 多幢，是徽派建筑与浙西山地居民建筑的结合。更难得的是，这里被誉为"江南坎儿井"，村落水系十分发达，初步考证，整个水系形成于明代，由溪、澳、渠、塘、井构成，是一个独立而完善的供排水系统，具有分质供水的功能，是现代城镇规划用水的雏形。

早在2015年前后，我应邀为淘宝大学县长班分享农村电商的顶层设计，每个月都要跑几趟桐庐，也因此同桐庐结下了深厚的情谊。走访江南古村落，是我在桐庐忙里偷闲时最喜欢的事。"易理深澳""清莲环溪""孝义荻浦""和合徐畈""山水青源"五个古村，各有主题，形成了一个集田园观光、怀旧探古、欣赏传统文化、体验民俗风情的连片乡村旅游示范区。我印象最深的是荻浦的花海——荻浦村自建的145亩的花海观赏区，以百日草、波斯菊、马鞭草、矢车菊、向日葵等不同花期及花色的观赏性花卉为主体，形成每年4—6月、10—11月的浪漫乡村生态花海景观，同时配套建设了跑马场、卡丁车场、观光小水车、水上乐园、射击俱乐部等多种休闲主题小业态。荻浦花海还根据四季、二十四节气的特色和村庄传统独特的人文风情，推出了一系列以丰收节为内容的时节传统和时节文化。

这几乎是当时国内美丽乡村建设的"天花板"了！但凡外地领导让我推荐浙江乡村建设的典型时，我都毫不犹豫地建议他们到这里走一走。在我看来，桐庐江南古村落不只是有"看点"，最关键的，是古村落"保护好""开发好""利用好"的典型示范，值得全国各地的古村落开发者学习借鉴。对桐庐古村落的这个评价，绝对不是我的个人偏爱，而是当时的各界共识。"最高峰时期，仅仅荻浦村，每年接待的国内各种党政考察团就有3000多批次。"回忆当年盛况，江南街道现任干部也是感慨不已。

短短几年，江南古村落为何出现如此大的起落？

新冠疫情肯定是古村落走向"没落"的一个客观因素。但是，当我们穿行于桐庐的古巷老街时，除了感叹当地保存得非常完好的建筑与民俗文化外，大家确实意识到，身处数字时代，在数字技术的驱动下，社会经济模式发展一日千里，乡村尤其是这些古村落，却似乎还一直在"靠古""卖古""吃古"。即使原本围绕着古村落设置的一些新文旅业态，似乎当年的"赶时髦"现在都"落后"了，难以吸引现在的游客与消费者。业态的不可持续，正是古村落文旅项目的一个"死结"。如何重新培育古村落发展的内生动力，正成为一个新的重大命题。

要找没落的原因，还得从江南古村落当初兴旺的缘由说起。

一是应景式的党政研学。桐庐是"快递之乡"，国内的"三通一达"快递巨头的实际控制人，都是桐庐人。因此，桐庐也成为国内农村电商发展最早的县域，成为阿里巴巴农村淘宝的第一个试点县。全国各地干部到桐庐考察农村电商的，一度达到每年上万批次以上。到了桐庐，自然要到乡村走走看看，所以江南古村落就成了桐庐县首推的一张乡村名片。

二是应景式的业态创新。荻浦的 145 亩花海，曾经是国内最早的一批花海。当地还是牛栏咖啡、猪栏茶吧等业态的"鼻祖"级发源地。这些业态在特定历史时期都红极一时，自然成了乡村引流的利器。但随着各地更多花海的建设，人们的审美出现"疲劳"，加上花海业态本身缺少盈利点，只是起到引流的作用，而维护成本高居不下，难以形成良性运营。至于咖啡吧、茶吧，虽然是不可或缺的服务业态，但当人流量不足时，必定会陷入入不敷出的困境。

三是特定的招商引资。尤其是深澳村，依托规模可观的古建筑群的优势，当地政府集中面向非遗传人等手工艺匠人、大师定向招商，打造"百匠工坊"，聚集了几十家很有韵味的特色工坊与店铺，这也极大丰富了乡村的可看、可玩、可消费的业态。政府做这类招商的初心，是通过规模扩大影响从而实现引流目标，而入驻的工坊主自身力量有限，反而对政府的推广有更多的依赖。

显然，曾经的"兴旺"，都是"植入"式的——农村电商经过这些年的快速发展，桐庐的样板与典型价值已经完成了历史使命，很多地方已经找到了自身互联网＋的模式与路径，不再需要千里迢迢跑到桐庐来学习与交流了。桐庐古村落里的业态，包括花海在内，没有"技术壁垒"，早就被其他地方超越。加之作为政府投资的项目，其缺少机制上的灵活与市场化手段的应用，很难再吸引游客。虽然吸引来了"百匠"，但由于受疫情影响，缺少游客支撑的店铺与工坊，估计生存都面临困难。而且这些业态并没有能够将原住民融合进来，完全是盆景式的存在。

古村落的全面振兴，是乡村振兴时代必须做好的大课题。桐庐江南古村落如果能够"再出发"，重新找到兴旺之道，也就能够帮助桐庐继农村电商之后，再次成为受全国关注的地方。这需要在充分调查研究的基础上，以系统的顶层设计、创新的路径方法、扎实的落地节奏、灵活的工作机制来实现。但从乡立方的方法论角度，我个人认为，"培育内生动力"是找到新策略的基本出发点：

——找到并培育古村落的未来产业。古村落不能一直靠一个"古"字，"古建筑""古文化""古民俗"是特色、是基础、是底蕴，我们需要"借力"和"传承"，更需要培育出旅游之外的产业来。比如，"孝义"是荻浦的魂，但显然，现在的"孝义"停留在文字上、建筑里，并没有 IP 化，如何打造一条完整而丰富的"孝义文化产业链"？同样，"易理深澳""清莲环溪""孝义荻浦""和合徐畈""山水青源"，每一个村，都得有自身的核心产业，不能停留在古村落只靠旅游的层面上。

——完善并提升古村落的消费业态。在古村落，除了常规的古建筑、古祠堂、古树木、老井老街老物件，我们还需要更丰富的业态，让人喜欢来，来了留得住。比如，晚上时间如何打发？夜经济怎么做？有没有城市人也喜欢的乡村酒吧、咖啡书屋等消费业态？再比如古村落都有研学的好题材，如何推出更多的家庭消费产品？

——推动并建立古村落的共富机制。桐庐这几个古村落的原住民基数不小，这比那些"空心村"的振兴更有优势，不能把他们看成"包袱"。使这些原乡人的积极性发挥出来，与归乡人、旅乡人一起，依托集体经济，打造出全新的联农带农富农合作机制，是古村落可持续发展的关键所在。特别是民宿等业态，更需要鼓励更多的原乡人参与进来。

对于古村落来说，不是说不要招商引资了，社会资本的引入对于全面振兴还是非常重要的。但是，我们更要"眼睛向内"，要培育古村落发展的"内生动力"——从"有风貌、有文化、有产业、有机制"，实现"有人来、有活干、有钱赚、有奔头"的目标。这一点，不只是桐庐古村落的现实需求，也是全国各类古村落共同的时代命题。

"将军故里"如何打造"未来乡村"

图/黄麻起义和鄂豫皖苏区革命烈士纪念碑

受湖北省乡村振兴局的委托，我们走访了被誉为"中国第一将军县"的红安县，为当地乡村的全面振兴出主意。出发之前，我们调研团队自信满满，这些年大家在全国各地打造的"红色文化"题材的乡村项目不少，积累了不少经验。但这次同红安这块红土地一接触，我们似乎被"震撼"住了：一方面，无论是从革命老区题材的分量上，还是红色文化的规模上，我们感觉以往做的项目同红安相比，似乎都"微不足道"了；另一方面，红安的红色文化如此"厚重"，当地的一切似乎都同"红"字相关联，"未来乡村"的建设与打造如何走出一条新路来，就成了一个更大的现实难题！

查阅红安的红色史料，我们可以知道：这里打响了黄麻起义第一枪；这里是鄂豫皖苏区的摇篮和早期中心；这里诞生了董必武、李先念两位国家主席；这里诞生了陈锡联、韩先楚、秦基伟等 200 多位共和国高级军事将领；中国工农红军第四方面军、中国工农红军第二十五军从这里踏上了长征征程；这里的人民用鲜血和生命凝结成的"万众一心、紧跟党走、朴诚勇毅、不胜不休"的革命精神，成为大别山精神的重要构成部分。

从红安的实地走访来看，作为湖北省红色旅游资源最丰富、最集中、最具特色的地方，这里绝对是全国一流的红色旅游目的地。县域内有红色的国家 3A、4A 级旅游景区，有大别山抗日军政学校旧址等一大批大大小小的红色革命遗址，遍布全县的每一个角落。县里领导这样说："在红安，可以说是家家有烈士，户户有红军，处处埋忠骨，岭岭皆丰碑。"我们所到之处，都有听不完的红色故事。"小小黄安（红安原名黄安），人人好汉，铜锣一响，四十八万，男将打仗，女将送饭。"这首唱遍红安大街小巷的革命歌谣，就是当年红安儿女前仆后继、不怕流血牺牲的真实写照。

调研结束后，我们一行与红安县的干部座谈，整个交流过程其实一直很"矛盾"：首先，红安不缺"红"，几乎每处乡村都有无可替代的"红色景点"，每一个"红色故事"都很精彩，但显然这些"红色文化"高度同质化。走一走大大小小几十个纪念馆，听一听讲解员讲的历史，感慨之余，并没有能留下更深刻的印象。其次，红安不缺产业，但产业大而不强不优。这几年红安大力扶持红苕产业，全县种植面积达到二十多万亩，但是，红苕的产值并不高，每亩也就两三千元，而这还高度依赖政府扶持政策的激励，每年的收益也并不稳定。最后，当地干部的干劲十足，但苦于找不到突破口，尤其是对未来乡村的打造路径，不知道切入点在哪里。其实，红安县委副书记王映辉的一个观点很形象地总结了红安"困局"："红安不缺资源缺业态，不缺流量缺'留量'，不缺产品缺爆品。"

红安遇到的"困局"，何尝不正是国内更多"红土地"面对的共同难题？这些年，走访全国各地的革命老区，从福建龙岩到江西赣州、吉安，再到贵州黎平、遵义，过泸定桥、雪山、草地，直到陕北，我们可以看到，这些地方的"红色文化"都得到了很好的保护，地方政府也都在竭力讲好"红色故事"，但其似乎都陷入了一种模式里：建设一座博物馆或者纪念馆，修复一个遗址或者故居，陈列一些有历史印记的物件，讲述一段感人至深的历史故事……这基本上就是"半日游"的模式，或许给了游客心灵与信仰的洗礼，但的确无法"留"下什么。人头簇拥，摩肩接踵，表面上看上去很热闹，其实大多数并没有形成当地发展所需要的"留量"——大多数人来"打个卡"就走了，没有带来地方发展所需要的要素，包括消费、资金、技术、人才等。

从这个角度出发，有关红安发展与当地乡村振兴的思考，便有了更广泛的意义，我们需要为红土地和革命老区找出一条新路来。早在2010年1月，习近平同志在湖北省调研时强调，革命先辈们的丰功伟绩，革命老区人民作出的重大贡献，任何时候都不能忘记。要大力弘扬革命老区的优良传统，把老区精神转化为科学发展的强大精神动力，推动老区建设又好又快发展，让老区人民过上更加幸福美好的生活。那个时候，国家还没有提出乡村振兴战略，但这几句话，无疑是红土地乡村振兴战略顶层设计最好的"初心"了。这几句话，给了我们一个可以遵循的思考逻辑：我们不能忘记过去，忘记历史，但我们更要面向未来，抓好发展。

如何推动包括红安在内的这些"将军故里"革命老区又好又快地发展？

——革命老区需要面向未来重新定义发展模式，而不是停留在过去的荣誉与"标签"上。以红安为例，一直以来这里以"中国第一将军县"而自豪，红安也因此积累了很多来自国家各部委的发展资源，得以如期摘帽脱贫。但显然，红安要实现中国式现代化的目标，不可能一直依赖"将军县"这三个字，还需要来一场思想的大解放，来一次发展路径上的大突围。我们不妨大胆地提出一个问题："将军县"代表了红安的过去，什么能代表红安的未来？这是一块孕育英雄的红土地，过去是，未来也必须是。过去以将军为代表，未来要靠谁？历史上，红安人人干革命，十几万人的鲜血染红了这片土地，孕育出 200 多位共和国高级军事将领；展望明天，"新红安，人人创未来"！英雄来自人民，老百姓是天，唯有人人争当创新、创造、创业的真英雄，这个地方才有希望。

——革命老区要以高质量发展的要求，重新定义产业。还是以红安为例，当地政府花了很大的力气，培育和支持红苕产业的发展。在支持一产规模化种植的基础上，还加大了二产的深加工拓展。但现在，虽然红苕种植面积达到了二十多万亩，但平均亩产值才两三千元，产业的获益能力还很有限，二产也处于刚刚起步阶段，一二三产业融合发展还只是一个概念。但是，同类的小香薯，在杭州临安的亩产值却达到两万多元，差距为何这么大？分析其中的差距，就可以找到这个产业的"高质量发展"的方向：品牌化、标准化、电商化是临安小香薯行业的主要经验，临安打响了"临安小香薯"的品牌，做好了产品的分级分类，占据了主要电商平台的销售通路。显然，红安红苕走的是很粗放的路子，虽然是地标产品，也有规模，但品牌影响力很弱，主要通路也是 to B 为主，以量取胜。当然，通过拉长产业链，寻求价值链的提升，红安人已经意识到了这一点，希望不久的将来，红安和临安一样能够推动这一产业的高质量发展。

——革命老区要加强文创化努力，重新讲好红色故事。乡立方在四川"岳池农家"的打造过程中，通过"陆游记 | 陆游的诗和远方"的重新定义，将这个国家 4A 级旅游景区的每一个景点重新做了一遍。其中，围绕每一个景点，创意性开发出一系列文创产品，让每一个游客都有消费的冲动，这是最成功的经验之一。全国各地不少博物馆的文创化开发，也可以给我们类似的启发。博物馆很多是免费参观的，但这些流量通过文创化产品的消费，实实在在形成了"留量"。接受红色文化教育的，就有数量庞大的大中小学的学生。实际上，红色文化与这个群体消费习惯的结合，具有无缝对接的先天性渠道优势。但现在，他们离开红安时，能带走什么呢？

——革命老区要大胆引入未来产业形式，让红土地"潮"起来。除了文保单位以及保护区域外，我们要大胆地引入更时尚、更新潮的业态，让年轻人喜欢。我们绝不能把红色文化庸俗化，但也不能板着脸去传播红色文化，要让包括青少年在内的学生们，都喜欢、认同、接受红色文化。特别是一些整村（街）的红色景点，必须考虑到业态的多样化、年轻化与潮流化的结合，乡村咖啡、新茶饮以及一些精致营地，都可以考虑。一些利用民居改造的民宿，在保留乡村韵味的基础上，还是要大胆巧用一些玻璃、钢架等现代属性的材质，使传统与现代融为一体，让空间更舒适，让人待得住。

——革命老区要切实推进共同富裕机制的建设，以联农带农富农的方式，让更多的农村和农民受益于红色文化。现在去红色景点参观，最大的问题之一就是这些景点所带来的效益很难与老百姓、与农民直接挂钩。包括一些"将军故里"，孤零零的几幢房子，游客参观一圈就走了。我们必须思考如何利用这些红色景点，将其与村庄、街道的发展融合在一起，让人来了能够多待半天，最后转化为当地发展的"势能"与"动能"。换句话说，即便这个地方历史上诞生了一个著名人物，如果现在的各种纪念空间都与当地原住民"隔绝"开来，那一定是本末倒置的。红色文化的资源，应该是当地价值转化的基础，而不应成为摆设式的纪念。

当然，在革命老区和红土地"创未来"，是一项政治性很强的工作。但只要本着"老百姓是天"的出发点，就一定能够找到突破口。

图/大悟县宣化店镇严畈村入口

图/大悟县宣化店镇王庄村入口效果图

乡村IP打造：从市场稀缺性精准切入

　　关于品牌乡村的打造，乡立方总结出了产业乡村、文化乡村与概念乡村等三大类别，其中文化乡村与概念乡村，都离不开乡村 IP 的打造。在这方面，乡立方已经有了一大堆成功案例，包括萧山未来大地、三好清漾、"她文化"千鹤村、硒有田园、陆游记｜陆游的诗和远方、梦开始的地方、金山云径、白云深处｜诗画帽峰等，无论是乡村的形象、影响力和价值主张，都充分体现出了乡立方方法论的价值，使这些乡村成为区域乃至全国的振兴样板。但就我个人看来，乡立方乡村 IP 打造的巅峰之作，还是非"江南·溪望谷"莫属——这个在 2023 年国庆节正式对外营业的乡村项目，将集乡村 IP 打造的缘起、路径和成果之大成，为今后几年乡村全面振兴与共同富裕提供样板和示范。

　　先说说这一 IP 打造的起因。2021 年底，我接到临海市委书记吴华丁的一个邀请，他让我带团队到临海走走，帮政府出出主意，看看临海的乡村振兴在共同富裕的大命题下怎么做出特色来。我是台州人，总觉得台州从美丽乡村到乡村振兴总是"慢了半拍"。我这些年为全国各地打造了这么多样板与典型，却没有机会为家乡贡献点智慧，总是有些期待的。就这样，我们先后几次派了团队到了临海调研，对当地乡镇的情况做了整体摸底。让我们惊讶的是，虽然临海的历史文化积淀深厚，产业基础也很强，但在乡村振兴领域却乏善可陈，缺少亮点和样板。与当地基层干部交流，他们也很困惑，想干事，却不知道从哪里下手。经过多次深入调研和激烈的"头脑风暴"，我们的团队渐渐找到了感觉。这个所谓的感觉，就是乡立方乡村振兴方法论的"找魂"——为临海的乡村振兴工作找到独特而鲜明的IP，进而将其提升为统领当地社会经济工作的"品牌乡村战略"。

我们聚焦的方向围绕着市场的"稀缺性"展开——那就是临海缺什么、台州缺什么、浙江缺什么。临海所缺的，正是以临海人文特色与产业资源为基础的振兴模式。作为台州市代管的县级市，临海同样需要为台州探路，要补台州乡村振兴模式与机制之缺。虽然农业农村部与浙江省政府已经发布了浙江乡村振兴十大模式，但还能不能创新，能不能有突破性新举措，一步走到浙江乡村振兴创新的前列去？项目负责人夏迪说，"我们在调研中发现，浙江最常见的地貌是山区与丘陵，也有相当比例的村落分布在这些地方。这样的村落有几个共同特点：一是沿溪而建，依山傍水；二是现在很多已经成为'空心村'，只有一些老人与孩子留守；三是有很多是传统古村落，但老房子倒塌的很多，有些古建筑急需抢修。我们发现临海市江南街道的香年溪沿线有五六个村落就是这种情况。所以，我们觉得如果能够围绕'沿溪''空心村'等关键词，一定能够回答好临海缺什么、台州缺什么、浙江缺什么的重大问题。"

"沿溪'空心村'如何振兴"的精准聚焦，正是目前浙江乡村振兴十大模式里所欠缺的，从现象普遍性与模式可复制、可学习角度而言，与其说这是临海"后来居上"的一次机会，不如说是乡立方方法论又一次成功的自我迭代。在"溪"字上做文章！有了这个方向，策划团队很快就拿出了"江南·溪望谷"的IP创意。临海市委书记吴华丁第一时间听取了方案，并给予了高度评价，他甚至用了"十二分满意""震撼""惊艳"等词，肯定了我们团队的努力。他这样说："香年溪沿线的村落空心化严重，人口持续流出，如何吸引年轻人尤其是乡贤们回来？如何推动小而散的乡村产业的兴旺？如何将这片故土打造成一个共同富裕的新福址？我很期待乡立方方案的全面落地。"

图/"江南·溪望谷"入口

做足溪的文章，成了乡立方考虑这个项目战略定位的最重要的出发点。所以，一切产业布局都得围绕着"溪"字来转，网红级的溪坝，结合灯光秀，让这里日夜都能成为大家喜欢的"打卡点"。保留传统建筑文化精髓而又有创新表现的地标式民宿，也一定沿溪而建。溪边的几棵老树，抑或一片断壁残垣，都要成为溪边的独特风景。地道的农家菜、创新的茶饮，都会保留或者勾起临海人的故土记忆。我们为香年溪准备了"溪望计划"，就是要为临海乃至浙江更多的沿溪乡村振兴探索出一条路来。老话说，"靠山吃山，靠水吃水"，其实这也可以说是"两山"理念的通俗形式。也许再过一年，香年溪几个村落的原住民可能怎么都不会想到，这一条流淌了成百上千年的溪水，会发生这么神奇的变化，会吸引那么多人来到这里，享受这里的清新、静谧和美好。在乡村振兴时代，香年溪再一次蝶变，成为一条幸福溪、共富溪。

经过数月的筹备，一张"2023年'江南·溪望谷'幸福地图"已经展示在我们面前。乡立方为香年溪沿线几个村落精心准备了将近三十个新业态点，这里有基于农保地的公园化提升，有传统茶产业的"全株开发"，有乡村引流利器萌宠乐园，有面向青少年的乡村劳动研学，有融入大自然的各种风格的溪坝，有保护与创新兼容的江南民居风格的民宿集群……更难得的是，临海市组建了强大的政府专班，将临海市农业农村局、文化和广电旅游体育局、自然资源和规划局、交通运输局等诸多职能部门统筹在一起，整合资源，快速决策。大家形成了一个共同目标——2023 年的 10 月 1 日，"江南·溪望谷"正式对外开放。

我们承接山西省黄河沿线的小县大宁县的乡村振兴"整县推进"任务后，再一次以"市场稀缺性"作为切入点，为当地打造了"黄河英雄营"的汽车越野 IP。2023 年"五一"期间，"黄河英雄营"举行了开营仪式和第一届汽车越野大赛，吸引了全国各地 180 多位汽车越野选手前来参赛。从"体育为乡村赋能"的初心出发，我们再一次印证了乡村 IP 打造方法论的成功：短短几年中，相关线上直播、短视频和图文报道的浏览量突破了一亿多人次，而赶到现场的观众也达到了几万人次。大宁县的大小宾馆全都爆满，老百姓临时开的窑洞民宿一床难求，当地土特产的热销也形成了"车尾箱经济"。我们之所以有这个创意，其实也是被逼出来的，因为大宁黄河沿线的旅游资源有些尴尬，没有啥拿得出手的大景点，被北边永和县的乾坤湾和南边吉县的壶口瀑布夹在中间。但我们在调研中发现，这条黄河沿线的旅游公路开通后，因其一路能够串连一些著名景区，自驾游的流量小不了。与这里几百千米之遥的阿拉善，在新冠疫情前每年都要搞"英雄会"，以 2019 年第十四届"英雄会"为例，聚集的车辆和人员分别超过了 40 万辆次和 120 万人次。能否在黄河沿线的荒山野岭上开发出一个新 IP 来，一方面"截留"部分阿拉善的汽车越野流量，"要赴英雄会，先走英雄路"，另一方面，也避开山西传统文旅项目的竞争，另辟蹊径，走出一条全新的路径来。由于团队在浙江有打造汽车越野营地的经验积累，"黄河英雄营"的 IP 打造可谓得心应手。

图/山西大宁黄河英雄营

大宁"黄河英雄营"IP成功"引爆"后，临汾市委书记李云峰专门做了一个指示，要求临汾黄河沿线的四个县都要研究这一现象，围绕着一系列户外运动，集中连片布局相关业态，争取建设成为国内户外运动的集聚地。早在1997年6月1日，柯受良驾车飞越黄河，就选择了吉县境内的壶口瀑布。这么多年过去了，虽然物是人非，但"极限运动"的标签还在。为此，我们第一时间联系了吉县领导，为吉县提出了"运动吉县，极限运动"的IP：在吉县，可以在黄河边徒步穿越；在吉县，可以在人祖山毅行；在吉县，可以跑一场黄土高原的马拉松……山地越野路、自行车穿行路、滑翔伞营地、水上运动区、冰雪营地等，以一系列活动场所为抓手，形成极限运动＋乡村、极限运动＋民宿、极限运动＋苹果的叠加效应，为当地社会经济发展和乡村振兴赋能。当下，这一乡村IP呼之欲出。

乡村美食，其实也是一道文化盛宴

到乡村去干什么？无论是传统文旅六要素的"吃、住、行、游、购、娱"，还是新旅游的"商、养、学、闲、情、奇"，美食或者"吃"都是不可或缺的。乡村的各种美食，一定是乡村旅游里重要且关键的元素之一。至于"购"，买的也无外乎各类水果、干果以及各种各样的乡村土特产，大多也是用来吃的。"游"与"娱"，往往结合了一些传统美食的现场体验，一样离不开"吃"。但是，要把乡村"吃"的文章做好，一定不能简单停留在"农家乐"的层面，更不能是胡吃海喝的江湖风，而要以乡村风俗、传统习惯、民族特色为基础，打造出一道道极具地方特色的文化盛宴，让人在极尽享受乡村美味的同时，更能产生精神与灵魂深处的文化触动。

早在 2022 年中央农村工作会议上，习近平总书记就指出：各地推动产业振兴，要把"土特产"这 3 个字琢磨透。"土"讲的是基于一方水土，开发乡土资源。要善于分析新的市场环境、新的技术条件，用好新的营销手段，打开视野来用好当地资源，注重开发农产业新功能、农村生态新价值，如发展生态旅游、民俗文化、休闲观光等。"特"讲的是突出地域特点，体现当地风情。要跳出本地看本地，打造为广大消费者所认可、能形成竞争优势的特色，如因地制宜打造苹果村、木耳乡、黄花镇等。"产"讲的是真正建成产业、形成集群。

要延长农产品产业链，发展农产品加工、保鲜储藏、运输销售等，形成一定规模，把农产品增值收益留在农村、留给农民。产业梯度转移是个趋势，各地发展特色产业时要抓住这个机遇。总之，要依托农业农村特色资源，向开发农业多种功能、挖掘乡村多元价值要效益，向一二三产业融合发展要效益，强龙头、补链条、兴业态、树品牌，推动乡村产业全链条升级，增强市场竞争力和可持续发展能力。

"土特产"涉及面很广，致力于从简单的"吃"到"美食文化"的提升，一直是乡立方推动乡村土特产产业化的一个突出重点。放眼全国，每个地方都能挖掘出有当地特色的土味、乡味。但是，全国各地的市场化水平差距极大，类似沙县小吃、潼关肉夹馍、缙云烧饼等地方美食小吃，早已走上了规模化、连锁化的商业化道路。但更多地方的美食特产，养在深闺人未识，有些因缺少传承，正在快速走向消亡。如何挖掘这些美食特产背后的文化，让传统味道与时代接轨，成为行业公认的难题。

图/广府原酱坊设计效果图

两年前，乡立方团队受邀参与广东南雄的乡村振兴顶层策划工作，对南雄市的地方特色美食做了系统挖掘。令团队称奇的是，这个粤北小县城，却以爱吃辣而闻名,在互联网上被称为"广东最能吃辣的县"。当地有梅岭鹅王、酸笋鸭、牛干脯等以辣"出圈"的美食小吃。但是，这些美食普遍小而散，难以产业化和标准化，走不出南雄。南雄的辣椒种植，高峰时期有十万多亩，后来受黄龙病和市场波动的影响，种植规模仅剩三万余亩，大多农户种植辣椒控制在自给自足的规模。乡立方团队一直在思考，如何让南雄的"辣味产业"辣出水平、辣出特色、辣出效益来。"辣味产业"的打造，首先在于特色文化的挖掘和植入。南雄最大的文化 IP 是广府文化，作为古代中原文化向岭南扩散的"驿站"，南雄至今有"广东第一巷"——珠玑古巷、"岭南第一关"——南粤雄关、全国保存最完好的古驿道——梅关古道等诸多历史遗迹，南雄也被称为"广府原乡"。今天，从南雄走出去的广府后裔达到八千万人，南雄的美食，是这八千万人的"乡愁味道"，如果能够关联好广府原乡文化 IP，这些地方味道就自带流量，拥有巨大的市场空间。因此，在产业品牌策划中，乡立方团队提出南雄要聚焦打造"广府原味"系列，如广府原米、广府原酱等。

以广府原酱为例，如何用一瓶酱讲好千年广府原乡的故事呢？辣椒酱是南雄的"厨房产业"，家庭主妇们每年都会制作一批,用于日常调味和佐餐。近年来，有一批家庭作坊，将制好的辣椒酱在朋友圈、熟人圈小范围销售，产品在市场上竞争力不强。乡立方团队在南雄开发了辣椒酱产业的品牌工坊——雄酱坊，希望以雄酱坊为平台，助推南雄辣椒产业全链条升级，从而有效带动村集体和老百姓增收致富。在品牌塑造上，主打"广府原酱"品牌，将千年广府文化和一瓶酱菜深度绑定，唤起广府儿女舌尖上的乡愁。千百年来，祖先从中原千里奔袭南迁路上，行囊里必不可少的是干粮和酱菜咸菜；红色年代，陈毅在南方坚持三年游击战，因敌人封锁难以获得食盐，当地老百姓将食盐腌进辣椒里，帮助游击队度过艰难岁月；今天，南雄儿女出外求学、打拼，行李箱里装着的总有妈妈的手工酱……用一瓶酱菜，串联起千年广府的乡愁。雄酱坊在产品体系的构建上，也进一步强化了广府原乡味道，创新研发出原乡鹅王酱、原乡板鸭酱、原乡萝卜干酱等极具南雄特色的新产品，把地方的特色味道装进一瓶酱里，让一瓶酱更有颜值、更有味道、更有故事。

能否挖透文化、讲好故事，是传统美食特产能否重新"出圈"的关键一环。

乡立方团队用文化赋能传统产业升级的成功实践，还有很多。在杭州唯一的少数民族乡镇桐庐县莪山畲族乡，打造"红街畲寨——龙峰村"，挖掘畲族文化，盘活畲味小吃，推出"高山流水千人席"，助力龙峰村走红。每年的农历三月三，是畲族人的重要节日，过了这一天，就进入农忙期，所以农民要趁这一天享受农忙前最后的休闲时光，吃饱喝足，再加把劲儿到田里干活。虽然随着生活条件大幅改善，村民不再为农事担忧，但长桌宴等习俗一直留存着。这就成了乡立方"激活"当地土特产的创意源头——利用当地特色菜龙凤呈祥、萝卜炖仔排、笋炖咸肉等组成"十大碗"，推出"百桌菜""千人席"，不只是三月三开席，而是根据游客需要成为"常设活动"。如今，这个离杭州只有一个小时车程的少数民族村落，已经成为远近闻名的网红村，在这里可以吃千人席，品红曲酒，跳竹竿舞，体验畲族风情。

第5章

创新之路：从"一无所有"到"无中生有"

宋小春经常讲乡立方"有路不走"。"有路不走"其实指的是一种创新精神。乡村振兴是党的十九大报告中正式提出的一项战略，因此，乡村振兴之路本质上就是一条创新之路，它没有太多经验可借鉴可复制，更多的是需要全新的探索。在找路的过程中，总是需要有人敢为天下先，因此，在国家层面，向来有领跑精神的浙江省，在乡村振兴上再次走在了全国前列，成为我国唯一省部共建乡村振兴示范省；在企业层面，像乡立方这样的"三农"服务机构也从未停止探路的脚步；在地方政府层面，一批敢于创新、勇于担责的一把手书记们，正是推进乡村振兴进程的关键人物。本书正文的最后一章，就是要解码乡村振兴之路上的内核精神，即创新精神！

近两年，全国各地政府人员纷至沓来，到浙江学习乡村振兴的先进经验。那么浙江经验究竟是什么经验？浙江经验不是一蹴而就的，早在实施乡村振兴战略之前，浙江就开始推动"千万工程"，至今已有 20 年了。本书第 25 节，回顾了浙江"千万工程"20 年的几个阶段和成就，总结了"千万工程"给予乡村振兴的经验和启示。

第 26 节从宏观转向具体案例，我以浙江黄岩"浙东芳养谷"为例，回顾了乡立方和黄岩区政府从调研、座谈，到最后概念形成的决策过程，在这个过程中，我们可以看到服务机构与政府干部大胆创新、齐力并进的"双向奔赴"，以及这个项目给我们的启示。

对于乡村振兴服务机构，委托方（政府，或代表政府的国有企业）其实心里多有志忑。花钱请来的"外脑"究竟靠不靠谱，到底能帮当地发展到什么程度？在项目落地成效没有体现出来前，这些疑虑都是情理之中的。在本书第 27 节，我把一家承接乡村振兴业务的国有平台公司老总曾向我提出的五个问题摆出来，和大家一起探讨。这五个问题很有代表性，可以说，这些问题既问出了委托方的心声，也是每个乡村振兴入圈者首先应该问自己的。

无论乡村业态如何创新迭代，农业毫无疑问依然是农村不可撼动的产业核心。因此乡村振兴首先不能忘了振兴大农区。在第 28 节中我以吉林省的通榆县为例，探讨一下大农区的振兴问题。

2022 年中央一号文件《中共中央 国务院关于做好 2022 年全面推进乡村振兴重点工作的意见》明确指出"强化五级书记抓乡村振兴责任"。本书最后两节与三位"书记"有关，一位是云南省昆明市碧鸡街道猫猫箐社区党委书记，一位是山西吉县县委书记，还有一位是杭州市萧山区横一村党支部书记。无论是县委书记、村支部书记还是社区党委书记，在他们身上，我们可以看到"没有办法也要想办法""多难干也要干""我不带头谁带头"的创新力、责任心和实干精神。多一些这样的书记，我们没有理由不相信中国的乡村定能振兴。

"浙"样干：解码乡村振兴的"浙江经验"

图/浙江"千万工程"实施20周年

2023年以来，全国多个省（自治区、直辖市）由书记、省长带队，高规格到浙江来考察，重点就是学习浙江省推进乡村振兴的经验。那么，浙江乡村振兴的核心经验是什么？按浙江省委农办主任、省农业农村厅厅长王通林的总结，是"千村示范、万村整治"工程（以下简称"千万工程"）的大力实施，推动浙江成为农业现代化进程最快、乡村环境最美、农民生活最优、城乡发展最协调的省份之一。

自改革开放至21世纪初，浙江经济经历了20多年的高速发展，但农村因工业和养殖等造成的面源污染问题也日渐显现，与日新月异的城市面貌相比，农村建设和社会发展明显滞后，经济与社会、城市与农村发展不平衡不协调问题突出，整体而言仍是低水平、不全面、不平衡的小康，当时的村庄现状是"垃圾靠风刮、污水靠蒸发、室内现代化、室外脏乱差""晴天尘土飞扬、雨天污水横流、夏天蚊蝇乱飞"。开展村庄整治、改善农村人居环境、提高生活品质是农民群众的最大诉求。

2003年6月，时任浙江省委书记习近平同志在广泛深入调查研究基础上，立足浙江省情农情和发展阶段特征，准确把握经济社会发展规律和必然趋势，审时度势，高瞻远瞩，做出了实施"千万工程"的战略决策，提出从全省近4万个村庄中选择1万个左右的行政村进行全面整治，把其中1000个左右的中心村建成全面小康示范村。习近平同志亲自制定了"千万工程"目标要求、实施原则、投入办法，创新建立、带头推动"四个一"工作机制：实行"一把手"负总责，全面落实分级负责责任制；成立一个"千万工程"工作协调小组，由省委副书记任组长；每年召开一次"千万工程"工作现场会，省委省政府主要领导到会并部署工作；定期表彰一批"千万工程"的先进集体和个人。

党的十八大以来，习近平总书记十分关注、关心、关怀浙江"千万工程"，多次做出重要指示。

2013年5月，习近平总书记做出重要指示，强调要认真总结浙江省开展"千村示范、万村整治"工程的经验并加以推广。各地开展新农村建设，应坚持因地制宜、分类指导，规划先行、完善机制，突出重点、统筹协调，通过长期艰苦努力，全面改善农村生产生活条件。

2015 年 5 月，习近平总书记到浙江调研时来到舟山市定海区新建社区。习近平总书记在调研中说，全国很多地方都在建设美丽乡村，一部分是吸收了浙江的经验。浙江山清水秀，当年开展"千村示范、万村整治"确实抓得早，有前瞻性。希望浙江再接再厉，继续走在前面。

2018 年 4 月，习近平总书记做出重要指示，要求进一步推广浙江好的经验做法，因地制宜、精准施策，不搞"政绩工程""形象工程"，一件事情接着一件事情办，一年接着一年干，建设好生态宜居的美丽乡村，让广大农民在乡村振兴中有更多获得感、幸福感。

2018 年 10 月，习近平总书记做出重要批示：浙江"千村示范、万村整治"工程起步早、方向准、成效好，不仅对全国有示范作用，在国际上也得到认可。要深入总结经验，指导督促各地朝着既定目标，持续发力，久久为功，不断谱写美丽中国建设的新篇章。

浙江省自 2003 年启动"千村示范、万村整治"工程以来，已经步入第 20 个年头。20 年持之以恒、锲而不舍，造就了浙江万千美丽乡村，造福了万千农民群众，成效显著、影响深远。习近平总书记一系列重要指示批示为推进"千万工程"提供了根本方向。

历届浙江省委省政府坚持"一张蓝图绘到底"，持续深化"千万工程"，积极践行"绿水青山就是金山银山"重要理念，每年召开一次最高规格现场会，省市县党政"一把手"悉数出席，每个阶段出台一个实施意见，每五年出台一个行动计划，针对主要矛盾问题制定解决方案、工作任务，从农村人居环境整治到美丽乡村建设，再到未来乡村、和美乡村建设，推动"千万工程"内涵和外延不断拓展深化。

2003—2010 年："千村示范、万村整治"示范引领阶段。以村庄环境综合整治为重点，全面推进"三清两化"（清垃圾、清污水、清厕所，道路硬化、村庄绿化）行动。2003 年 6 月，浙江省委省政府印发《关于实施"千村示范、万村整治"工程的通知》，对不同发展水平的县（市、区）提出了不同的要求。至 2010 年底，全省绝大多数村庄人居环境都得到改善，全省村庄整治任务基本完成，浙江农村人居环境首次实现质的跃升。

2011—2020 年："千村精品、万村美丽"深化提升阶段。以美丽乡村建设为重点。2010 年 12 月，浙江省委省政府印发《浙江省美丽乡村建设行动计划（2011—2015 年）》，围绕规划科学布局美、村容整洁环境美、创业增收生活美、乡风文明身心美总要求，建设美丽乡村。2016 年 4 月，浙江省委省政府印发《浙江省深化美丽乡村建设行动计划（2016—2020 年）》，通过美丽乡村示范县、美丽乡村风景线、美丽乡村示范乡镇、美丽乡村特色精品村和美丽庭院"五美联创"，把"盆景"变风景，到 2020 年底，浙江农村基础设施、环境面貌、文化事业得到全面提升。

2021 年至今："千村未来、万村共富"迭代升级阶段。以推进未来乡村建设、打造共富现代化基本单元为主要标志，以乡村产业匹配度、基础设施完备度、公共服务便利度、城乡发展融合度为重点，使农村基本具备现代生活条件，让农民就地过上现代文明生活，全域推进和美乡村建设，形成"千村引领、万村振兴、全域共富、城乡和美"的"千万工程"新图景，全面打造乡村振兴浙江样板。

我们可以很清晰地看到，过去 20 年，浙江各级党委政府一直将"千万工程"作为农村工作的重点抓手，但"千万工程"并非呆板、生硬和教条式的执行，而是历经了"千村示范、万村整治""千村精品、万村美丽""千村未来、万村共富"等三个不同阶段，以市场为导向，逐步深入，有序推进，终于形成了今天全省乡村振兴、共同富裕先行先试的全新面貌，形成了一系列"浙样干"的经验，为全国各地乡村探路。

按官方的总结，"千万工程"在浙江省的实施，取得了五个方面的成就。

一是农村人居环境深刻重塑。浙江强势打出垃圾、污水、厕所"三大革命"和"五水共治"（指治污水、防洪水、排涝水、保供水、抓节水）、"四边三化"（在公路边、铁路边、河边、山边等区域开展洁化、绿化、美化行动）等组合拳，规划保留村生活污水治理和卫生厕所实现全覆盖，在全国率先实现了农村生活垃圾"零增长"、原生垃圾"零填埋"，农村人居环境质量居全国第一，天蓝、地净、山绿、水清成为浙江乡村最显著的标志。

二是城乡融合发展纵深推进。城市基础设施、公共服务加速向农村覆盖延伸，城镇化率从 2003 年的 53% 提高到 2022 年的 73.4%，城乡居民收入比从 2003 年的 2.43 缩小到 2022 年的 1.9。

三是"两山"转化通道加速打开。通过深化"五美联创"（一户一处景、一村一幅画、一镇一天地、一线一分光、一域一特色），浙江建成美丽乡村示范县 70 个、风景线 743 条、示范乡镇 724 个、特色精品村 2170 个、美丽庭院 300 多万座。美丽成果加快转化为美丽经济，乡村旅游、休闲农业等新产业新业态蓬勃发展，农民人均收入从 2003 年的 5431 元增长至 2022 年的 37 565 元，连续 38 年居全国第一。

四是乡村文明善治充分展现。浙江坚持塑形和铸魂并重，全面构建党建统领的"四治（自治、法治、德治、智治）融合"乡村治理体系，持续涵养文明乡风、良好家风、淳朴民风，2783 个历史文化村落和一大批重要农业文化遗产得到抢救性保护，浙江省和农业农村部成功举办了全球重要农业文化遗产大会。

五是国内国际影响显著提升。中共中央办公厅、国务院办公厅于 2019 年转发文件，于 2021 年印发文件，要求深入学习推广浙江"千万工程"经验。2013 年 10 月 9 日，全国改善农村人居环境工作会议在浙江省桐庐县召开；2018 年 4 月 26 日，全国改善农村人居环境工作会议在浙江省安吉县召开；2018 年 12 月 27 日，深入学习浙江"千万工程"经验全面扎实推进农村人居环境整治会议在北京召开；2021 年 9 月 25 日，全国农村人居环境整治提升现场会在浙江省景宁畲族自治县召开。"千万工程"被当地农民群众誉为继实行家庭联产承包责任制后，党和政府为农民办的最受欢迎、益处最大的一件实事，是一项"规划设计接地气、建设主题有灵气、管理有序集人气、经营有方聚财气、发动群众冒热气、地球卫士扬名气、浙江农民有福气"的民心工程。2018 年 9 月 26 日，"千万工程"获联合国最高环保荣誉——"地球卫士奖"，意味着浙江省推进生态文明建设的努力和成效得到了国际社会的广泛认可和赞誉。

浙江省美丽办常务副主任、省生态环境厅厅长郎文荣，则是用了"五个高"来概括"千万工程"的 20 年：

——高标准打好污染防治攻坚战。以满足人民群众优美生态环境需要为导向，开展了覆盖全域、联动城乡的生态环境治理大会战。浙江省先后实施四轮"811"生态环保行动，创新推出建设污水零直排区、清新空气示范区等有辨识度的行动，通过一系列组合拳，使浙江省的生态环境发生了翻天覆地的变化。统计表明，省控断面优良水质比例从 42.9% 升至 97.6%，全面消除劣 V 类断面；设区城市 PM2.5 平均浓度从 61 微克 / 立方米降到 24 微克 / 立方米；重点建设用地安全利用率保持在 100%。浙江总体环境质量稳居长三角第一、改善幅度全国领先，全省生态环境公众满意度连续 11 年提升，环境信访总量连续 7 年下降。良好的生态环境已经成为浙江高质量发展的优势所在、动力所在、后劲所在。

——高水平推动经济社会绿色转型。浙江始终坚持生态优先、绿色发展，治调结合倒逼产业转型升级，实施"腾笼换鸟、凤凰涅槃"，深化"亩均论英雄"改革，完成铅蓄电池等六大重污染高耗能行业整治提升，在削减30% 的废水废气排放量的同时，行业规模、产值税收持续翻番增长，2022 年万元 GDP 能耗、水耗分别较 2002 年下降 63.8%、91.7%。"十四五"以来，浙江省把减污降碳协同增效作为绿色转型总抓手，开展全国首个减污降碳协同创新区建设，率先建立重点企业碳账户，开展重点行业碳排放评价，加快核电、风光电、抽水蓄能等清洁能源项目建设，推进生态环境导向的开发模式建设，将生态价值释放到农业、文旅、商贸、科创等关联产业。绿水青山不仅是展示今日浙江的"金名片"，还成为可持续发展的金山银山。

——高质量开展山水林田湖草系统治理。把全省域作为大花园来打造，严格实施生态环境空间管控，率先建立"三线一单"制度，建立 314 个省级及以上自然保护地，全省森林覆盖率超过 61%，城市建成区绿化覆盖率达 42%。全面实施永久基本农田集中整治，系统推进八大水系和近岸海域生态修复，扎实开展生物多样性保护试点示范，85% 的濒危野生动植物物种得到有效保护，"神话之鸟"中华凤头燕鸥、"鸟中大熊猫"朱鹮这些珍稀濒危物种重现浙江大地。全省累计创成 42 个国家生态文明建设示范区和 12 个"绿水青山就是金山银山"实践创新基地，数量居全国第一，走出了一条在人口稠密、经济发达地区，保护生物多样性、践行"两山"理念的新路子。

——高效能推进生态文明体制改革。坚持创新发展改革赋能，建立完善美丽浙江建设工作推进、党政干部政绩考核、环境损害责任追究机制。取消衢州、丽水和山区 26 县 GDP 总量考核，实施四级环境状况报告制度、迭代绿色发展财政奖补政策，在全国最早推行排污权、水权、用能权等资源环境有偿使用制度，生态补偿、河湖湾滩长制、环境问题发现机制等一批制度成果向全国复制推广。与时俱进开展生态环境地方立法，构建起以《浙江省生态环境保护条例》为统领的"1+N"生态环境地方性法规体系。充分发挥数字化改革的"关键一招"作用，重塑"平台 + 大脑 + 应用"架构，建成涵盖 50 万家企业、归集 168 亿条数据的生态环境数据仓，以数据流为载体、"一件事"为单元，高效统筹项目审批、污染治理、环境执法等业务，成为全国唯一的生态环境数字化改革和生态环境"大脑"试点省。

——高品质推动生态成果共建共享。生态文明是人民群众共同参与共同建设共享有的事业，浙江大力培育、积极传播生态文化，设立全国首个"生态日"，开展环保设施公众开放、公益巡演、全民生态运动等系列活动，持续推进生态文明进机关、进校园、进企业、进社区、进家庭，广泛推进"绿色细胞"建设，生态环保已成为村规民约、公序良俗，绿色出行、垃圾分类、光盘行动已成为公众自觉。积极推动环保公众参与，敞开监督，曝光问题，回应关切，培养出了一批企业环境"医生"、农村环境监督员、环保协管员、义务巡防员，涌现出一批优秀的民间环保社团和志愿者。越来越多的人成为低碳生活方式的倡导者、维护者、贡献者，绿色环保已经成为社会的新风尚。

2023 年 6 月 9 日，微信公众号"浙江发布"发表了一篇题为《"千万工程"20年，绿色浙江是这样炼成的》的重要文章，文中对"千万工程"20 年的经验和启示总结如下。

一、一以贯之、守正创新是制胜法宝

浙江历届省委、省政府一张蓝图绘到底、一任接着一任干，推动"千万工程"内涵不断深化、外延不断扩展、成果不断放大，成为了接续奋斗不停歇、锲而不舍抓落实的典范。

二、人民至上、共建共享是基本立场

坚持把群众呼声作为第一信号，把群众需要作为第一选择，把群众满意作为第一标准，充分发挥群众的首创精神，不断增强农民群众的获得感、幸福感和认同感。

三、系统观念、统筹推进是科学方法

牢固树立系统思维，坚持乡村产业、人才、文化、生态、组织"五大振兴"协同推进，"美丽乡村、人文乡村、善治乡村、共富乡村、数字乡村"统筹谋划，乡村规划、建设、管理、经营、服务一体实施。

四、机制创新、要素集成是重要支撑

建立党政主导、各方协同、分级负责的责任机制，规划先行、标准规范、分类指导的引导机制，因地制宜、分类施策、循序渐进的推进机制，推动"千万工程"落实落地。加强要素资源保障，做到"千万工程"的点定到哪里，相关部门的扶持政策、项目资金、指导服务就配套到那里。

五、党建引领、党政主导是坚实保障

加强党对农村工作的全面领导，坚持党政"一把手"亲自抓、分管领导直接抓、一级抓一级、层层抓落实，为"千万工程"提供坚强有力的政治保证。

《农村工作通讯》2023年6月期刊聚焦"千万工程"20年，对浙江省委农办主任、省农业农村厅厅长王通林进行了专访。当记者问"千万工程"20年的发展历程之中蕴含的精髓要义和理念方法时，王通林总结了七方面的经验启示，与"浙江发布"的内容也有着异曲同工之妙：

领袖擘画、战略统领是"千万工程"的根本指引。

人民至上、共建共享是"千万工程"的基本立场。

调查研究、问题导向是"千万工程"是关键手段。

持之以恒、锲而不舍是"千万工程"的制胜法宝。

因地制宜、分类施策是"千万工程"的重要机制。

系统思维、统筹推进是"千万工程"的科学方法。

党建引领、基层治理是"千万工程"的根本保障。

　　"千村向未来、万村奔共富、城乡促融合、全域创和美"。浙江将以习近平新时代中国特色社会主义思想为指导，全面贯彻落实党的二十大精神，坚定沿着习近平总书记指引的路子走下去，把"千万工程"放到"两个先行"大场景下谋划推进，践行新发展理念，加快城乡融合发展步伐，以美丽乡村为底色，以未来乡村为示范，以共同富裕为追求，在美丽中国建设中构建"千万工程"新图景，奋力谱写浙江全面推进乡村振兴的精彩华章。

"生态共富"的决策逻辑：浙东芳养谷"无中生有"的故事

　　2022年，受浙江黄岩区委区政府的委托，乡立方团队围绕着黄岩西部六乡两镇400多平方千米区域乡村的全面振兴，在广泛调研的基础上，创造性提出了一个战略构想：将黄岩西部整体打造成"浙东芳养谷"——国内首个中医芳疗康养产业集聚区，以"生态共富"为新兴产业和区域发展的竞争内核，因地制宜种植可食用、药用的花卉、中草药，并以科技手段推进二产加工，以及基于一二产业发展一系列乡村度假、体验新业态，拉长产业链，提升价值链，实现一二三产业融合发展，从根本上破解长期困扰当地乡村全面振兴的难题。

　　黄岩西部的长潭水库，是台州城区300万人口的饮用水源。早些年，台州市人大通过立法，实施了极为严格的一级水源保护条例。也正因如此，库区400多平方千米范围内乡村发展受到了限制——工业项目一概不能上马，传统畜禽养殖业也被禁止。更尴尬的是，黄岩是国内的"制造之都"，东部工业发达，用地指标紧张。自然而然，通过"占补平衡"，西部各个乡镇的土地开发指标都被"调剂"出去了，无论是荒坡地还是梯田，都是基本农田乃至永久性基本农田。西部乡镇招商，往往卡在缺少土地开发指标上而落不了地。同时，西部多是山区与丘陵，人均只有几分耕地。无奈之下，大量劳动力开始外出务农务工，人口大量流失。幸运的是，黄岩人勤劳、吃苦、聪明，以亲携亲、友帮友、邻带邻、村连村的方式，硬是在全国23个省"造"出了一个"新黄岩"——仅仅外出种瓜的就接近5万人，在全国各地种植了近60万亩西瓜，年销售产值突破50亿元。但黄岩人乡土观念很强，尤其是每年春节前后，大量人员返乡过年，话题总是绕不开黄岩东西部巨大的发展落差。可以说，区域、城乡发展不平衡、不充分的现象，黄岩的东西部差异就是一个典型代表。其实，这何尝不是黄岩区委区政府领导心头的结！尤其是当下，浙江省作为国家共同富裕示范区，就要破解区域、城乡发展不平衡的难题，为全国乡村振兴和农业农村现代化积累更多经验，那么黄岩应该交出一份什么样的答卷呢？

在调研过程中，我们先后几次与黄岩区委书记包顺富交流，他反复向我们强调几个观点。我记得有这么几个"关键词"：首先就是"生态"，他说这是"底线"，也是"红线"，无论怎么搞，生态红线触碰不得，库区保护到现在不容易，这里是台州城区300万人的"大水缸"，开发的前提是必须严格保护好，但保护不等于"死守"，需要深度思考如何将"生态价值"变现，发展黄岩特色的"美丽经济"。其次就是"共富"，他说西部山区六乡两镇的全面振兴，是这一届区委区政府的"必答题"，能否得高分，最主要的考核指标，就是要看老百姓能否共同富裕，一定得让他们成为最主要的受益者。最后就是"协同"，他说西部不能上马的项目也许能放到东部，用分工协作、利益反哺的方式，解决区域发展不平衡的难题。

包书记的想法，我们听得很明白，我们也很理解他的战略思考。但显然，这一系列难题不是那么容易破解的。黄岩西部的发展与振兴问题，是一块啃了几十年的"硬骨头"。只不过，在特定的历史时期，受益于东部永宁江两岸制造业的发展和城镇化推进，黄岩在区域社会经济发展的总考评中是合格的，但东西部发展不平衡、城乡发展不充分的深层次矛盾一直存在。在全省奔向"千村未来、万村共富"的今天，黄岩西部如何实现全面振兴，成了这一届区委区政府领导必须直面和解决的历史难题。

在反反复复的调研过程中，我们试图找出突围的基本逻辑。

第一，黄岩西部六乡两镇需要锁定一个发展方向，那就是大力发展"生态产业"。而我们需要回答，究竟什么是生态产业，什么又是适合黄岩西部地区的生态产业。更关键的是，这个所谓的生态产业，又必须以不违反当地库区生态保护条例为前提，如何从基本农田中拓展出新的发展空间？

第二，共同富裕的本质，是植入联农带农富农的机制。那么，什么样的生态产业能够实现这一目标呢？现在乡村的劳动力多数外出务工务农，留下的多是参与能力、参与意愿都不强的老幼群体，要组织这个群体的难度不小，怎么办？

第三，黄岩东部的永宁江两岸制造业发达，相关"生态产业"的二产深加工能否借力于黄岩传统制造业的优势？同时，虽然甬台温地区的消费能力很强，但其对品牌、品质要求又非常高，相关的第三产业能否满足、迎合当地的消费心理与消费习惯？

带着这些问题，我让团队不再局限于浙江，而是在全国范围内展开了调研。让大家"上心"的原因，不只是因为黄岩是我的家乡，还有黄岩面临的振兴难题有其普遍性，黄岩若能有创新实践，也必然能给全国更多地方带来指导性经验。

一、"两山"理念的口号到处都在喊，但转化成果在哪里？如果美丽乡村不能带来美丽经济，美丽只会是一时，衰败将是必然。我们让老百姓守住绿水青山的同时，一定得给他们带来发展的希望。黄岩又如何交出合格的"两山"转化答卷？

二、到处都在推动乡村游、周边游、农业游，乡村农文旅发展的机会到底在哪里？黄岩西部因为有长潭水库的生态屏障，风光秀丽，乡村旅游资源并不缺。但现实是，大多数人到西部只是"打个卡"，有流量没有"留量"。传统农文旅能否成为支持黄岩西部振兴的生态产业？

三、黄岩西部可供开发的土地资源有限，所谓三产融合，一产能否支撑二产与三产的规模？如果不能，又该怎样破解这个难题？

在多次"头脑风暴"之后，"生态共富"成为我们构思黄岩发展战略的基本共识——集中资源发展一批生态产业，突出一些具有较高经济价值的可食用、药用的花卉与中草药。先由国企示范，再充分发动群众参与。相关的种植配以深加工，拉长产业链。二产可以放在黄岩东部区域，三产重在一二产的可体验消费业态，利用西部六乡两镇闲置物业做灵活布局。考虑到人多地少且受农用地政策的限制，一产重在示范效应，不做规模上的要求，以"立足黄岩、辐射浙东、服务全国"的方式来整合资源。有了这些底层逻辑的支撑，结合国内外新兴产业发展的态势，我们团队很快形成了"中医芳疗康养产业集聚区"创意方向，进而提炼出"浙东芳养谷"的总体品牌战略。

自然，这一品牌战略提出后，质疑声从未停止过，其主要体现在以下几个方面。

一是黄岩西部可供种植的土地资源十分有限，一产很难形成规模，怎么支撑得了二产与三产？尤其是花卉等产业，云南、新疆等地产业基础丰厚，黄岩凭什么能够挤进这个赛道？

二是黄岩西部地区现在就有几千亩中药材种植，但普遍效益不好，"浙东芳养谷"凭什么保证农民能增收致富？政府与国企不可能一直"兜底"，农民的积极性如何激发得出来？

三是整个区域400多平方千米，需要大量投资，资金从哪里来？几十年都没有解决的发展难题，岂能靠这么一个策划方案解决？

应该庆幸的是，我们的战略构想，得到了黄岩区委区政府主要领导的理解和支持。"生态共富、西部振兴"作为黄岩新一届区委区政府的六大战略之一，写入了当地的两会报告。同时，黄岩区人大常委会主任牵头，联合各相关职能部门，组建了一个强大的工作专班，为战略落地保驾护航。负责战略落地的黄岩交旅集团也很争气，以"浙东芳养谷"为主体，申请EOD项目成功获批。作为康养体验业态的重中之重，开元芳草地项目也成功签约落地。建成之后，这里将成为甬台温地区高端的亲子度假区。"大多数人是因为看见才相信，太少的人是因为相信才有机会看见。因为我们相信，也坚信一定能看见。我们做行动派，让那些不相信的早日看到。"回顾"浙东芳养谷"一年来的创新实践，包顺富书记这样勉励我们。围绕着"生态共富"的战略方向，更多项目正在展开前期的谋划。比如，"黄岩蜜桔"也启动高质量发展规划，能否从过去纯粹的"果"，走向"药、香、健、茶"等多个领域的深加工，从而创造出远超过蜜桔的传统产值？

图/黄岩蜜桔深加工产品设计效果图

图/中香研系列产品包装设计效果图

　　方向有了，就不怕路远。其实，在黄岩思考"生态共富"这个重大命题的同时，国内已经有不少地方找到了自身高质量发展的模式。比如浙江常山，重新定义了胡柚这个产品，推出以"双柚汁"为代表的深加工产品，为全县打造一个百亿元规模的全新产业链找到了突破口。还有广东的新会，一张陈皮，培育出了一年 190 多亿元的产值，靠的正是多达 160 多款的深加工产品。乡村的高质量发展，还是要基于本地的产业优势，通过拉长产业链，提升价值链，而非一直停留在初级农产品的层面。

在中西部地区，毕竟相当多的区域的产业基础并不强，有的只是"绿水青山"，如何变现成为"金山银山"，恐怕都同黄岩一样，面临如何培育"生态共富产业"的共同难题。黄岩的"中医芳疗康养产业"，靠的是甬台温沿海地区强大的消费力支撑，但中西部地区呢？各地基础不一样，所选择的策略与路径一定不一样，但决策的逻辑是一样的。

期待"生态共富"的黄岩实践，引导更多可复制成果的诞生。

这五问，其实是每一个乡村振兴从业者的必答题

2022 年 8 月，我们一行人到湖北省宜昌市，就当地的乡村振兴战略做初步调研。在与当地政府的座谈会上，围绕着"生态""共富""长江大保护"等关键词，乡立方智库与当地的区县干部展开了一番热烈的讨论。其间，宜昌市属的一家承接乡村振兴业务的公司老总很直率地抛出了五个问题。

第一，既然乡村振兴归根到底是要解决"三农"发展问题，尤其是要保障农民富裕起来，那么所有的顶层设计和方案都要保证农民增收的可持续。但是，顶层设计出来后，万一实施失败了怎么办？

第二，很多乡村振兴项目一开始都有"网红"效应，人气旺，很热闹，但这"网红气质"往往不可持续，有哪一个团队能保证始终吸引住现在的年轻人？

第三，宜昌就这么大，各个区县如何做出自己的模式来？如果涉及大型的文旅项目，区县项目的服务半径是多少，目标客户是谁，最后能给地方带来啥？

第四，宜昌已经形成了"一半山水一半城"的城市定位，各个区县的乡村振兴战略肯定必须符合宜昌的大定位。那么，各个区县的乡村振兴战略能够满足宜昌城市的什么功能需求，又能满足宜昌市民的什么消费需求？

第五，参与各区县乡村振兴项目的各方主体，包括国有平台公司、社会资本以及运营方，彼此的利益如何平衡？

从表面上看来，这五个问题似乎都很"切中要害"。但一推敲，却发现这五个都是"不是问题的问题"。按这个老总的逻辑，啥都不想、不干，才最保险，不会犯错误，不用面对一切无法预料的后果，自然也不会被追责。事实上，放到全国各地，类似的现象也存在不少。虽然从国家层面，乡村振兴有"二十字方针"，各个部委也下发了很多政策性文件，但细化到地方，乡村振兴战略的落地，还是需要各地基于资源禀赋和产业基础、生态环境，创造性地拿出综合解决方案。特别是中西部地区，乡村振兴要实现与脱贫攻坚的有效衔接，"唱新歌、走老路"肯定是行不通的，更需要干部的主动作为和勇于担责。但是，面对乡村振兴工作的"畏难情绪"却普遍存在：乡村振兴需要大投入，钱从哪里来？有了项目与投资后，"万一"没有达成预期怎么办？省市都有战略与规划了，照搬照抄就好了，何必多此一举做自己的"特色"与"模式"？

我特意将这五个问题记了下来。这些问题的背后，本质上反映了部分基层干部的"不作为"心态。导致他们"不作为"的原因很多，但无外乎：一是真不知道如何开创乡村振兴的新局面，采取了怀疑一切的态度；二是再学习能力弱，吃不准当前的政策与形势，不敢把握乡村振兴的新机遇；三是抱着"少做少错、不做不错"的心态混日子，不想也不敢主动担责任。所以，这些现象很典型，正是我们经常遇到的。我想说的是，这些虽然都是"不是问题的问题"，却也是每一个乡村振兴从业者、决策者入圈都要回答的必答题。

其一，党的十九大报告关于乡村振兴提出了"产业兴旺、生态宜居、乡风文明、治理有效、生活富裕"的"二十字方针"，相对应地，就有了乡村全面振兴所要求的"五大振兴"。产业兴旺是实现乡村振兴的基石，生态宜居是提高乡村发展质量的保证，乡风文明是乡村建设的灵魂，治理有效是乡村善治的核心，生活富裕是乡村振兴的目标。从脱贫攻坚到乡村振兴，"三农"问题的解决进入"深水区"，没有勇于担当、攻坚克难的品质，没有敢为人先的创新精神，我们是很难爬坡过坎的，更不用说帮助农民实现共同富裕的目标。同时，我们要看到，乡村要实现全面振兴，也不能只用"富裕"来概括，我们对乡村的"欠账"太多，要"振兴"的方面，国家的顶层设计已经告诉我们怎么做。

对于宜昌和下面的区县来说，乡村振兴就是必须交出的一份政治答卷，这里没有"万一"，更没有"失败"，不能因为有疑虑而裹足不前。

其二，乡村要实现全面振兴，必然会借力于新业态、新零售、新场景等一切有利于乡村发展的新技术、新模式，自然也会打造一些具有"网红气质"的人、货、场，但我们绝不会为网红而网红，而是追求产业、渠道和业态的可持续、长久发展。任何一支服务乡村的团队，可能都会有其相对局限的一面，没有谁能做到"面面俱到""事事圆满"，但只要这个团队有足够的乡村情怀和再学习能力，拥有一支成熟、睿智而经验丰富的专家队伍，就能拥有行业领先、不断创新的动力，而不是一味地赶时髦、找风口。

其三，毫无疑问，宜昌凭其在湖北省、长江经济带沿线以及中部地区的独特区位优势，理应为乡村振兴做出自身的贡献，但这并非要求各区县都做出自己的模式。大部分区县还处于顶层设计阶段，远远不到谈论"模式"的时候。任何模式都是"做"出来的，是需要通过成效来验证的，绝对不是"设计"出来的。如果非得在这个阶段说个一二三，那么我觉得以下几点是必须实现的：一定要呼应"长江大保护"等党中央对长江经济带的绝对要求；一定要围绕着宜昌主城区这200万城市人口做好"城乡融合"大文章；一定要大胆借鉴沿海乡村振兴先行地区的经验，又要结合本地的自然生态、农业生态和人文生态，找到自身发展的独特的"魂"。另外，就区域市场而言，当地乡村振兴需要的大流量，首先就得来自宜昌，同时结合每年来三峡旅游的千万名游客，做适当的引流。所以，只要宜昌定位好自己的"后花园""菜园子""果篮子""米袋子"，或许一切都解决了。

其四，宜昌既然有了"一半山水一半城"的城市定位，不就是已经给各区县做了很好的功能提示了吗？各区县就是要做好宜昌作为"城"所需要的山水功能衬托，成为近郊游、休闲游、周边游、乡村游的目的地。与此同时，一大批都市人所需要的乡村消费场景，各区县也都可以实现。比如青少年的乡村研学，以及都市人喜欢的越野、露营，还有各种乡村体育活动，溯溪、徒步、骑行、攀岩等，都可以结合到各区县的乡村振兴项目中。每到周末、节假日，当宜昌人都爱往区县的乡村跑时，我们还会担心当地的乡村发展问题吗？

其五，宜昌特别是郊区县的乡村振兴刚刚起步，还需要各种力量，包括当地的国有平台公司、各种社会资本、地方政府的职能部门、村里的集体经济以及乡村的农民，一起参与，共同打造。其中，政府的职能部门和国有投资平台就要承担基础设施和公共服务的投资，将乡村的"硬件"拉起来。对于社会资本而言，也不能光顾自己的投入产出，而要将"农民增收与集体经济壮大"作为参与的前提条件。一个目标，就是实现共同富裕。相对应地，如何建立一个各方利益兼顾的共赢机制，的确是保证乡村振兴参与各方都有积极性的关键。说得更直白一些，政府和国有平台公司要把社会效益考核放在第一位，社会资本要让利给农民与乡村集体经济，各方都要尽最大努力降低社会资本的投资风险。

这五个问题，不应该成为"问题"本身，它更多是乡村振兴顶层设计需要提供的方法与路径。但问题背后的"态度"，却是我们需要高度重视的。一方面，要避免基层干部的懒政现象，尤其是不能让那些无能不为者、选择而为者、求利而为者、想为难为者、无心而为者阻碍乡村振兴事业的发展；另一方面，要积极鼓励基层干部敢为、敢闯、敢干、敢首创，通过创造良好的制度环境和价值导向，为担当者担当、为实干者撑腰、为创新者开道，激发他们的积极性、主动性和创造性。

振兴大农区，关键抓手究竟在哪里

2022 年 7 月，应吉林省通榆县领导的邀请，我曾带领乡立方团队和另外几家食品深加工企业的负责人，就当地乡村振兴的顶层设计，进行了一次全面的摸底调研。我们用了一周时间，走访了开通镇、瞻榆镇、十花道乡以及向海蒙古族乡等乡镇的龙头企业。通榆是吉林省西边的一个大县：全县面积达 8476 平方千米（超过了杭州的市区陆域面积），人口 28 万左右，是国内杂粮杂豆的主产区之一，拥有草原红牛肉等中国国家地理标志产品，是一个名副其实的传统农业大县。

早在 2013 年，我就因农村电商与通榆结上了缘，对通榆县情总体还是非常熟悉的。通过与当地政府的通力合作，我们针对大农区农产品以粗加工为主、客单价低、物流成本高、品牌力弱等痛点，以"统一品牌、统一包装、统一品质、统一价格"等方式，通过政府统一授权，硬是为大农区电商化闯出了一个"通榆模式"，帮助当地农产品走上了品牌化、商品化和标准化发展道路，同时也为吉林省、东北大农区以及大兴安岭南麓集中连片深度贫困地区起到了样板和示范作用。时任吉林省委书记巴音朝鲁曾三次考察通榆的农村电商，商务部也以不同方式对"通榆模式"予以肯定。毫不夸张地说，通榆农村电商的崛起，为阿里巴巴、京东等平台电商引进了数万家大农区商户，激活了东北这块黑土地的互联网因子。

农村电商"通榆模式"的成功，没有别的，靠的是"先行一步"，就是比大农区别的县市区醒悟得早、行动得快，因为通榆的条件与大农区别的县市区是大同小异的。如今，在脱贫攻坚到乡村振兴的有效衔接期，通榆还能否创造新模式，继农村电商之后，再一次以乡村振兴领域的创新继续引领吉林，示范东北？说实在话，从一开始与当地领导的交流开始，我便感受到别样的"压力"：相对于农村电商，乡村振兴在大农区的难度要大得多！乡村振兴的关键是产业振兴，而大农区的主产业就是农产业。除了作为国家粮食主产区"保障粮食供给"的这一政治任务外，这里似乎与"振兴"之间有着长长的一段距离。

还是以通榆为例，我们先来看看其农产业作为大农区代表的突出典型性：

——规模大。人均耕地约 27 亩，全县保有存量耕地约 600 万亩。这个耕地的存量规模，直接决定了通榆农产品的规模，从小米、高粱、玉米到花生、辣椒、绿豆等，农产品产量巨大，有些还是国内的"单打冠军"。畜牧业规模一样惊人，牧原在当地投资建设了全亚洲单体最大的屠宰厂，一年屠宰量将达到 400 万头猪。当地政府领导告诉我们，五年内，通榆牛的养殖量将达到 75 万头，鸡的养殖量将达到一亿只，肉羊的常年存栏量也在 500 万只以上。

——品质优。通榆地处北纬 45 度，昼夜温差大，日照时间长，是国内著名的弱碱粮仓。这里的绿豆出口日韩是免检的，高粱是金门高粱酒的直供原料，辣椒产品长期供应韩国市场。其实，在调研期间，我们在餐桌上吃到的美味佳肴，都以最直观的方式，让我们感受到了当地农产品的高品质。

——溢价低。通榆的农产品基本上是以初级农产品的商品化交易方式流通的，少有深加工产品。相对于一产，二产基本还是一张白纸。在瞻榆镇，有300 多个收储大户，前店后仓。每年 9 月、10 月份，南方收粮的商户云集这里，甚至很多人还保持现金交易的习惯。在这种流通格局下，通榆处在利益链最底部、获益能力最弱的位置。

关于大农区农产业的这些总结，其实是很多人的共识，并不是我的独家观点。现在的问题是，如何破解产业振兴的难题，这也是多年来的难题。吉林省早就提出，要从粮食生产大省转型成为食品加工强省，要从一产主导走上一二三产业融合发展的创新之路。2022 年，吉林省在时任省长韩俊的主导下，提出了"十大产业集群"的打造，要建设玉米水稻产业集群、杂粮杂豆产业集群、生猪产业集群、肉牛肉羊产业集群、禽蛋产业集群、乳品产业集群、人参产业集群、梅花鹿产业集群、果蔬产业集群和林特产业集群。围绕这些产业集群，吉林启动建设了一批农产品精深加工重点项目，培育了一批省级农产品加工示范园区，打造了农产品加工和食品产业百强企业。

思路对头，但难度依然不小。一方面，长达三年的新冠疫情，影响了整个社会经济的发展，尤其是大部分投资机构处于收缩观望期，包括吉林在内的东北地区要"逆势而上"绝非易事。另一方面，东北地区的投融资环境一直屡受诟病，要吸引社会投资尤其是南方的资本难度不小。还有，食品加工能够产生溢价不假，但整个商贸行业都面临数字化改造，导致营销通路建设成本极高，又有谁能确保精深加工的食品就能卖得好，卖出好价钱？

这些问题与困难，在大农区典型县域通榆自然一样存在。但在当地县委县政府的努力之下，通榆似乎已经找到了一些突围方向。

首先，组建县级"三农"领域的平台型国有公司，统筹运营全县的土地资源。对于大农区县域而言，乡村发展最核心也最重要的资源，便是土地，"地广人稀"是普遍现象。如何做深、做透土地文章，从而找到深化农村改革的关键抓手，成了通榆县委县政府的精准切入点。通榆组建了县级"三农"领域的平台型国有公司，并通过这一主体整合全县 172 个建制村的土地与产业资源。依托山水林田湖草沙的统一整治，推进高标准农田的建设，通榆对全县境内的土地进行了集中经营与管理，大幅度提高了土地的收益。土地资源的集中运营管理，为社会资本进入通榆的"三农"领域创造了便捷而宽松条件，社会资本只需对接平台型的国有公司，而不需要直接面对农户与村集体。

其次，引进和扶持行业龙头企业。通榆引进和扶植了包括牧原等行业龙头在内的企业，确保二产的精深加工产品有现成的销售渠道，而不是从零起步。有这些企业做引领和示范，可以有效激发当地"三农"领域的创新创业，并进一步形成相应的产业集聚。

最后，打造一个大型三产融合产业园。通榆通过发行专项债，正在打造一个大型的三产融合产业园，进一步培育一批基于本地优质农产品资源的精深加工产业。由于有专项债的支撑，外来资本进入通榆的资金压力大大减轻，投资风险也大大降低，尤其是国内预制菜产业的风口正在形成，非常有利于通榆优质原材料产地优势的发挥。

就大农区乡村振兴整体现状来看，通榆的创新努力难能可贵，尤其是通过土地资源的集中运营管理，大大提高了其效率与效益，并帮助所有乡村提高了集体经济的经营收益，这无疑是极具探索价值的创新实践。但从农产业本身而言，通榆的努力还是远远不够的，龙头企业在全国各地都受欢迎，是不是对每一家招商主体都那么"真心实意"？是否每一家都能做大做强？是否他们对本地的农户和村集体都有带动潜能？是否每一家精深加工企业都能经受得起市场考验，并实现其项目落地的预期目标？再说，现在招商引资非常困难，很多领域与地域根本就是"无商可招"，通榆是否也需要眼睛向内，培育内生动力？

所以，基于整体调研情况，我们为当地的乡村振兴提出了几个必须强势突围的方向。

一方面，强化品牌引领的社会经济发展战略。通榆的农产品在一产方面都很强，但没有品牌，基本上停留在卖大粮、卖原粮的层面上。吉林省提出打造十大产业集群，有一大半产业与通榆有关联，通榆需要在绿豆、玉米、高粱、辣椒、小米等拥有相对规模优势的领域，抢占几个品牌高地，申请"地标"，着手建立种植、储运乃至消费端的标准化体系。与此同时，从区域公用品牌延伸至"品牌乡村"，将这些品类、产业与拥有相对优势的乡镇（村）结合起来，打造"一乡一特""一村一品"，打造一批以产业为依托的特色乡镇（村），围绕着三产融合的大问题，逐步布局相关业态与体验式工坊，让大宗农产品也变得新潮、有趣、好玩，让更多人在这里被触动、待得住。

另一方面，加大食品科技的基础研究，支持建设一批有技术含量的食品深加工品牌工厂。如果简单地去发展食品加工，就很容易陷入"红海"的恶性竞争。尤其是预包装食品，必须在包装、保鲜、储运等方面有根本性突破，才可能立于不败之地。这就需要政府在出台产业引导政策的同时，加大同高校与科研院所的合作，将精深加工的技术水平提高，为产业的发展提供强有力的技术支撑。

还有，大农区必须考虑如何建立"共富机制"，将更多农户吸引进来。一味地考虑招商引资，而忽略了本地人的积极性，不是乡村振兴的本意。

真诚地祝愿通榆走出大农区振兴的一条新路来。

"小书记"何以有"大作为"：与一位基层社区书记对话引发的思考

我们平时上山下乡做调研，对话最多的人中就包括村书记（含社区书记）。虽然我们经常提"五级书记抓振兴"，但村书记管的事可能是最具体、最琐碎、最繁重的。对上，要充分理解并贯彻领导意图；对下，要平衡、协调村民的诉求与矛盾。特别是在涉及土地和房屋的征用、动迁时，村书记可能"里外不是人"，工作不好做。所以，我们遇到很多村书记，谈到乡村振兴时，他们更多是在吐苦水：

县里不给土地指标，招不了商，项目落不了地。

我们也想把村里环境整治一下，但县里得有专项经费支持啊，否则怎么做？

村集体一直想收储几间老宅子，集中对外招商经营，但是谈不拢价格。

我们这里人多地少，除了外出打工外，没有啥增收的办法了。

村里年轻人都走光了，就剩下这几十位老人留守，没有有能力搞乡村振兴的。

……………

"村两委"一肩挑后，虽然很多地方都选择了敢担责任又有成功从商经验的年轻人当村书记。但在与他们交流过程中，我发现等、靠、要的现象依然很突出。这里有客观因素，或许玩转乡村的难度确实要远超过玩转一个企业。毕竟在村里村外、人前人后的"人情社会"里，"做人"要难过"做事"。所以，一直以来，我大多数时候只是听，少有交流。毕竟"家家有本难念的经"，村作为最小的行政单位，要治理好，的确也不是件容易的事。正因如此，从内心深处，我从不将村书记视为乡村振兴的"关键人"。

但在云南省昆明市西山风景区的一次基层调研中，与猫猫箐社区党委书记李星平的一番交流，却改变了我的看法。李星平并不年轻了，五十开外，但显得很精神。他笑言，"我状态好，是因为西山负离子含量是昆明市区的十倍。"李书记很健谈，我倒认为并不是因为口才好，而是清晰的思路和创新的方法给了他足够的自信。

我们交流的话题，是从乡村振兴开始的。我先后问了他几个"大问题"：村里搞乡村振兴有什么困难或者困惑？滇池生态保护与乡村发展的矛盾如何解决？乡村振兴涉及的土地与投资的难题如何解决？

让我意外的是，这位社区书记侃侃而谈，完全改变了我一直以来对村书记（含社区书记）在乡村振兴上的角色认知。不管当地乡村振兴最终落地成果如何，他的创新思维都足以给全国各地的"村两委"一把手上一堂课——

"你问我乡村振兴有什么困难与困惑？我更愿意将乡村振兴看成是我们的重大发展机遇。这些年昆明城市发展力度很大，但包括我们西山等在内的乡村被冷落了，潜力远远没有发挥出来。过去昆明一直是省内其他旅游景点的中转站，外省来的游客少有将我们西山作为目的地的。但三年疫情中，我们西山越来越旺，昆明人游西山，就是一个大市场。如果我们基础设施再上来，我们猫猫箐的明天不得了！

"要搞乡村振兴，先得盘清自己的家底子，我们的集体资产究竟有什么，房屋、土地，都得算清楚，把这笔账算清了，我们才能给自己定一个合理而明确的目标。我们社区在核清所有资产后，注册成立了平台公司，把能装的资产都装进去。当然，这里需要社区的每一个党员、每一个农户都签字。村里的事，只要一个人不同意，有时候就不好办。只有大家都自觉自愿参与市场化运营，心往一块使，绝不生二心，才能办成事。

"在我看来，乡村振兴首先要搞好规划。但这规划不是自己关起门来瞎设计，还得请专业的团队来做，省不得这笔钱，该花的钱一定花。但规划的制定，首先得遵循昆明市特别是滇池生态保护、西山风景区的要求，这是前提，你要是越规了，今后就做不下去。同时，一定要接地气，可落实，不整那些'高大上'但无法执行的东西。我们是一个社区，搞那些花里胡哨的东西，农民不会支持。

"建设用地指标很关键，但我从来不给区里、市里领导添堵，从来不直接向他们要指标。要知道现在领导签字，要是不合规，他签字也是会手发抖的，今后追起责来怎么办？我们社区现在的建设用地指标很充裕，哪里来的？我研究政策啊，在合法合规的前提下解决。我们先后申请了四块'国字号'招牌，包括国家石漠化整治、打造植物多样性公园、国家农业公园、国家级森林康养基地、国歌文化公园（这里是聂耳的故乡），这些项目都附带建设用地指标。说实在的，通过这些项目的申报，我相信自己是一个'政策通'了，也成了农村规划专家。

"钱嘛，你不用担心。西山的资源在昆明属于稀缺的，尤其是我们社区搞了这四个国家项目后，大量的社会资本在等着投资，捧着钱上门来要参与的一大堆，我们每天都在接待各类意向投资人。只是，我们还是要优中选优，不能把现有的好资源糟蹋了。再说，做企业也不容易，别人来投资，我们也得帮他们分析风险，千万不要让人做赔了。

"我们正在请人做一个电子沙盘。今后，对着一张电子屏，三五分钟就可以把西山和我们社区的情况介绍得一清二楚，不需要像我们今天这样爬到山顶来，或者翻看几大叠的规划文本，看清全貌才知道我们的意图。这个数字化时代，新技术我们还是得主动拥抱的。"

原本，我们是受昆明市领导的委托，调研滇池沿线 180 个乡村的情况，破解滇池生态保护与乡村振兴协调发展的难题。与猫猫箐社区书记李星平的对话，意外地让我们发现了这个"能人"。我认为，他为基层干部做了很好的角色示范——至少他的思维方式和行为方式，符合乡村振兴时代的"第五级书记"的责任担当，也给我们上了一堂基层工作的创新课。在村书记普遍有畏难情绪、找不到乡村振兴方向的今天，猫猫箐社区和社区书记李星平的经验，值得推广与学习。

一位县委书记和一位村书记的"千里之约"

山西吉县县委书记赵松强在参观杭州的萧山未来大地后，向横一村书记傅临产提出了一系列问题——

你们实施非粮化整治后，村集体收入发生了什么样的变化？

你们的集体收入的构成是怎样的？

既然你自己开的农家乐很赚钱，为何又把它关闭了？

村里现在有多少党员，年龄构成是怎样的？

从过去的横一村到今天的未来大地，村里发生最大的变化是什么？

民风民俗有变化吗？村里的红白喜事有什么样的管理规定？

基础设施和风貌整治花了多少钱，钱都是从哪里来的？

怎么才能吸引杭州城区的人到这里来？

年轻人都进城了，你们怎么解决村庄的空心化问题？

…………

自从 2021 年浙江省"千万工程"现场会在这里召开后，横一村以"萧山未来大地"的 IP 新形象远近闻名。即便受新冠疫情的影响，傅临产作为村书记每年接待的大大小小的考察团仍然多达一千多批次。赵松强书记提出的一系列问题，自然也难不倒他。

"非粮化整治前，我们村集体经营性年收入才 39 万元，但 2022 年增长到 890 万元，短短两年就发生了翻天覆地的变化。除了高标准农田改造后农产业的增收外，我们因城郊稻田公园的建设，还是多了很多经营性收益的。比如小火车、电瓶接驳车，每张票村集体都有一二十元的收入分成。鸭棚咖啡店卖出去的每杯咖啡，我们也能拿到 10% 的销售额。今天座谈的会议室，我们出租半天也能收到一千元的场地使用费，这样的会议室我们有三个。我自己出去交流经验，讲课费都归集体，一年下来也有上百万元。

"我自己回来当书记前，也是做企业的，非粮化整治前的苗木，我也有基地。但作为党员和村书记，我再舍不得这些苗木，也得拔掉，我得以身作则带个头，群众都在看着啊。为了让游客进来后能有消费，我带头开了一家农家乐，生意很火爆。开了九个月，我算了一下，就赚了一百多万元。村民们一看，有利可图啊，积极性就上来了，现在全村的民宿有二十多家、一百多张床位了，村里的农家乐可供一千多人就餐。示范效应出来了，我就把自己的农家乐关了，让村民多赚些。

"村里的党员有 108 个，其中 60 岁以上的有 50 个，但年轻人只有二三十个。好在这些年轻人现在都是高学历的，有北大的，也有浙大的。现在村里发生了这么大的变化，年轻人愿意回来，我们村回来的年轻人就有 18 个，这就是好事情。

"不瞒你们说，横一村过去也是一个'上访村'，民风很彪悍，确实不好管理。但现在环境美了，村民的观念与思想也有了很大的变化，现在是'零上访'。村子变得这么漂亮，你让老百姓去上访，他自己都不好意思。我们拆围墙，美化庭院，大家都很配合，过去的话，你要是动老百姓的围墙，那都是'要命'的。现在横一村很整洁，甚至地上看不到一个烟头，村里没有统一的保洁，全靠村民们的自觉维护。

"总的来说，横一村的民俗民风更好了。村里也有红白理事会，大家都很自觉遵守约定。虽然村里每九个人中就有一个是老板（财产在 500 万元以上），但红白喜事招待原则上不超过 30 桌，招待酒不能用茅台、五粮液，也不能用 100 元以上一包的高档烟。

"这几年，我们积极研究政策，向区里、市里申请专项资金，包括 2019 年 2300 万元的'美丽乡村'经费和 2021 年 6000 万元的非粮化整治经费。但我总结出一个观点，乡村振兴'三分建设七分运营'。基建这一块，有多少钱办多少事，但运营做好了，效果才出得来。横一村的投入不算大，但效果很好，更多是靠后期的运营。

"你问我如何吸引城区的人到横一村来？这个问题你要问乡立方。横一村有今天，我是发自内心感谢乡立方的。他们的策划与创意确实'高'，从未来大地的命名，到乡村业态的打造，真的是满足了杭州城区人到乡村的一切需求，这是横一村成功的重要基础。所以，还是要大胆地用好'外脑'，光靠我们自己搞不出这么好的效果。

"前段时间，我应邀去山东上课。当地政府领导带我去村里走走，我看到留下的全是老人，基本上都是'空心村'。怎么办？在我看来，破解这个难题只有一个方法：如果要往这个村里投 1000 万元，最好是 500 万元搞建设，500 万元投到人身上去，吸引年轻人返乡创业，帮助他们解决发展的难题。只有年轻人回来了，'空心村'才有振兴的希望。"

赵松强听了傅临产的如流对答，感慨不已。

"我不知道别人对未来大地有什么评价与总结，但今天从参观到座谈，在傅书记和横一村村民身上，我感受到了一股强烈的精气神，一种乡村全面振兴的感染力。我有四个感受：第一是横一村有一种'自发'的力量。从村民到村书记，都很积极、主动地融入到乡村全面振兴和共同富裕的创新实践中，而不是靠上级政府和组织的推动。第二，横一村走出了城乡融合的模式'自信'，这里有集体收入逐年增长的自信，更有宜居宜业和美乡村带来的美好氛围，还有党群和谐关系的机制保障。第三，横一村作为浙江第一批未来乡村的样板，拥有'自豪'的资本。如果说美丽乡村建设是 1.0 版本的话，恐怕横一村已经走到了 5.0 版本，远远走在了前面。第四，横一村的书记和村民，还在积极探索'下一步'怎么走，表现出了共同富裕伟大征程中的'自觉'。在你们这里，我确实看到了未来乡村的样子！"

赵松强话题一转，向傅临产发出了邀请："我要组织全县的村书记都来一趟横一村，要请你给他们上一堂乡村振兴大课，系统讲讲你们的经验。在这方面，我这个县委书记说的话，可能效果都不及你说的好，实地看了，再由你来介绍，我相信我们的村书记听得更明白、更有感触、更具实效。他们回去后，我们要组织一次全县村书记的大比拼，让他们各自拿出乡村振兴的方案，再选出其中五个经典方案来，让他们同横一村结对，请傅书记当顾问，指导他们怎么干！"

没等傅临产表态，赵松强接着说："当然，不能让你们白干，这顾问也不能白当。既然结对，我们也可以尝试建立一个共同富裕机制：既然吉县盛产苹果，这也应该可以成为横一村的福利，我们要给横一村的每家每户都送上一箱，请大家都尝尝这份来自黄河岸边的香甜味道。我们还要发出邀请，一年内横一村的村民凭身份证可以免票游览黄河壶口瀑布。我们还希望能在横一村设立吉县特色产品专柜，杭州和萧山的市民到未来大地来，在这里扫码购买一箱吉县苹果，一样可以免票游黄河壶口瀑布。"他当场嘱咐同行的吉县干部马上研究这种"结对"的方案落实途径。

面对这份真诚的"千里之约"，看得出，傅临产有些感动。他说："横一村只是浙江乡村振兴、共同富裕创新实践的缩影和窗口，吉县的村书记们可以到浙江更多地方走一走、看一看。如果来横一村参观、交流，我们一定不做保留，会把所有的经验与教训都摆出来，一起为吉县的乡村找魂、找路。如果横一村能够成为黄河壶口瀑布和吉县的优质农产品在杭州的展示窗口，我们也一定不遗余力。"

就这样，一位县委书记和一个村书记的手，紧紧地握在了一起。

让我们期待这份"千里之约"早日结出硕果。

终篇

为乡村找路"立方说"

乡有乡道,村有村路。为何还要为乡村找路？要为乡村找一条什么样的路？

相对于日新月异的城市发展,中国乡村的现状显然是滞后的,这也正是国家实施乡村振兴战略的初心所在,要从根本上解决城乡之间发展不平衡、不充分的问题,满足农民群众对美好生活的追求,推进中国式现代化的伟大进程。所以,为乡村找路,要找的,是一条连通城乡的希望大道,要铺的,是一条奔向未来的梦想之路,要修的,是一条实现全社会共同富裕的"云高速"。20年来,乡立方这一群人,就一直担当着"乡村找路人"的社会角色,心无旁骛、无怨无悔、乐此不疲。

为了更好地总结与梳理"为乡村找路"的经验与教训,2023年7月23日晚,我特意邀请乡立方智库"大脑"——联合创始人宋小春、徐大伟,合伙人夏迪、陈才以及境立方创始人江亮等人,从20年的"乡村找路人"的视角,进行了一场思维碰撞,希望在系统思考的基础上,捕捉到更多的灵光,一起为中国更多的乡村拨开全面振兴的迷雾,爬坡过坎,找到更多条乡村的发展路、未来路、共富路。

要为他人找路，先以自己探路

时间：2023年7月23日 19:00—22:00

地点：杭州市余杭区乡立方总部

主持人：乡立方联合创始人、首席战略官莫问剑

对话嘉宾：乡立方联合创始人 宋小春

乡立方联合创始人 徐大伟

乡立方合伙人 夏迪

乡立方合伙人 陈才

境立方创始人 江亮

扫码观看为乡村找路
"立方说"现场视频

莫问剑：

乡立方先后为全国 300 多个品牌乡村"找魂"，为区域社会经济发展制定战略，尤其是为当地做乡村振兴的顶层设计。其间我们打造了很多成功的案例，包括"千万工程"起源地浙江"萧山未来大地"、"梦开始的地方"淳安县下姜村、"妇女能顶半边天"的建德千鹤村等，另外在广东、山西、湖北、福建、山东、河南等地，都有区域性的标杆项目。我的问题是，乡立方为每个地方做顶层设计的基本逻辑是什么？全国乡村这么多，资源的同质化肯定也是不可避免的，乡立方又怎么能保证得了每一次受托，都能为当地乡村找到独一无二的竞争力？

徐大伟：

我来开个头，先从乡村振兴顶层设计的误区说起吧。因为最近半个月，我跑了三四个县，遇到的问题，恰恰都同顶层设计有关。

我到了河南某县考察，当地领导带我去看了县里很多资源——他们认为非常好的资源，其实都是围绕着"乡村文旅"来考虑的。在这些领导思维里，乡村振兴就是搞乡村文旅。这是第一个典型的误区。一谈到乡村振兴的项目，很多地方就朝乡村文旅方向去干了。其实在乡村，还有农业，传统农业经济里的农林牧副渔，哪个村没有？中国有近 3000 个县市区，我想每个村都有基本的农业资源。我们振兴乡村，其实先得考虑这些传统产业如何振兴、传统农业资源如何转化与变现，而不是上来就搞乡村文旅，事实上也不是所有村落都有条件去搞文旅的。

第二个误区，是用"东拼西凑"的方式抓乡村振兴。在国家政策大力推动下，这些年各地都在谋划乡村振兴，甚至每个村都在干，每个地方也都树立了自己的样板。但是，我跑了不少县去考察，仔细去琢磨当地的乡村振兴，总觉得中间有些别扭，乡村产业看似很丰富，但大部分都是东拼西凑。中西部地区的县市区领导来浙江学习考察，看到某种业态感觉不错，回去就依样画葫芦，直接干了。到广东招商引资，又注意到了几个新模式，二话不说，搬！这是什么？其实就是"不动脑"的东拼西凑。最终，很多村都干成了"大杂烩"和"四不像"——

貌似它什么都有，但其实什么都没有，这是很普遍的现状。

第三个误区，是简单地采用"拿来主义"。近段时间，电影《封神第一部：朝歌风云》上映，很火爆。我刚刚去了同这部电影有关联的地方——河南省获嘉县。明代文学家许仲琳就是在这里写出了中国古典神怪小说《封神演义》，获嘉也成为"封神故事发祥地"。借着电影的上映，我跟获嘉的领导交流，我说，这么好的文化IP，我们必须要抓紧，必须要抢占。当然，获嘉以前也做了。怎么做的呢？更多的是"拿来主义"，就是所谓的文化呈现。但只是呈现而已，告诉你这里发生了什么，这里的历史有什么。从乡立方的方法论来说，对文化不能简单地采用"拿来主义"，必须实施"文化再造"。没有文化的可以给它造文化，不符合这个时代的，必须迎合"潮流"来吸引现在的消费者。乡村的文化很多保存在村落里，尤其是一些千年古村，积淀很深厚。但我们可以看到，只要是简单地采用"拿来主义"，就都干不好。长三角到处都是水乡古镇，为何乌镇独树一帜？因为传统与现代、传承与创新在乌镇有了完美结合。现在全国各地都来浙江学习"千万工程"，我要提醒的是，大家千万不能表面上学，要学浙江人的思维，不要把在浙江看到的好业态直接搬过去。

第四个误区，是乡村产业浅尝辄止，做不深悟不透，或者说"吃干榨净"不够。乡村发展遇到的最大的痛点，就是大部分地区都以传统农业经济模式为主，增值空间有限。种稻子就是种稻子，养鱼就是养鱼，但没有人去思考，如何将一粒米提升到一两米的价值，把一条鱼卖出三条鱼的价格。我们去年策划余杭区未来渔业示范带，一个基本的出发点就是，如何利用一条价值一百元的鱼，创造出三百元的价值。原来这里只是养鱼、卖鱼，我们重新做了定位，将这里打造成"未来渔村"，从卖鱼到"卖乡村"，推出一系列"渔主题"的未来乡村体验业态，从渔产业角度，从种苗、饲料、养殖，到储运、销售、深加工，拉长产业链。在渔产业的周边，推出研学、民宿、餐饮等新业态，既有流量，也有"留量"。本质上，它其实就是一二三产业融合发展，是"吃干榨净"，是价值的叠加。

乡立方对乡村做判断，首先就要规避这些误区。

宋小春：

我换一个角度来谈这个事情。我是做品牌出身的，经常用一个核心关键词——差异化，品牌战略经常用到差异化定位。如果把乡村顶层设计当作一款产品交付的话，它要成为一款有市场价值的产品，它就必须要有"差异化定位"。所以，要打造品牌乡村，做好乡村全面振兴的顶层设计，就是要帮助乡村创造有差异化的市场价值。任何一款有竞争力的产品，都需要有差异化的定位，同时也要有差异化的渠道、差异化的市场、差异化的消费者等。就我个人经验而言，研判一个乡村，主要从宏观与微观两个层面切入，帮助这个乡村实现与众不同的顶层设计，使其成为典型的、能做示范的、极具差异化的标杆，同时也成为一个具有较强市场化价值的样板。

从宏观层面来讲，就是三个需求。

一是区域性的市场需求。七八年前，如果搞美丽乡村做乡村旅游，问题不大。因为当时大多数区域市场，还没有太成形的乡村旅游产品出来。但现在搞乡村振兴，再往乡村旅游上靠，不一定能出效果。文旅业态有些也是时代的产物。比如说乡村漂流，七八年前我在千岛湖搞，是第一家，所以也轰动一时。但现在千岛湖地区有十多处漂流点，再去做一定是死路一条。浙江"千万工程"搞了 20 年，千村变万村，乡村旅游已经很难做出示范效应，很难成为典型。所以，现在浙江的乡村喊我去做顶层设计，原则上我一定不考虑乡村旅游，因为做得再好，也很难取得差异化效果。但是，北方还有很多地方，它还没有这样的一些示范典型，乡村旅游还是可以做成、做火的，也容易成为示范典型。所以要基于不同地方的特点、不同区域的市场需求，进行当地乡村的顶层设计。

二是产业高质量发展的需求。产业振兴，是乡村振兴的根本。我们现在为一个地方做顶层设计，将主要的心力与资源，都倾斜于当地主导产业或者特色产业的高质量发展规划上。比如说，前段时间我们接到一个任务，为黄岩蜜桔如何实现高质量发展做顶层设计。蜜桔绝对是"红海"产品，黄岩蜜桔虽然历史很辉煌，但在临海涌泉蜜桔、象山红美人等品牌的围攻之下，江湖地位一落千丈，包括种植面积也是大幅度萎缩。我们意识到，从品种改良、品质提升、品牌打造等方面进行产业提升，时间长、见效慢，无论是政府，还是种植户，都等不起。我们提出了"全株开发利用"的全新概念，就是利用桔子的花、叶、枝、皮，通过超临界提取技术，提炼出桔子的精油，作为系列日化产品的原材料，将桔子的价值，从"吃"延伸到"用"，避免了低水平的同质化竞争，开发出一系列新的市场。

三是对乡村未来要做的布局。乡村的未来要靠谁？是乡贤。乡村要满足原乡人、新乡人、归乡人今后生产与生活的需求，才能拥有未来。所以，我们在推进顶层设计时，特别是在乡村很多闲置资源的开发方面，要构建更多能够符合"三乡人"回来创业、回来生活的平台。这个平台，可能也是乡村发展差异化定位的基础。

从微观层面来看，我也有三个心得。

第一个就是村容村貌建设。浙江"千万工程"的起步阶段，即所谓的 1.0 版本，就是从人居环境整治开始的。所以，现在全国各地学习浙江的乡村振兴，就可以从浙江新农村建设、环境打造、美丽乡村开始学起。但我们学习浙江成功经验的同时，也得避开浙江曾经踩过的坑，其中一个，就是以前搞"穿衣戴帽"，千村一面，既花了大价钱，又不好看。必须最大限度地保持乡村的特色，村容村貌也可能成为某个乡村有市场价值的差异化发展方向。美丽乡村千万不要变成美丽新村，要以主题化、更有特色的差异化风格去打造。

第二个就是视乡村文化为魂、为根。真正让当地老百姓有归属感的、有共鸣的地方是什么？是这个村自古以来的文化。比如说我们打造的建德"镇头大队"。当初接到任务时，我们几个很头疼，这个村处于"三无"状态——无产业、无特色、无文化。但在深入调研过程中，我们了解到这么一段历史：为了解决老百姓的农业生产、喝水的问题，整个村花了 6 年时间挖了一个镇头水库。这个故事，成了他们这个村家家户户都愿意传承的文化，我们用那个年代的文化载体，设计、创作、布局了一系列故事、小景、业态，使这个村成了远近闻名的网红"打卡地"。所以，我坚信每一个村、每一个乡镇，都可能拥有自己差异化的文化。

第三个就是创新共同富裕机制，推进乡村的基层治理。乡村的基层治理难度大，很多人不愿意提及。但从我的观点看来，基层治理这个角度，一定是未来乡村要形成差异化的重要的路径之一。比如：浙江海宁的博儒桥村以其"四共四筹"（共商筹智、共建筹资、共管筹治、共富筹心），必将成为浙江乃至全国的基层治理的典型。从本质上说，基层治理的创新，成就了这个村的差异化发展定位。

徐大伟：

我要补充一个观点。要为乡村做差异化的顶层设计，有一句话非常值得大家记住，因为它很实用："只做第一，不做唯一"。这句话如果想透了，我认为未来做乡村时，从找差异化定位的角度来说，就会轻松和从容很多。我们经常应邀去一些乡村调研、交流。凭借自己的实战经验，在了解乡村的基本资源后，也会给地方提一些虽然不成熟，但是我认为值得去思考的方向。有时遇到的当地领导"见多识广"，他就有所顾虑，他会告诉我们"这些业态哪里哪里做了"，担心创新不够。这是很普遍的现象，很多领导对当地乡村振兴的要求是"首创的""独一无二的""前所未有的"。这是很大的误区。

首先，每一个地方的背景肯定是不同的。井冈山做了红色文化产业，全中国别的地方就都不能做了吗？延安不是做出了自己的特色吗？嘉兴南湖也有自己的风格。我刚刚调研了渭南的华州区，他们也有自己的红色文化的亮点，一样可以做出自己的影响力。其次，我们要强调的，是在一个县，或者一个地级市里面，在某一类题材或者业态中，要争取成为第一个做的，但不见得非要是全中国唯一的。要在全国乡村里做到"唯一"，几乎不可能。

我举一个例子来说明。杭州市余杭区仁河街道的云会村在接触乡立方时，已经委托规划设计院做了一个乡村振兴方案。我们拿过来一看，他们设计的是一个郊野公园。这显然是"闭门造车"的结果，这里肯定不适合打生态牌，做郊野题材，为什么？这里加工制造业很发达，周边都是工厂，人群很密集。我跟相关领导做了汇报，建议他们重新思考一下。其实，云会村有一种文化，非常不起眼，却是整个余杭区周边为数不多的——这里发生过一次战斗，英雄是新四军战士，这里还有一个烈士墓。这放到全国红色文化层面来看，可能算不上突出，但是你会发现，在这个区域里面，它足够独特。只要抓住这一点，就可以在整个区域里做出特色来。后来云会村听取了我们的建议，也按照我们的规划去重新做了梳理和定位，打造出了一个以"云会红"为引领的特色主题乡村。现在在余杭区，云会村的红色主题文化独树一帜，延伸出来一系列红色业态，包括红星茶厂、红星农场、红星书屋等，在杭州打响了"云会红"的IP。所以说，如果在全国范围内看，这条路就行不通，但是放眼杭州市余杭区，云会村还是做成了区域第一。

图/余杭区仁和街道云会村打造"云会红"品牌IP

莫问剑：

两位的观点，对我也很有启发。但实际上，全国各地都在推进乡村振兴，都需要进行顶层设计，乡立方显然不可能有足够的人手和条件来服务全国。这个领域服务的主力军，可能正是遍布全国各地的规划设计院和大专院校。基于乡立方的实践经验，大家对于以规划设计院或者高校为主推进顶层设计，有什么好的建议？

宋小春：

一直以来，全国各地都在提规划先行。直到最近几年，才有一些专家提出要实施"策划＋规划"。早在 2015 年，乡立方倡议"品牌乡村"时就强调要"策划先行"。似乎这个倡议并不被领导或者规划圈内的专家们接受，但我们一直坚持了下来。只要有机会见到圈内人，我都努力同大家沟通：乡立方跟规划设计院、景观设计院、风景园林规划院不是竞争关系，不是要抢大家的生意，而是要和大家一起把事情做好，乡立方擅长的是策划，不是规划，所以我们可以提供策划创意，与规划院一起来干。*乡立方的出现，不是要颠覆传统业务模式，而是在提供增量。*

徐大伟：

是的，前几年各地政府只认规划。因为规划在政策方面是有收费标准的，策划就变成附加性的东西，成了规划方案的"赠品"，不受重视。每一个方案其实都有策划，但过去的大部分策划，都被地方领导直接"干掉"了，他们往往喜欢直接指示规划团队——这里要建一个研学基地，那边要建一个拓展基地，这里开民宿，那边开农家乐……问题是，不是所有领导的意见都能达到专业水平。规划团队变成了执行者，政府成了花钱的主体，而不是思考如何通过市场挣钱的主体。我们倡导"品牌乡村"，最核心的理念，是真正让乡村实现市场化运转，但若缺少周全的策划，这一点要实现是非常困难的。

江亮：

我从美术学院毕业后，一直从事规划工作。在我看来，"策规一体"就是我们行业的一场革命。因为原来我们都是以传统思维做乡村规划的，不外乎道路怎么布置、建筑怎么设计、乡村形象如何展现等。这几年，我们自己也发现这种做法太老旧了，跟不上时代的需要。很多村庄的标识系统，"长"得都差不多，大家挖掘的乡村文化，一直围绕老房子、老物件、古树、古井等来转。乡立方团队的做法不一样，大量运用了文创的方式，体现了一些让人兴奋、有时代气息的美感，而不是原来的用瓦、老木头等元素，这其实颠覆了我们这个行业的基本认知。当然，规划的基本工作还是客观存在的，但"策规一体"是非常需要的。

莫问剑：

乡村要振兴，产业振兴是根本。我看到在"立方设计"里，乡村产业设计也是重中之重。乡立方为各地乡村做"产业设计"时有哪些基本逻辑，或者说有哪些成功经验？在刚刚举办的 2023 中国品牌乡村发展大会上，乡立方发布了一系列乡村未来产业。乡立方又是如何去定义乡村未来产业的内涵与外延的？

徐大伟：

很多地方现在搞乡村振兴，都喜欢由文旅项目切入，本质上都是一种"讨巧"心态。为什么？因为直面乡村产业的时候，大家都很痛苦，不好做。而搞美丽乡村，把道路、房屋美化一下，搞点乡村旅游，相对容易。但在浙江，有些地方已经开始明文规定"不允许把大部分资金用于乡村的基础建设"，就是逼着乡村振兴工作必须转移到产业上来。这样一来，有些地方不是没有钱，而是有钱花不出去，因为一些基层干部怕搞产业，怕钱花得不对。

在 2023 中国品牌乡村发展大会上，我代表乡立方发布了五个"乡村未来产业"。什么是未来产业？我们提出了"科技化为核心、品牌化为手段、生态化为标准、共富化为目标"的定义。通俗点说，乡村的未来产业，一定不是"我有什么，就干什么"，现在大部分乡村产业是"我有什么，就做什么好了"，乡村未来产业必须是"市场需要什么，我才干什么"。很多地方从表面看不缺产业，但从深层次去思考，我们会发现它还是缺产业，它缺的是未来产业。很多乡村搞了一堆"工坊"，我去调研一看，本质上还是作坊。作坊跟工坊是两码事，是两个时代的产物。作坊是什么？以老百姓为主体，家里是什么样的就干了什么样的事情。比如一些豆腐坊，除了豆腐本身以外，什么都没有，没有系统化地挖掘豆腐背后的文化价值与工艺特点，讲不出什么故事来。

乡村产业的未来，我认为要有"三高"特性。

一是高科技。还是农业产业，如果科技含量不高，未来一定不好干。大多数乡村产业科技含量其实很低，没有人愿意花钱花精力去琢磨。以"中香研"为例，我们提取了四千多种植物精油，用于日化产品的深度研发。因为绝大多数秸秆资源都是被废弃的，但很多其实是有着再开发利用价值的。我们通过对黄岩蜜桔和来凤藤茶的"全株开发"，就搞出了数十种单方、复方精油，变废为宝，应用前景十分广阔，绝对有利于农民增收。

二是高"颜值"。乡村"土特产"要卖出好价格，不能一味强调"土"，要让它变得时尚起来。虽然每个人对"颜值"都有自己的欣赏标准，但是我认为主流的审美标准是八九不离十的，不光是农产品，乡村风貌也是一个道理。前段时间，我跑北方比较多，就发现一些县领导，还喜欢收集一些石磨盘、旧马槽来"装点"乡村。我就对他们说，现在北方已经不缺这些东西了，缺的是迎合真正喜欢乡村的消费者群体喜好的东西。所以"颜值"不是一味把某一类型做到底，乡村不应该"灰头土脸"。我们规划萧山未来大地时，就与美术学院的老师产生了观念上的冲突，他们坚持乡村建筑的肌理，小到一块砖，大到一个界面，都要保持"黑白灰"的乡村风格。但我们坚持，要让消费者在感受乡村的同时，也能享受到城市的时尚，乡村应该是多元的，得满足更多人对"颜值"的审美需求。

三是高品质。乡村传统产业现在的问题是，多半缺少品质感。我记得有一年去云南出差，当地的朋友送给我们两坛子豆腐乳。豆腐乳非常好吃，纯手工制作。但是，包装很粗糙，量也很大，一坛子够我们一家吃上一年。我当时就很感慨，这种乡村产业怎么做得大？我们正在服务的临海溪望谷项目，也是绿茶"临海蟠毫"的原产地。"临海蟠毫"虽然是个拥有 40 多年历史的绿茶品牌，从传统原叶茶的角度来讲，其实它在浙江绿茶市场里的机会不多。我们换了个思路，打造"你好，临海蟠毫"，从"轻茶饮"的角度切入，通过茶叶本身的深加工，使其成为年轻人都喜欢且符合现代消费习惯的业态，来实现产业的全新价值。

宋小春：

在 2023 中国品牌乡村发展大会上，我们对乡村未来产业做了自己的定义。第一，产业要有科技内核，科技化是核心；第二，要符合最基本的环境标准，生态化是标准；第三，要以品牌化作为手段；第四，要以共富化为目标，乡村产业要是不能联农带农富农，就不是政府要鼓励、支持的产业。

莫问剑：

我所理解的乡村未来产业，第一是要定义好"未来"。如何定义？关键是要弄清这个产业的未来消费群体！比如说：浙江的德清、安吉等地方，离上海近，生态环境又好，很多上海人喜欢来这里养老、休闲、度假。所以，老年人的康养休闲产业代表这些地方的未来产业，尤其是带有医疗的康养业，大有未来。又比如说在上海郊区的乡村，可能更多的市场在于年轻人和孩子，"小手拉大手"，瞄准了年轻人，就大有机会。所以，青少年的研学和亲子休闲产业，就是未来产业。第二，科技化也是一种"未来"。"土特产"有自己的市场，但是它不见得能完全代表未来。黄岩蜜桔是一种"土特产"，我们从桔子的花、叶、枝、皮中提取精油，将吃的变成用的，以此孵化出一个全新的产业集群。第三，如果城里人不下乡，乡村产业怎么会有未来？只有城里人带来资金、技术与消费，乡村才有发展的机会。否则越来越多的乡村大部分空心化，没有流量，乡村做不起来。所以乡村的未来，一定也是城乡融合的未来，能够吸引城里人下乡的产业，也是乡村的未来产业。

莫问剑：

现在乡村振兴领域，最热的话题可能就是乡村运营了。杭州临安已经出台了《乡村整村运营标准》，安吉在筹划推出"全国乡村运营百强榜"，很多地方都在举办乡村运营师、乡村运营 CEO 的培训班。乡立方这些年做了这么多乡村项目，对乡村运营有什么样的基本思考？对当前的乡村运营热又有什么好的建议？我记得乡立方的方法论之一就是"运营前置"，应该怎么理解？

夏迪：

其实，乡立方的"立方设计"这些年经过了多次迭代与修正。基于乡村全面振兴的需求，我们有针对性地提供了产业设计、顶层设计，以及场景设计和运营设计。但在前几年，我们的确是把运营环节放在最后，因为从顺序上讲，必须先有顶层设计、产业设计、场景设计，最后才能到运营设计，唯有将前面的环节做完，才有运营落地。但在实践中，我们自己发现这里面有"错误"，必须强化"运营前置"，就是要在顶层设计环节中，优先将运营设计做到位，而不是等项目落地后再来考虑。两者是完全不同的思维方式。究竟什么是"运营前置"？其实就是要在整个项目过程中，必须提前导入懂运营、做过运营的团队，以运营思维考虑整个项目怎么打造，设计好整个落地运营的未来路径。

"乡村运营"的概念，最早是从浙江开始提的。以前，全国各地都没有"乡村运营"的概念。浙江的下姜村算是最早一批招乡村运营师的乡村，中间经历了不断试错的过程。再后面，临安开始招募整村运营的乡村运营师。但是，我们发现，其实整个浙江市场，至今都还在摸索"什么是乡村运营""怎样把乡村运营做好""哪些人参与乡村运营""乡村运营包括什么"，等等，还谈不上有多少真正成形而又证明可在全国复制的经验。但是，现在社会上已经开始出现大量乡村运营师培训业务，随便拉上几个开民宿、搞乡村旅游或者田园综合体的"意见领袖"，拼凑三五天的课程和实地参观，就美其名曰"乡村运营师培训"。受培训以后，还能领到乡村运营师的资格证，美其名曰"持证上岗"。这种急功近利的做法，其实是很不负责的。当然，也可以理解，一方面"乡村运营"的现实需求呈现"井喷"状态，另一方面社会化的培训本身也是一种商业行为，都是"你情我愿"的事。

实际上，我们团队对"运营"这两个字是心存敬畏的。乡村运营是一个很复杂的事情，从最早的形成创意、概念到形成完整的顶层设计，再到整合资源，找魂、找钱、找人，最终通过运营，推动乡村走向全面振兴，绝不是一个人能完成的。所以很多乡村干部存在一个认知误区，将找一个职业经理人看得很重，指望靠某一个职业经理人就能解决乡村长期发展的问题，这是不对的。不少基层政府也习惯于做"甩手掌柜"，好像找了一个运营团队，就能完成一个乡村运营的全部事情，其实这也是不对的做法。

做了这么多年的乡村项目，我自己对乡村运营有自己的体悟。运营包含很多东西，首先是运营的顶层设计。一个乡村要有魂，得找到方向，帮助这个村树立在这个区域"与众不同"的特质。其次是品牌运营，就是要通过市场化的手段，帮助一个村做出名气，而且要可持续，在品牌上不断地深化、积累。最后，乡村需要人才运营。建德的大同镇，我们服务了四五年，才形成现在500多个农创客的聚集。萧山的横一村，两年时间开出将近30家民宿和农家乐。这些都是"人才运营"的成果。怎样才能让包括乡贤在内的"子弟兵"返乡一起振兴乡村，我们在推进乡村项目的进程中，会一直思考这个问题。此外，乡村运营还应该包括营销运营、场景运营等。浙江省这些年坚持"政府有为、市场有效"原则，在乡村运营方面，政府也不是做"甩手掌柜"，在搭建乡村运营平台时，政府自己也参与进来，给予人力、物力、财力，以及乡村项目的宣传、推广等各方面的支持。当然，政府参与的方式，不能是简单的行政干预，而是要用市场化的方式参与进来，帮助乡村文旅项目引流、产品系统化打造、吸引人才回归、优惠政策制定，等等。

莫问剑：

你刚才有一个观点让我很受启发，有个词用得特别好——敬畏。我个人觉得，整个社会对乡村运营缺少敬畏之心。基层政府以前"重建设轻运营"，在大家都重视乡村运营后，又喜欢做"甩手掌柜"，以为招聘一个职业经理人就有乡村运营了。随便拉一群人做几次培训，发几个证，就让他们"持证上岗"。这些都是不负责任的行为，缺少对乡村运营的敬畏。

陈才：

最近遇到的几件乡村运营的事情，引起了我的深思。

我曾跟杭州市余杭区中泰街道一个驻村的职业经理人畅谈乡村运营。我就发现，这些一线的实践人员对乡村运营最有发言权。他们才真正理解乡村运营的难点在哪里、痛点在哪里、机会在哪里，该怎么干，因为这些都是他们经历过很多次失败总结出来的。但是，交流完后，我发现他们也很无奈。因为现在的乡村运营，政府很多时候只是把这个人招进来了，以为这个人是万能的，并没有主动匹配一些要素与资源给他。这些经理人很多是白手起家的，有时连团队工资都发不起。想搞些活动，缺物料，缺资金，求爷爷告奶奶，很不容易。但他们所在的村，几乎每一年都有上千万元的硬件性投入，而用于运营的扶持却少得可怜。除了刚刚来的那一年拿到了十万元钱，后面全靠其自力更生。虽然他们这些年也做了很好的积淀，但是依然觉得有劲使不出来，这就是一个矛盾。很多时候，我们政府对运营的理解太肤浅了，可以拿出几亿元的资金用于乡村建设，但是提到乡村的运营，似乎连十万块钱都觉得不该出，只想让其市场化运作，这就是一个尖锐的矛盾。

我最近还参加了一个省的乡村公园打造标准制定的研讨会。这个会议云集了省内顶尖院校专家十几个。大家都在畅谈该怎么来建设，最终在一个问题上"卡壳"了——建完了之后，怎么来管？很多乡村建完之后，政府每年还要花很多钱来持续地管护。一群专家在畅谈顶层机制的时候，还在苦恼着建完之后怎么办，我觉得这就是运营的脱节。我在会上就提出，**如果我们需要为项目后续的运营、基本管护发愁，说明我们对这个事情考虑得不够成熟。乡村项目完工后，不但无须担心后续怎么管，项目本身还要赚钱，要实打实地赚钱。**

我想再谈几点自己的看法。

第一，什么是乡村运营？最早下姜村探索的，是叫乡村运营师、乡村职业经理人，到了杭州临安时，起初叫景区村落运营，这两年这个说法改了，因为全国各地都来学临安搞景区村落运营的时候，他们也觉察出其中的问题，改成村庄运营了。为什么改？其实这背后还是大家在探索乡村运营的时候走进了死胡同，全在干低水平同质化的景区乡村旅游的运营，大部分地方学了这套机制，复制回去之后一定出问题。所以说，如何深刻地理解乡村运营？它绝对不是传统低水平的农文旅运营，它涉及乡村整体产业、乡村人才、乡村管护机制和造血机制的重新建立，这才是乡村运营需要着重突破的。适合搞乡村旅游的，可以因地制宜打造精准的乡村旅游，不适合搞乡村旅游的千万不要蛮干、千万不要硬上。

第二，乡村运营谁来干？就杭州地区乡村运营职业经理人情况来看，其可以分为两个群体：一是外来的职业经理人，他们凭着情怀扎根到乡村，但大部分留不住。包括我一开始说的中泰街道那批职业经理人，区里第一批请了四个人，最终只留住一个人。这是很客观的现象，外来的和尚，不一定能服得了水土。二是一些返乡的职业经理人，他们有"本地人"的基因，可能待得住，但容易小富即安，奋斗热情、激情又略微不足，之所以愿意回来做乡村运营，很多时候是因为离家里近，能够照顾家，图安稳。很多地方政府领导说，只要你们愿意来，就把乡村运营全部交给你们，由你们来干。事实证明，纯粹依托"外来的和尚"解决乡村运营，本质上就是懒政思维，图省心省力。解决掉一时的难题，但很难解决乡村可持续发展问题。但如果只是靠几个"本地的和尚"，往往也缺乏动力、缺乏思路。按我个人的观点，最好的方式是，乡村运营还是要由"空降兵"和"子弟兵"实现有机衔接，共同来干这一件事情。

酱立方是乡立方旗下的乡村共富产业，去年一年我们在全国复制了十家。为何有这么快速的发展？因为我们闯出了"空降兵"和"子弟兵"协作的一套标准。酱立方的第一家工坊，是在浙江千岛湖打造的"威酱坊"，由乡立方旗下火石品牌策划团队和本地乡贤"酱小哥"宋素华联手运营。火石品牌策划团队作为"空降兵"负责顶层模式的构建、品牌理念的策划、产品体系的构建和营销架构，"子弟兵"宋素华负责在地化的管护、生产、日常经营和本地市场的资源对接，两者的强强融合，把一个不起眼的小小酱工厂打造成了一个真正带动四个村村民和村集体共同致富的共富产业。所以说，我坚信，"空降兵"和"子弟兵"的衔接，也许是破解"乡村运营谁来干"难题的重要方向。

莫问剑：

前段时间，我和大伟应一个地方政府的邀请去做调研。当地政府投了几亿元把几个村落十几千米长的环线基础设施都完成了。当地领导跟我们说了这么一句话："我们一切都做到位了，基础设施都是一流的。现在就缺一个运营商，你们来看看，我们是否有可能合作把乡村运营做起来。"我们把这条路线跑了一圈后发现，就如这个领导所言，整个环线的乡村道路修得很好，还建了七八个乡村驿站（每个都在 500 平方米以上）。政府所谓的要找运营商，核心就是要找第三方，将这些乡村驿站资产盘活。我和大伟调研完，态度十分一致，这个运营商我们做不了。为什么？因为乡村运营的前提，是看项目本身有没有运营前景、值得不值得运营、可不可运营。如果这些答案都是否定的，那就无法运营。谁进去运营，谁就会"死掉"。至于政府造的这些驿站，压根不是我们想要的。从这个站点的情况来看，这就是一个典型的缺乏"运营前置"的失败案例。

夏迪：

我来谈谈对"运营前置"的看法。第一，它一定要可运营。有一些资产、资源、产业，让乡村有人气、有收入。第二，谁来运营。我很赞成陈才提出的"空降兵"和"子弟兵"结合的方式，专业的人干专业的事，当地的人做当地的事。第三，政府搭建平台很重要，就是要鼓励企业跟当地人创新机制，以更灵活的方式推进乡村运营。2021年，我们做萧山未来大地项目时，就提出"五位一体"模式，把策划、运营、数字化、景观、设计组建成一个工作小组，干了一件"运营前置"的事，把未来大地所有的产品模块，包括咖啡馆谁来开、研学谁来做、营地谁来建，包括政府如何搭建招商体系，都做了提前规划，这为未来大地后续的成功运营打下了坚实基础。未来大地的成功，给了我们更深层次的启发，就是乡村运营绝不是一个人干的事。做运营的人，其实可能不懂产品；做策划的人，不一定懂运营；做景观的人，或许不懂产业。所以，需要一种复合型的能力，它可能由几个人完成，甚至需要更多人共同把这件事情做好。

如果说萧山未来大地的运营还是1.0版的话，我们很快步入了2.0版时代。从2022年开始，我们结合一些村的情况开始做产业运营。比如围绕一个"酱"字，打造"酱立方"，来做酱产业的运营。把当地家家户户会做的辣椒酱，进行品牌化、商品化包装，从作坊生产形态升级到工坊，再将整村转型为辣椒主题村，形成乡村产业发展的闭环，同时引进运营人才，完成原料生产、收购、深加工、销售等全过程的运营体系建设。从2022年开始，我们将这个项目当成共富项目推向全国，一年时间复制了十家。

还有一些村，可能没有那么明显的产业资源优势，我们就尝试从体系上做整村运营，我将其当作3.0版的复合型乡村运营。比如我们现在正在操盘做的"江南·溪望谷"。本质上这是一个典型的乡村EPCO模式，临海市政府给了很大的支持，从政策激励到地方国资的参与，一直到混合所有制运营主体的组建。它不是一个村的事，它是沿溪几个村的事；它也不是某一种业态，而是围绕产业带形成的多业态组合。以大米为例，沿线共有六七百亩稻田，以前都是在大户手上各种各的。而我们现在种什么米、卖给谁，都要从整条产业链入手规划。考虑到临海人非常爱吃年糕，我们就选择有黏性的稻谷品种，稻田也可以是景观。下一步，可以布局深加工的工坊，将大米做成年糕，做成当地人爱喝的米酒，形成一条抱团组合的产业链。在溪望谷，我们还有茶主题的产业，从茶叶的采摘，到茶餐饮。围绕溪做的溪文旅，植入多个网红"打卡"的溪坝、露营地、溪民宿等。这些都是基于当地的人、财、物、传统产业，匹配政府的行政资源，用"运营前置"的方法论，设计而成的产品和模式。

徐大伟：

我来补充一点。我觉得真正要做到"运营前置"，一定要坚持一个原则——不能"自嗨"！要从"我有什么"到"市场缺什么"，从"我想干什么"到"市场要什么"，实现思维的真正转变。我们传统的乡村打造，很多是在内部"自嗨"，包括一些高校的学术机构，还有一些行政体系上的决策，习惯性"自嗨"。很多时候，整个项目做完了，却根本不符合目标市场的需求，完工之日就是倒闭之时，完全不具备"运营前置"的理念，就是瞎折腾、瞎浪费钱。我举一个小例子。杭州近郊的中泰街道有个枫岭村，村里盛产茶叶。前期村里围绕着茶叶产业，做了一些基础打造和运营上的铺垫。2021 年，枫岭村干部找到了乡立方。调研完，我就对村干部说，你们这个村再来主打茶文化，够呛，很难找得到市场空间。为什么？在杭州城西，茶叶已经有两个大标杆：第一个是西湖龙井，枫岭就在旁边，怎么"打"得过别人？人家的名声太大了，游客想到龙井一定去梅家坞，不会来这里。第二个是同属于余杭区的径山茶，政府在主推，我们作为街道、作为村，去挖茶的文化、茶的底蕴、茶的市场，力量单薄，困难很大。

从"运营前置"的角度，我们给枫岭村提出了全新的定位：离城市很近，离自然更近！不再跟别人比茶的底蕴、茶的文化，而是瞄准家门口的市场。枫岭的家门口有什么市场？杭州在力推"城西科创大走廊"，枫岭刚好在城西科创大走廊的核心腹地，附近有阿里巴巴的达摩院，有浙江省政府力推的之江实验室，以及云城等，这里是一大批科技型人才的集中地。在一个城市边缘，枫岭要围绕那一望无际的茶山，布局更多的茶空间、茶家乐等业态，把"生态文章"做足，这样才能突出自身位于城乡融合核心的区位优势，才能把周边的客群精准地吸引过来。我最近去回访，村里面非常热闹，很多科技型人才都到这里过周末了。他们会来村里，在"茶家乐"里面品茶、吃饭，在茶山里面露营、骑行、徒步。村民把自己的庭院改造成了"茶家乐"，生意非常火爆。还有，围绕青少年的农事体验、农耕研学、特色茶文化的研学市场，生意也非常火爆。所以，我觉得"运营前置"的关键，就是找到你的核心市场、精准市场，从"市场要什么"来倒推"我做什么"。

图/枫岭茶谷：离城市很近，离自然更近

莫问剑：

反思这几年的乡村振兴，可能"千村一面"是各地普遍出现的问题。现在各地都在推进乡村振兴，如何独树一帜，至少避免出现低水平的同质化？

在乡立方的方法论里，一直强调文化是根、文化是魂。乡村文化的挖掘、传承、提升，在某种程度上，正是破解"千村一面"难题的法宝。在这方面，乡立方有哪些创新的经验可以分享？

夏迪：

对于这个问题，我觉得最要紧的事情，还是要牢牢抓住乡村自己有什么。平时也有干部问过我，怎样避免乡村建设同质化，避免所谓的"千村一面"。首先，我们需要正确理解乡村文化，很多人会有误解，总觉得一定要有几百年、上千年历史的沉淀，才叫文化。但在我们看来，"差异化"本身，甚至资源的差异化，都是乡村文化的基础。我们通过品牌化打造、市场化运作，将不同乡村本来就有的差异化呈现出来，就是体现了不同的乡村文化。当然，将这种差异化精准而巧妙地表达出来，需要"专业的人去做专业的事"。有些乡村的自然环境很好，我们把自然环境放大。不同的乡村民俗节日不一样，有些地方是三月三，有些是二月二，那就需要不同的表达方式。甚至我们可以通过七八十岁的老人讲故事，挖掘这个村的传说，将其转化为这个村的文化。我们做建德"镇头大队"项目时，一开始很犯难，因为镇头村是一个无产业、无特色、无文化的"三无村"，但我们还是发现了村里的独特文化：原来在建国初期，整个村为了解决生产生活用水，以工代赈，硬是造出了一个水库。几十年来，村民们口口相传，这成为全村不能遗忘的一段历史。我们将这些精神、故事，集中于"镇头大队"的 IP 中，通过乡村风貌、业态以及文创产品来表达，打造出了这个远近闻名的网红村。所以说，很多乡村文化是本来就有的，我们只是把它找出来，并且放大，然后呈现给大家看。节日可能是乡村的文化差异，景观也可能是，甚至偶发的一个事件，就像现在贵州的"村 BA"，一样是乡村文化。乡村文化需要"找"和"挖"，把它放大，变成它最具特色的点。乡村文化一定不等同于传统文化，不是只有千年文化才能成为乡村文化。

陈才：

我们所谓的文化传承，一定要与时俱进。文化只有"活"过来，成为我们的源头活水，才能够常新常青，才有活力，才有生命力。平均起来，我一年要跑几百个村。有时候我也困惑，因为不时会遇到一些乡村干部，他们自认为自己的村很有文化。你到这些村去，他们往往先让你看一个文化馆或者博物馆，再给你拿几本厚厚的书，即便书上面蒙满了灰尘（可能本来就没有人看）。当地干部说起这个村上百年、上千年的历史底蕴如数家珍。但这一切，我们很多外来的人其实是感知不到的。

从 2022 年开始，因为业务的关系，我经常去福建龙岩的长汀县。这个地方的文化，我觉得在全中国都能够独树一帜。它的红色文化在闽西非常深厚，而且都有很高的地位。中央苏区的政治中心在瑞金，但长汀是经济中心，红军在长汀留有很多经济活动旧址。如此红得耀眼的地方，我第一次去，除了去博物馆，就是浏览非常多的厚厚的典籍。我发现当地红色文化的感知度、体验度极度稀缺，后来，我跟当地领导说："你们的红色文化要走出展馆、走下展板，要走进每一个人的生活中。"其实，红色文化如果转化得好，既能增加本地人的认同感、自豪感，又能让每一个外来的人可感触、可体验。来过，就忘不了。在深入合作过程中，我还建议长汀跳出传统文化打造的范畴，打造一条闽西的英雄之路。当年这个地方有太多的英雄故事值得挖掘、值得歌颂，每一个人来到长汀，都能学习英雄的精神、英雄的情怀、英雄的气概，还能树立英雄的理念，回去后自己也能做英雄。当然，红色文化的与时俱进，不见得还是老一套，很多时候还得找到新载体。比方说，我们在打造长汀汀江边的"红色小上海"项目的时候，就通过夜秀与声光电的方式，让它很"网红"，很"潮流"，把当年"红色小上海"的底蕴以很感人、很活泼、很生动的方式呈现出来。每一个来这里的客人，不管是年龄大的还是年龄小的，都很兴奋，都觉得很震撼。这些红色文化的表达，可触摸，可感觉，能够走进大家的心里去。

图/福建省长汀县一江两岸夜景

在广东韶关的南雄市，我又遇到一个南粤非常深厚的文化 IP——广府原乡。当年中原人南迁过梅岭古道，进入南雄，安营扎寨在珠玑古巷，并把这里作为驿站，再走向整个岭南、走向世界。今天这个地方，事实上就是八千万广府后裔的原乡。在他们打造这个文化项目的时候，修复了一些古镇建筑，做了一些人造景观，还出了非常多的书。但是"广府原乡"的活力没有激发出来，文化没有变成体验，没有成为文化产业。

通过调研，我们提出打造"南雄广府原乡文化振兴示范带"，以文化作为全面振兴的主切入点。一开始，当地干部有些担心，他们认为文化只是"五大振兴"的组成部分，不能丢了其他"振兴"啊！但通过沟通，大家很快达成共识：显然，站在广东全域来看，南雄最独一无二的东西是什么？就是广府原乡的文化！这一点，别人抄不去、学不会，是南雄最大的 IP！如果不聚焦、不放大，就是一种极大的浪费。围绕广府原乡文化，可将文化的基因植入更多的产业工坊中，体现当年广府原乡传统手艺的精华！这种文化的基因，一样可以走进田间地头，以烟稻轮作等农耕文明的场景再现，传递中原的农耕文明进入广府的历史与演变。同时，让广府原乡文化渗透到珠玑古巷的姓氏文化之中。各个姓氏的人来到这里寻根问祖，都会产生骨子里的文化认同感。让文化与时代接轨，让文化活化，才是文化真正能够传承、能够常青的关键所在。

莫问剑：

今年是浙江省实施"千万工程"20周年。从2003年的"千村示范、万村整治"到2011年的"千村精品、万村美丽"，再到2021年的"千村未来、万村共富"，浙江省自始至终坚持"一张蓝图绘到底，一任接着一任干"，探索出一条以农村人居环境整治小切入点推动乡村全面振兴的科学路径，造就了万千美丽乡村，造福了万千农民群众，引领浙江乡村面貌发生历史性巨变。但我们要看到，浙江坚持实施"千万工程"不是呆板的、概念化的执行，在特定的历史时期，有创新的内容在里面。乡立方作为浙江的乡村振兴综合服务商，创新当然是乡立方的看家本领。能否总结一下乡立方的服务创新经验？尤其是在新形势下，乡立方又有哪些最新的创新路径和模式？几乎每一年，乡立方打造的案例里，都有一些成为区域或者全国的样板，这里面有什么诀窍吗？

夏迪：

其实，在国家实施乡村振兴战略之前，我们团队就涉足了乡村振兴的相关领域。从2015年开始，通过"品牌乡村"战略的尝试，从最早的农产品区域公用品牌打造、乡村产业谋划、乡村风貌提升，到整村运营等，创新一直是乡立方团队的"基因"。

第一个层面的创新，我认为是我们敢于自我否定，由内至外推动服务产品的创新。我深信，一家公司要长远发展，它一定能给市场赋能，能帮对方解决问题，提供价值。所以，无论我们处于哪个阶段，都以客户需求、市场角度来倒逼自己，我们自己是不是"真懂""真会""真专业"？我们拿出的思路是不是够超前？我们设计的模式是否足够有创新？我们预期的价值能否真实现？这些答案，其实在交付给客户前，我们自己就得有八成以上的把握。

第二个层面的创新，就是我们整个组织架构上的创新。其实我们高层几个人，虽然天天各忙各的，看似很散，但我们聚集起来，绝对是一团火。这同我们的合伙人机制相关，我们通过成立合伙人公司，将核心员工的心留住了。事实证明，乡村振兴需要"千村千面"，这就很需要更多的创意与智慧，这绝不是靠一两个带头人就能解决的，需要"大家"一起上。或许是歪打正着，反正合伙人制度与今天的乡村振兴业务是很匹配的。只有人留住了，才能发挥人最大的能动性，人也是公司的好产品，也是我们的生产力。

陈才：

作为国内乡村振兴服务的头部机构，我们每年承接几百个项目。我觉得要做好创新，第一，要有责任心。因为国家全力推进乡村振兴，三教九流一拥而上，导致今天乡村振兴的服务市场实际上是"鱼龙混杂"的。很多人进入乡村领域，作为服务商却不愿意深耕，因为深耕下去反而赚不了多少钱，浮在面上，做些规划来钱快。但这样做，并没有真正为地方、为老百姓、为村集体考虑，没有为"甲方"花出去的钱考虑。我们应该通过理念与模式的创新，让乡村少花钱、多赚钱。所以说，创新的一个很重要的因素就是责任心。

第二，我认为创新的土壤是敢折腾，不怕折腾。要创新，意味着你要颠覆现有的非常熟练的一些做法、一些理念、一些机制。按照原有的套路来，可以做得很舒服。基于一套现成的乡村振兴方法论，按规矩、套路把乡村的事情解决掉，向"甲方"或者地方政府呈现一个很漂亮的文本，就能够很省心地把钱赚到。但我觉得，如果这般下去，我们就会丧失创新的动力。所以说创新一定是个很痛苦的过程，就得推翻墨守成规的那一套，另立炉灶，另辟新路。当然，我们选择的，也有可能是一条歪路，走完之后就会遍体鳞伤。我们又不得不从泥坑里爬出来，再走另外一条路，就这样不断试错、不断折腾。乡立方这些年在折腾方面已经付出了很大的代价，把乡村能折腾的业态，基本上都亲自上手折腾了一遍。实验成功了，我们为乡村奉献出一条新路来；实验失败了，我们为别人竖一面警示牌"这里有坑"！

莫问剑：

一群人，一件事，坚持了 20 年。这么多年始终坚持服务乡村的真正的动因是什么？为什么始终能够产生这么多的金点子和超级灵感，让团队始终站在乡村振兴的最前沿？

宋小春：

最开始做乡村项目，只因一份情怀。但情怀到一定程度的时候，就变成了一种责任。我们这一群人的目标，就是要为乡村创造与城市一样的美好，这就是摆在我们面前的唯一理由，我们是热爱乡村并引领乡村美好生活的生活家。今天的事业，是当下国家的使命，也是我们自己的选择，这何尝不是这个时代赋予我们的机会！这么多人聚在一起，为了乡村，为了农业，为了实现一点点所谓的成就，或许有虚荣，但我们会选择一直走下去。当然，这里面很重要的一点，是乡村振兴的事业需要包容。乡村这个大市场，不仅仅需要乡立方这群人，还需要更多人，包括高校的、规划院的、其他做乡村项目的团队和专家，我希望大家都放开心胸，在这个时代一起去创造奇迹。

我拥抱折腾。但很多次折腾的缘起，是基于跟不同人交流的灵感。我喜欢喝一点酒，喜欢交朋友，喜欢开心的时候豪喝、大笑，经常在喝酒的时候突然聊着聊着聊出感觉。大部分人都是想 7 分甚至想 9 分才做，而我是想 3 分、干 7 分，但这个干是很务实地干。这个时代，太多人浮于水面，不愿意深潜，今天什么赚钱干什么。我们想 3 分、干 7 分，是实打实地去干了每一件我们觉得有可能成就的事情。我们的动力和胆量，源于包括诸多朋友在内的社会大众的支持，他们为我们提供源源不断的"动能"和创意灵感。

徐大伟：

乡立方最大的创新，将是"事业共同体"的组建。同圈内朋友交流，老有人很善意地提醒我们，怎么你乡立方啥都干，啥都会干？不要分散精力，还是集中一点干吧！是的，我们不懂养蜂，但是我们干出了全中国数字化程度最高的智能蜂箱；我们不懂养鱼，但是我们从鱼养殖到鱼文旅，干成了全中国最有特色的全链鱼产业；我们不懂生物科技，但我们还是通过"全株开发"，为多地产业的高质量发展找到了全新的路径，实现了农业产业价值的升级。从2013年开始，我们靠着情怀先后投资了五家"云里雾里"民宿，但我们不满足，在疫情基本结束后，就与一群酒店业几十年的行业"老兵"合作，搞了一个"棉花糖"——打造乡村高端微度假酒店产品……乡立方最核心的创新，就是事业共同体！共同体的背后，是一种多元共赢的机制：一种基于乡村未来产业的共赢机制，一种致力于乡村发展的共富机制，一种与合作伙伴携手的利他机制。我们用机制激活了创新。乡立方旗下目前有12种产业，这只是一个开始。没有未来产业，哪来未来乡村？乡村未来产业，还需要更多业态加入。所以，我们要发布"乡村未来产业燎原计划"，要建立一个"未来产业发展共同体"。这一点，光靠乡立方不行，我们需要集全社会的力量一起来干。以后的路，还长着呢。永远只有阶段性的创新，没有绝对的创新，这是我的理解。

图/乡村产业燎原计划发布

莫问剑：

说得特别好，我也挺感动的。"要为他人找路，先以自己探路"。其实乡立方最终的目标是为乡村找路，是希望找到一条希望大道，找到一条梦想之路，也是希望做一条乡村共同富裕的"云高速"。作为乡立方的一分子，我也经常思考这个问题，究竟是一种什么样的力量推动我们在持续创新和努力？我自己的理解有这么几点，刚好结合了你俩的话题。一方面，我觉得是情怀与使命。情怀与使命已经深入到我们的骨髓里了，我们做乡村业务整整 20 年了。说难听一点，今天我们离开这个领域，可能玩别的东西也找不到感觉了。乡村振兴战略的深入实施，让我们的情怀与使命遇到了前所未有的释放机会。另一方面，我特别认同大伟刚才说的共同体机制。从内部来看，不是一个人，是诸多的合伙人成就了乡立方。从外部来看，乡立方不是一个封闭的公司，要为乡村业态发展敞开胸怀，不断寻求圈内顶级力量与最好的资源，通过建立各种合作机制，为乡村源源不断地融合各种有生力量，吸引更多人与机构参与乡村振兴的伟大事业。

为乡村找路，我们信心十足，责无旁贷！

做乡村振兴时代的"风流人物"

宋小春

乡立方集团联合创始人、董事长

老莫找我约稿的时候,我正在赤壁考察。此次来赤壁,是我在梁健副主任(广东省委农办原专职副主任、广东省乡村振兴局原专职副局长、广东省扶贫办原主任)推荐下,应赤壁市政府之邀,过来给一个小流域综合治理工程出主意的。借为本书作后记的机会,我就从此次赤壁行说起,讲讲我们是如何走这条"为乡村找路"之路的。

湖北全省现在都在推进小流域综合治理工程。这是位于赤壁市的一个项目地,一条七千米长的溪流,溪流边上有农田、有山地、有村庄,是典型的湖北乡村地貌。湖北省提出,不仅要把小流域的环境整治好,还要思考如何能带动周边的老百姓实现增收。我和团队在走遍整个区域、盘点项目资源后,经过讨论碰撞,认为我们完全可以落实省里文件精神。我们的策划思路是不仅要把这一个小流域的环境整治好,还要把这一个小流域打造成"环境整治与特色产业融合发展"的乡村共富带。

基于小流域周边的各种山地、林地、农园、菜园、茶园、房屋、庭院等乡村资源，我们提出了八个核心问题：小农田地块如何创造价值？小丘陵如何"大利用"？乡村风貌提升如何融入庭院经济？大片农田如何农旅融合？小流域整治方法如何做试点？闲置房屋如何实现价值盘活？农产业如何通过科技实现高质量发展？老百姓家里的小特产如何成为大产业？其实这八个问题也是湖北全省乃至全国的乡村资源所面临的共性问题。所以最后我们形成的具体工作方向就是：要让小流域综合整治融合区域文化和民俗文化，要探索八个问题的解决方案，从而带动整个小流域共谋、共建、共管、共评、共享，这也符合湖北省关于乡村振兴的"五共"理念。

乡立方的方法论里，最核心的一条，也是要做的第一件事就是找魂，我们的智库也已经专门出版了《为乡村找魂：乡村振兴之品牌乡村方法论》一书。除了找魂，乡村还需要解决钱和人的问题。因此，针对赤壁项目，我们同样把总的工作分为三大部分，即找魂、找钱、找人。

先说找魂。赤壁，是一个响当当的名字。几乎无人不晓赤壁之战，更不用说苏轼的那一句气势恢宏的"大江东去，浪淘尽，千古风流人物"带出的千古绝唱《念奴娇·赤壁怀古》。这些都让人对赤壁这个地方产生无限遐思。毋庸置疑，赤壁最核心的文化就是赤壁文化，即三国时期围绕赤壁之战前后发生的历史故事。赤壁之魂，必然要在文化上做文章。在挖掘赤壁文化的过程中，我发现，整个《三国演义》一百二十回，有八十回讲荆州，八回讲赤壁之战。一个"回"字突然激发了我们团队的灵感。对啊，人才"回"乡、游客"回"流，"回"不正是乡村的痛点之一？赤壁之战有八回，我们提出的具有普遍意义的问题也是八个，所以，我们要力争为全国提供这八个问题的可学习可借鉴的样板。经过反复讨论，我们最终提出了"八回赤壁"的方案名，"八回赤壁，不负春秋"，赤壁值得你来八回！

找到了"魂"，接下来要解决找钱问题。我们要把哪些资源盘活？以八个问题为导向，以"八回赤壁"为品牌引领，针对八种资源，我们制定了打造"八个一"的资源盘活方法，包括将丘陵打造成"赤壁茶园"，将三千米长的田埂路打造成湖北最美田埂，将农田进行可体验的稻田风貌主题化改造，发展特色化庭院经济并让百姓的庭院变成待客院，把小水系打造成引流地，以及打造"东风乡宿"民宿、科技农业示范、"三国大酱"共富工坊等八种乡村资源。根据乡立方最早提出的乡村建设的"四转"观点，即"规划围绕策划转，策划围绕产业转，产业围绕市场转，市场围绕共富转"的基本理念，坚持"品牌先行、策规一体、运营前置"，确保每一种乡村资源都能结合实际情况落实到运营。

关于谁来干和怎么干的问题，遵循"市场围绕共富转"的基本理念，我们提出了"四方主体共谋、共建、共管、共评、共享，共同缔造，实现共富。"四方主体即政府、企业（国企＋民企）、村集体、村民（包括回归乡贤）。政府搭平台、拢资源，进行基础环境建设；企业投入产业并进行市场运营，实现投入回报；村集体以资源入股，共享收入；村民参与生产创业和庭院经济。就像梁健副主任说的，四方主体一起要推进，坚持以人民为中心，找准群众需求，以解决群众急难愁盼问题为着力点，发动群众决策共谋、发展共建、建设共管、效果共评、成果共享，变"你和我"为"我们"，共同建设美好家园。

同时我们还要策划如何让这一片土地能够在短时间之内吸引更多的人来，包括政府企业的考察、游客的参观游览，通过品牌营销，联合活动引爆，比如，举办"湖北八回赤壁乡村振兴品牌发布会暨小流域综合整治融合特色业态发展现场会"，提升知名度和影响力。同时，规划年度营销活动，有节过节、无节造节。力争季季有节日、有亮点，月月有活动、有爆款。打造"八回赤壁"的超级品牌IP，即学习乡村振兴八种资源盘活方法的"八回赤壁"，周末乡村旅游的"八回赤壁"，体验和研学赤壁文化与乡村文化的"八回赤壁"。

此次赤壁行其实是我们很典型的一次为乡村找路的过程。由此我也想到，各地政府来浙江考察，经常提出的一个问题是：到浙江来学习，到底学什么？浙江的"千村示范、万村整治"已经二十年，从最初的环境整治，到美丽乡村，再到现在共同富裕，早已从1.0版本进阶到了3.0，甚至4.0、5.0的更高版本。而全国更多的基础较差的乡村，甚至连1.0都没有完成。也因此很多地方官员考察完浙江乡村后，会发出这样的声音："浙江有钱啊，政府投入这么大，我们财政实力不够，学不好，也学不来。""浙江乡村旅游业态，我们可以搬过去吗？""我们1.0的环境整治还未开始，还是先从整治人居环境开始吧。"，等等。

但其实基础差的地区的人，看完浙江，也大可不必沮丧，差距大并不代表没有机会，差距大也不代表没有东西可学。走出第一步总是最难的，而站在前人肩膀上的发展一定是提速的。基础差的地区的乡村并非要将浙江乡村这二十年的老路重走一遍，浙江经验的价值更在于理念、在于内核（比如"政府有为、市场有效"的发展模式），而非外表呈现的山水道路，一房一屋。学习浙江经验，就是要把浙江这二十年历程，在十年、五年甚至更短的时间内完成。就像这次赤壁的项目，湖北全省推进的小流域综合治理工程，提出不仅要把环境整治好，更要思考老百姓的增收，正是一次将 1.0 的环境整治、2.0 的美丽乡村建设，一直到 5.0 的共同富裕五步一起走的实践机会。

我每次和老莫、大伟、阿才他们喝完酒就感叹，乡村振兴时代，我们应该让更多的人和我们一起做点事、成点事。乡村之路并不好走，条条路不同。但当你真的走进乡村，会发现它有趣、有味、有价值。我们经常看到很多人，满嘴的"乡村振兴的风口"，大谈如何投机，如何运作资本，他们在都市繁华的"水泥盒子"中高谈阔论，却忘记了乡村是有灵魂的。它不是地产，不是资本，更不是那赤裸裸的赚钱机会。虽然我们一群人经常拥抱着杯中之物，多少次醉倒在田间地头或者某一个老宅屋的角落，那是因为我们骨子里爱着乡村，爱上了那泥香和老木头的芳香。

我们需要更多有乡村情怀的人一起为乡村找路。遇到这个时代，一个属于乡村的时代，一个能让我们的情怀成就一段"风流"的时代，我们何其有幸！"数风流人物，还看今朝！"